Revoluciones

Joaquín Estefanía

Revoluciones

Cincuenta años de rebeldía (1968-2018)

Galaxia Gutenberg

También disponible en eBook

Edición al cuidado de María Cifuentes

Publicado por:
Galaxia Gutenberg, S.L.
Av. Diagonal, 361, 2.º 1.ª
08037-Barcelona
info@galaxiagutenberg.com
www.galaxiagutenberg.com

Primera edición: marzo de 2018
Segunda edición: abril de 2018

Preimpresión: Maria Garcia
Impresión y encuadernación: Sagrafic
Depósito legal: B. 3931-2018
ISBN: 978-84-17088-86-6

A Ana

I

Introducción: La tribu de los topos

«Así que venid, amigos, no temáis.
Pasamos por aquí de puntillas.
Fuimos creados en el amor;
y en el amor desaparecemos.
Aunque todos los mapas de sangre
y carne
están colgados en la puerta,
aún no hay nadie que nos haya
dicho
de qué sirve Boggie Street».

LEONARD COHEN

LOS AÑOS MÁGICOS

Cada herejía tiene su apostasía. La tercera ley del movimiento de Newton –«a toda acción se opone siempre una reacción igual»– ha tenido un correlato casi perfecto en los movimientos sociales en este último medio siglo. Revoluciones y contrarrevoluciones han estallado contra lo políticamente correcto en cada situación; se han sublevado contra cada *statu quo*. A cada Mayo del 68 le ha sucedido un Mayo del 68 en sentido inverso; a cada avance progresista, una revolución conservadora; a la formación de una izquierda alternativa, la creación de una nueva derecha *neocon*; a cada paso socialdemócrata, una oposición neoliberal. La historia continúa y analizar medio siglo es sólo una formalidad. En algún momento habrá que hacer balance y al final del mismo determinar quiénes son los vencedores y quiénes los vencidos en esta dialéctica de confrontación sistemática. Cada una de las partes ha florecido cuando ha dispuesto de la fuerza con la que oponerse. Se trata de un proceso estocástico, cuyo comportamiento es no determinista. Depende de la correlación de fuerzas que se acumule.

A un lado del *ring* están los años mágicos, 1968 (mayo), 1999 (movimiento antiglobalización), 2011 (los indignados); en el otro, los reactivos, 1979 y 1980 (Margaret Thatcher y Ronald Reagan), 2001 (los neoconservadores) y 2016 (Donald Trump). Tan disímiles unos y otros. En un rincón, los jóvenes, que arrebataron al proletariado el monopolio de la rebeldía; en el otro, los aparatos del Estado, dispuestos a no consentir esa rebeldía y a restaurar sin complejos lo que el economista Lluís Boada ha denominado «la senectud del capitalismo». A cada gesto corresponde otro en sentido contrario. Sin tenerlo en cuenta no es posible medir bien la potencia que requiere cualquier acción, pues a ésta le corresponde una reacción. Acción y reacción son indisociables: si el sentido de la historia lo da el progreso, el motor de la historia era la lucha de clases. Las revoluciones, en su sentido más amplio, son un legado incomparable que han pretendido, equivocadamente o no, quienes han luchado por la dignidad humana y por dejar tras de ellos un mundo mejor que el que encontraron al nacer.

El concepto de revolución comenzó a ser utilizado en política a partir del siglo XVII. Adquirió un aura mítica que siempre le ha rodeado. En este libro no se utiliza dicho concepto *stricto sensu*, esto es, como la toma violenta y rápida del poder político que genera en las sociedades transformaciones profundas y duraderas en el orden político, económico e institucional. Según el historiador José Álvarez Junco («Las revoluciones: entenderlas o añorarlas», *Claves de Razón Práctica*, número 254), hay otra acepción más genérica, menos dura, que contempla a las revoluciones como explosiones colectivas de protesta con aspectos trágicos pero también festivos, que tienden a sustituir el orden social y político existente por otro en el interior del mismo terreno ideológico (dentro del capitalismo –el capitalismo del bienestar–, dentro del socialismo –el socialismo de rostro humano–, o en el seno de una dictadura –aparición de varias sensibilidades en un sistema de partido único–); fenómenos culturales genéricos, como la fascinación que los sueños de redención ejercen sobre la colectividad humana. El politólogo conservador Samuel Huntington dice que la modernización erosiona las viejas creencias y lealtades, y hace aparecer nuevos actores y nuevas demandas sociales ante las cuales la comunidad política puede no saber adaptarse; entonces, los grupos emergentes se enfrentan con la autoridad establecida por canales ajenos al sistema y ello culmina en una revolución.

Es significativa la sustitución de la lucha de clases por la brecha generacional en esta historia. Los jóvenes que han salido a la calle, muchos de ellos provenientes de la burguesía y de las clases medias, acusaron a los obreros de aburguesamiento, de tener cosas que perder, por lo que no podían seguir siendo la vanguardia del cambio como en el siglo anterior. Con las transformaciones, el proletariado ha ido perdiendo poco a poco el carácter de vehículo único de las metamorfosis sociales que ganó desde 1848, aquel año de la «irreligión de la revolución», cuando la izquierda europea esperaba una mutación total, inevitable, predestinada, del orden social. El proletariado también ha perdido el carácter del mito movilizador más poderoso del mundo contemporáneo. La juventud, interclasista, contradictoria, transversal, ha tenido que tirar en más de una ocasión de ese proletariado para que se movilizase, produciéndose contradicciones entre generaciones distintas, que han vivido de manera diferente. Ha sustituido algunas veces al sujeto redentor.

Hemos utilizado la metáfora marxista del topo –«[...] y cuando la revolución haya llevado a cabo esta segunda parte de su labor preliminar, Europa se levantará y gritará jubilosa: ¡bien has hozado, viejo topo!» (*El dieciocho Brumario de Luis Bonaparte*)– para describir la rebeldía de los jóvenes durante este tiempo, y la hemos completado con la versión que de ella dio el que fuera secretario general del partido italiano Potere Operaio, Sergio Bologna, hasta principios de los años setenta del siglo pasado, que en un artículo y un libro titulados *La tribu de los topos* pretendió desarrollarla en relación a los procedimientos de los estudiantes de extrema izquierda a finales de esa década. Bologna, profesor en Trento, Padua y Bremen, estudiaba a la nueva izquierda y a fracciones del movimiento sindical instalados en el que se denominó «movimiento de 1977» (en el que apenas participó la clase obrera). Todo partía de William Shakespeare, que en su *Hamlet* escribe: «¡Así se habla, viejo topo! ¿Podrás trabajar rápido bajo tierra?». Karl Marx asumió la imagen del viejo topo, que se convirtió en una de las alegorías políticas recurrentes de la izquierda. Un líder sesentayochista de la IV Internacional, Daniel Bensaïd, buscó las analogías entre el viejo topo y lo que en ese año sucedía:

> Desde Shakespeare a nuestros días, el topo es la metáfora de lo que avanza obstinadamente, de las resistencias subterráneas y de las irrupciones súbitas y, muchas veces, inesperadas. Cavando con paciencia sus galerías en el espesor oscuro de la historia, surge en ocasiones a plena luz, en el destello solar de un acontecimiento. Él encarna el rechazo a resignarse, a la idea de que la historia está llegando a su fin.

Mao Zedong, otro mito de la izquierda sesentayochista, recreó esa resistencia de otro modo en el relato titulado «El viejo tonto que removió las montañas»: «Después de que yo muera seguirán mis hijos, cuando ellos mueran quedarán mis nietos y luego sus hijos, y los hijos de sus hijos y así sucesivamente».

No todos los jóvenes rebeldes de este último medio siglo hubieran entendido la metáfora del viejo topo. Sin duda muchos no la conocieron. Sí la mayoría de los *soixante-huitards*, autoformados en las distintas familias del marxismo más duro (maoísmo, trotskismo, espartaquismo, guevarismo...), excepto en la más ortodoxa, la que llegaba de Moscú, de la que abominaban como una especie de capitalismo de Estado o como una degeneración burocrática del «verdadero comunismo». Pero no la habrían comprendido sus hijos o sus hermanos pequeños pertenecientes a los movimientos altermundistas, o a la tercera generación proveniente de la multitud de grupos indignados. Los penúltimos y los últimos han roto con los marxismos (con excepciones minoritarias), por ignorancia o por desinterés, y retomaron el hilo roto del año 1789. Revolución francesa frente a revolución bolchevique; libertad, igualdad y fraternidad frente a todo el poder para los sóviets. Lo escribió el compañero de Marx, el viejo Friedrich Engels, en el último prefacio a *La lucha de clases en Francia de 1848 a 1850*: estábamos «hechizados» por el experimento histórico de 1789, porque fue entonces cuando Francia acabó con el feudalismo y entronizó a la burguesía, «una paridad clásica no igualada por ninguna otra tierra europea».

Si hubiera que establecer algunos factores de unificación entre estos tres movimientos protagonizados fundamentalmente por los jóvenes –Mayo del 68, antiglobalización, indignados– éstos podrían ser, entre otros, los siguientes:

–1) La rebelión contra todo tipo de autoridad. Fueron pronunciamientos libertarios en el sentido extenso, no en la acepción ideológica (anarquista) del término. Lucharon contra el principio de autoridad en territorios tan esenciales para el sistema como la educación, la familia o los medios de comunicación tradicionales, los que antes se calificaban como aparatos ideológicos del Estado. Ello dio lugar a antinomias muy peculiares, sobre todo al principio: ¿cómo se era al tiempo antiautoritario y maoísta o trotskista?, ¿cómo se podía criticar a los medios de comunicación por manipuladores al servicio del sistema y al tiempo aprovecharlos para retransmitir en directo las movilizaciones masivas y los lemas que en ellas se repetían?

Fueron movilizaciones comunitaristas, formas de participación que agigantaban las emociones colectivas, aun con diferentes modalidades de activismo popular. La rebelión contra un sistema educativo elitista y decadente, contra el pago de una deuda pública entendida como ilegítima, o contra una austeridad desequilibrada son sólo los puntos de partida. La gente no se manifestaba en la calle para rendir homenaje a un artista, como en un festival de música, ni para escuchar a un orador, como en un mitin político o en una iglesia. Como expresó uno de los participantes en el movimiento del 15-M en Madrid, la gente no acudía para ver la función, sino para ser la función misma, y lo que se estaba representando no tenía actores principales, divos ni guión previo, sino que los argumentos, debates, quejas, críticas, las propuestas concretas y las ideas generales se intercambiaban por otras.

–2) La decepción, el enfado y la indignación no se formalizaban tanto por la dureza absoluta de las circunstancias políticas o económicas de los contestatarios (al fin y al cabo, no pertenecían mayoritariamente a los países más pobres o más sangrientos de la Tierra, sino al Primer o Segundo Mundo, o a la aristocracia del Tercer Mundo), sino por la desigualdad con la que los infortunios golpeaban en cada momento a los distintos segmentos de la sociedad (el concepto de clase social se fue transformando con una complejidad creciente, dejando difusos sus contornos). Expresaban su preocupación por el futuro, por quedarse atrás en una distribución de la renta, la riqueza y el poder cada vez más regresiva, por las dificultades crecientes para acceder a la igualdad de oportunidades y de resultados, y no depender tanto de su esfuerzo personal como de las condiciones económicas de sus antecesores.

Al revés que en las revoluciones y revueltas dirigidas por la clase trabajadora en los siglos XIX y primera parte del XX, los jóvenes rebeldes también se preocupan por los que están debajo de ellos, pero se fijan además en los que están encima, en la cúspide; cómo viven, cómo se ha introducido por la puerta de atrás la «rebelión de las élites» mediante la cual éstas no quieren pagar más impuestos con los que financiar el Estado porque han privatizado partes significativas de ese Estado:

habitan en urbanizaciones cerradas, con su propia sanidad, educación primaria, secundaria y universitaria, sus sistemas de seguridad privada, etcétera. Esas élites son los nuevos invisibles; tratan de que no se sepa de ellas, quiénes las componen, cuánto ganan y cuánto tienen, para no ser objeto de indignación. De esa reflexión salió el lema de Occupy Wall Street «Somos el 99%». El 1% restante son «los otros».

–3) Cada momento de la historia tiene sus poderes fácticos. Hubo un tiempo en que lo fueron la Iglesia, el Ejército y la banca. Los dos primeros se disolvieron en el *ethos* de las sociedades democráticas, y quedó el sistema financiero, los mercados, que devinieron en el enemigo principal de los jóvenes contestatarios. Para ellos, los políticos profesionales, los organismos multilaterales como el Fondo Monetario Internacional (FMI), la Organización Mundial del Comercio (OMC) o la Organización para la Cooperación y el Desarrollo Económicos (OCDE), conformados por altos burócratas, no son sino los empleados de los poderes financieros que mueven los mercados, como si fueran marionetas.

EL INTENTO DE ALUMBRAR UN SEÍSMO

Los jóvenes rebeldes tuvieron que olvidar los «anestesiados años cincuenta» y entrar en la década prodigiosa. Uno de los personajes de la novela de espías *El intocable*, de John Banville, lo explica mejor que ningún ensayo:

> Hoy en día todos denigran los años cincuenta, diciendo que fue una década deprimente y tienen razón si se piensa en el maccarthismo, Corea, la rebelión húngara [...] todos esos asuntos serios. Sospecho, sin embargo, que la gente no se queja de los asuntos públicos, sino de los privados. En mi opinión su problema era muy sencillo: no tuvieron una vida sexual intensa ni realmente satisfactoria. Todo aquel torpe manoseo luchando con las fajas y la ropa interior de lana, aquellas cópulas sombrías en los asientos de atrás de los coches, aquellas quejas y

lágrimas y silencios rencorosos mientras por la radio se cantaba con voz suave el amor eterno, ¡puf! ¡Qué sordidez, qué desesperación más desasosegante!

Por ello, el primer punto del orden del día de Mayo del 68 en Nanterre fue algo tan humilde como acabar con la prohibición de que los chicos y las chicas circulasen con libertad por las habitaciones de unos y otras. Así comenzó todo. Ya se había obtenido el Estado del Bienestar, que no sólo aseguraba la protección social sino que legitimaba al Estado como tal. A continuación venían las costumbres y los poderes fácticos, la revolución sexual y luego –en esto han coincidido las tres generaciones de rebeldes– la denuncia de una forma de crecimiento económico que, orientada a la multiplicación del beneficio privado, era indiferente a las ideas de bienestar colectivo, justicia social y protección medioambiental.

El centro de la contestación va madurando mientras sitúa enfrente a un poder financiero cada vez más omnímodo, y la complicidad del poder político y cultural con él. Se hizo especialmente doloroso el papel de los socialdemócratas, que fueron abandonando su ideario clásico para conformarse, siempre según los jóvenes contestatarios, como una suerte de conservadores de rostro humano, compasivos, que ya no pretendían acabar con el capitalismo, sino transformarlo: hacerlo bueno. La socialdemocracia aceptó buena parte de las herramientas de la derecha política: privatizaciones, desregulación, prioridad de la lucha contra la inflación y no contra el paro, debilitamiento del poder sindical, reducción del gasto social, incremento del gasto de defensa, etcétera. En ello jugó un papel determinante el Partido Socialdemócrata Alemán (SPD), el más importante de Occidente, quien en el año 1959, en un congreso celebrado en la localidad de Bad Godesberg, hizo oficial el final de la adhesión al marxismo, de las nacionalizaciones, el abandono de la política de desarme, su conversión en un partido de todo el pueblo y no sólo de la clase trabajadora. En definitiva, se incorporaba por la puerta grande al sistema capitalista, para corregir sus excesos, quitándose las adherencias de sus mártires Rosa Luxemburgo y Karl Liebknecht, y renunciando al socialismo como alternativa al capitalismo. Ello supuso una traición para una parte significativa del movimiento estudiantil, que abandonó al SPD y pasó a posiciones de extrema izquierda, a veces violentas.

El historiador británico Eric Hobsbawm escribió en el año 1993:

> La crisis global del capitalismo en las décadas de los setenta y de los ochenta ha producido dos resultados igual de paradójicos. Ha llevado a una revitalización de la creencia en la empresa privada y un mercado irrestricto; a que la burguesía haya recuperado su confianza militante en sí misma hasta un nivel que no poseía desde finales del siglo XIX y, simultáneamente, a un sentimiento de fracaso y una aguda crisis de confianza entre los socialistas. Mientras los políticos de derechas se vanaglorian, quizá por primera vez, del término «capitalismo», que solían evitar o parafrasear debido a que esta palabra se asocia con rapacidad y explotación, los políticos socialistas se sienten intimidados a la hora de emplear o reivindicar el término «socialista».

Tres años antes del congreso revisionista del SPD habían tenido lugar dos acontecimientos muy significativos que sin duda influyeron desde fuera en él: El Partido Comunista de la Unión Soviética (PCUS) había celebrado su XX Congreso, el primero sin Iósif Stalin, en el que su sucesor, Nikita Jrushchov, había pronunciado un «discurso secreto» (sin estar presentes los invitados extranjeros del resto de partidos hermanos) en el que había denunciado la represión estalinista contra los viejos bolcheviques compañeros de Lenin y contra millones de personas, muchos, cuadros del partido, y el desorbitante «culto a la personalidad» del anterior secretario general. El principio de la desestalinización generó una enorme confusión en el mundo comunista de todo el planeta. Pocos meses después, Hungría, un país del glacis soviético, fue invadida por tropas de la Unión de Repúblicas Socialistas Soviéticas (URSS) al pretender sus ciudadanos, sin duda influenciados por lo sucedido en el XX Congreso del PCUS, hacer una apertura política hacia la democracia. El estallido, el 23 de octubre de 1956, comenzó como una revuelta estudiantil en la capital, Budapest, pero luego se extendió al resto del país. Las imágenes fueron premonitorias de lo que una docena de años después pasó en Praga y Checoslovaquia. Hubo otros hechos determinantes en el mundo ese año, como la nacionalización del canal de Suez, en Egipto, por el coronel Gamal Abdel Nasser, o el mítico desembarco en Cuba, al bordo del *Granma,* de Fidel Castro, Ernesto Guevara, Camilo Cienfuegos, y el resto de los barbudos.

Aunque a partir de 1956 empezaron a multiplicarse los gérmenes de nuevas izquierdas políticas (redes de solidaridad francesa con el Frente Nacional de Liberación argelino [FLN], las campañas contra el desarme nuclear en Gran Bretaña, la aparición del Partido Socialista Unificado [PSU] en Francia y del Partido Socialista Italiano de Unidad Proletaria [PSIUP]), aquéllos no maduraron hasta 1968 como intentos de alumbrar un seísmo social que cambiase el mundo en el que estallasen las contradicciones entre las fuerzas productivas y las relaciones de producción (la economía suele ir antes que la cultura) y emergió un gran temario, hasta entonces nuevo en el mundo de la izquierda, con el feminismo, el ecologismo, la libertad sexual, el respeto a las minorías; la igualdad en una educación más universal, más democrática, menos elitista; el pacifismo y el antiimperialismo, la lucha por los derechos civiles, políticos y sociales, el comunitarismo, la denuncia del poder económico y la ausencia de cualquier democracia en el seno de la empresa, etcétera. Éstos eran los asuntos que llegaron con la nueva política que surgió a finales de la década de los sesenta. No eran, ni mucho menos, asuntos meramente culturales, sino políticos: de poder. Se buscaba un nuevo contrato social más allá del de la posguerra, en el que pretendían participar en primer plano los jóvenes como generación.

Mayo del 68 y los movimientos continuadores alumbraron una izquierda alternativa, híbrida ideológicamente. El encuentro filial o fraternal entre los jóvenes sesentayochistas y los activistas antiglobalización y los indignados ha supuesto la formación genérica de un nuevo espacio en el que se integran distintas piezas ideológicas de puzles diferentes, procedentes de distintos orígenes y lugares. Eugenio del Río, uno de aquellos jóvenes, hoy ya maduros, ha estudiado las disparidades existentes entre la indignación de hace medio siglo y la de hoy. A diferencia de la configuración ideológica del 68, esta confluencia de ideas no ha producido ni una ideología de nuevo cuño (como antaño fue el marxismo en sus diferentes versiones), ni la identificación con una clase social, ni siquiera el apoyo sin reservas a un régimen o a un país determinado. No es poco.

También se exhibieron nuevas estructuras de poder. A las movilizaciones de 1968, 1999 y 2011 hay que añadir, en otro orden, el año 1989 con la destrucción del Muro de Berlín como icono de la muerte del socialismo real y la matanza de Tiananmén en China. Frente a esos avances progresistas, a los que habría que unir los que se habían desplegado desde el final de la Segunda Guerra Mundial con la creación del Estado del Bienestar, se produjo una reacción ideológica muy profunda, a la que se llamó Revolución conservadora, que buscaba unas ideas y unas prácticas alternativas. Se trataba de lo que sus líderes y teóricos denominaron «la restauración»: del *statu quo*, del *ethos* natural quebrantado por el progresismo de la década que va desde 1968 a 1978 y por la ingeniería social anterior.

LAS TRES «M»: MARX, MAO Y MARCUSE

Como es habitual en el territorio de lo ideológico no todo el mundo compartió el sentido del progreso que nació de Mayo del 68. El segmento intelectual se dividió. Hubo quien apoyó entusiásticamente las revueltas y les proporcionó más contenidos de los que inicialmente disponían. Al ser preguntada sobre el movimiento estudiantil en Estados Unidos de finales de los sesenta, la intelectual judía Hannah Arendt celebró sus objetivos (en aquel caso estaban muy vinculados a la instauración de los derechos civiles y al final de la guerra de Vietnam):

> Si dejo aparte las diferencias nacionales, que sin duda son muy grandes, y sólo tenemos en cuenta que éste es un movimiento global –algo que nunca antes ha existido, de esta forma– y si considero lo que en todos los países –al margen de objetivos, opiniones y doctrinas– realmente distingue a esta generación de las anteriores, lo primero que me llama la atención es su determinación de actuar, su júbilo en la acción y su confianza en la capacidad para cambiar las cosas con su propio esfuerzo.

La autora de *Los orígenes del totalitarismo* continúa su reflexión:

> La pregunta fundamental es la siguiente: ¿qué es lo que ocurrió en realidad? A mi juicio, por primera vez en mucho tiempo surgió un movimiento político espontáneo que no se limitó a ser puramente propagandístico sino que pasó a la acción, y además actuó casi exclusivamente por motivos morales. Junto a este factor moral, infrecuente dentro de lo que suele verse como un simple juego de poder o intereses, surgió una experiencia nueva para nuestra época: resultó que la acción política es divertida. Esta generación descubrió lo que en el siglo XVIII se llamó la «felicidad pública», que significa que cuando el hombre participa en la vida pública accede por sí mismo a una dimensión de la experiencia humana que de lo contrario le está vedada, y que de alguna manera constituye la felicidad plena.

Arendt reitera que el movimiento estudiantil fue muy positivo, aunque expresa sus reservas acerca de cómo evolucionará posteriormente. Nadie sabía entonces cuánto tiempo durarían los factores positivos, o si se deteriorarían y se disolverían corroídos por el fanatismo. En la historia lo bueno suele durar poco, aunque ejerza una influencia decisiva sobre lo que acontece durante largas etapas.

Se pueden aportar asimismo las reflexiones críticas, en muchos casos acerbas y plenas de ácido sulfúrico ideológico, de los intelectuales que se manifestaron rotundamente contra el sentido progresista del 68. Hemos escogido las palabras de uno de los más representativos, el francés Raymond Aron, que en sus *Memorias* se explaya sobre sus oponentes, a veces con ironía hiriente, a veces con párrafos despiadados, a veces con criterios banales. Incluso escribió un *instant book* sobre ello, *La révolution introuvable,* y numerosísimos artículos de prensa, principalmente en el diario *Le Figaro,* también recopilados en forma de libro. Aron, filósofo, sociólogo, profesor universitario y escritor, ha sido uno de los espejos de los intelectuales liberales de todo el mundo. Califica las manifestaciones y barricadas parisinas como «verbena revolucionaria» o «carnaval estudiantil» y opina que pueden ser considerados como «heroicos o burlescos» según el talante de cada cual, aunque reconoce que siguen despertando pasiones. Es sincero cuando reconoce el punto al que se llegó cuando, durante los días 29 y 30 de mayo de 1968, temió que la rebelión se convirtiera en revolución: «Con algunos amigos escuchamos en casa la alocución del General [DeGaulle]. Creo que grité ¡Viva De Gaulle!».

Aron entiende que si la legalidad republicana hubiese cedido a «la presión de las pedradas y de las multitudes» el que habría recogido las nueces del suelo habría sido el Partido Comunista, que habría llenado el vacío de poder. Utiliza el concepto de «casi revolución» para describir «esta súbita distracción del aburrimiento cotidiano [...] realizada más como juego que como revolución», que despertaba simpatía y hasta entusiasmo. Y concluye:

> Las disputas callejeras que degeneran en tumultos, los enfrentamientos entre los manifestantes y la Policía siempre acusada

de violencia llenan de placer a los eternos aficionados al guiñol que siempre disfrutan con las desventuras del gendarme; la alegre travesura de los jóvenes que salen todas las tardes a las «manis» refrescan el corazón de los adultos, mientras éstos no descubran su coche estropeado.

Para este filósofo francés que tanto practicó el periodismo, en Mayo del 68 emergen con toda su fuerza las tres «M»: Marx, Mao y Marcuse, cuyas ideas contrastan vivamente con los programas de la izquierda instalada. Al revés que Arendt y la gran mayoría de los científicos sociales que han estudiado aquellos días, entiende que las rebeliones estudiantiles que recorrieron el mundo desde Japón a París, pasando por Berkeley y Harvard durante el decenio de los sesenta, se explican en cada caso –haciendo abstracción de la limitación o del contagio– por causas puramente nacionales.

Fue Jean-Paul Sartre, un sesentayochista militante, quien replicó más directamente a Aron en sus textos, sus declaraciones y, sobre todo, con su presencia militante en las fábricas ocupadas o en las facultades cerradas. En una entrevista realizada al semanario *Le Nouvel Observateur* en momentos ya de reflujo (19 de junio), declara:

> Cuando Aron se va haciendo viejo repitiendo indefinidamente a sus alumnos ideas de su tesis –que escribió antes de la guerra de 1939– sin que sus oyentes puedan llevar a cabo ni el más mínimo control crítico sobre ella, ejerce un poder real, pero ciertamente ese poder no está fundado en un saber digno de tal nombre.

La Revolución conservadora, como sus oponentes ideológicos, también ha tenido tres hitos: la llegada de Margaret Thatcher y Ronald Reagan al poder, a finales de los años setenta y principios de los ochenta; los *neocons* de la guerra de Irak y de la lucha contra el terrorismo; y otra etapa restauradora del *statu quo* y de reconstrucción del Estado administrativo (en palabras de Steve Bannon, el que fuera jefe de estrategia del presidente americano hasta que rompieron explosivamente) con Donald Trump en la Casa Blanca.

Los conservadores de este tiempo, que han incorporado el prefijo «neo» sin complejos de tipo alguno, pertenecen a una corriente intelectual e ideológica diferenciada del viejo conservadurismo. Están liberados de la nostalgia del pasado y han tenido cierta capacidad de innovación intelectual (exceptuando a sus jefes de filas, Reagan, George Bush II o Trump, que hicieron del antiintelectualismo una virtud; de ello se escapó Margaret Thatcher, más ilustrada), que durante mucho tiempo fue propiedad legítima y exclusiva de la izquierda. No en vano muchos de sus componentes provienen de la izquierda radical sesentayochista, preferentemente de su rama trotskista. Durante el último medio siglo han tratado de dotar de vigor político e intelectual a lo conservador; se sienten revolucionarios contra los que tuvieron el poder político y la hegemonía cultural antes de ellos, y postulan una mezcla de liberalismo económico (lo prioritario) y de conservadurismo político y moral (a continuación).

Posiblemente ya no se identificarían con la definición tradicional del conservador, proveniente del profesor de la London School of Economics Michael Oakeshott, al que algunos sitúan en el cuarteto de teóricos destacados de la derecha intransigente europea, junto a Leo Strauss, Carl Schmitt y Friedrich A. Hayek: ser conservador

> es preferir la familia a lo desconocido, preferir lo experimentado a lo no experimentado, el hecho al misterio, lo real a lo posible, lo limitado a lo ilimitado, lo cercano a lo lejano, lo suficiente a lo sobreabundante, lo conveniente a lo perfecto, la risa del presente a la dicha utópica. Se preferirán relaciones y lealtades familiares a la atracción de apegos más rentables; adquirir y aumentar será menos importante que conservar, cultivar y disfrutar; el dolor asociado a la pérdida será más agudo que la excitación que provoca la novedad o la promesa. Ser conservador es estar a la altura de nuestra propia fortuna, vivir en sintonía con nuestros propios medios,

conformarse con aspirar a un grado de perfección acorde a uno mismo y a sus circunstancias.

Los *neocons*, en sus distintas variantes, son vanguardias de derechas que tratan de imponer a la sociedad propuestas y posiciones políticas que en muchas ocasiones presentan como espontáneas, que desacreditan la regulación, la administración pública o la intervención estatal, pero que en realidad han salido de sus laboratorios de ideas, financiados por las grandes empresas a las que sirven. En el extremo, esas ideas fueron tan asfixiantes en algunos momentos que devinieron en lo que se llamó «pensamiento único»: interpretar la sociedad fundamentalmente en clave económica y, consiguientemente, identificar la democracia con el mercado; considerar la solidaridad como subsidiaria de la eficacia y al ciudadano como un mero recurso humano; afirmar que el mercado es el que gobierna y el Gobierno quien administra lo que dice el mercado; el final de las ideologías y el fin de la historia...

Con la emergencia de los *neocons* en el marco de referencia de la globalización se asiste al advenimiento de una auténtica conciencia de clase a nivel internacional de las élites planetarias, que dirigen esa globalización conforme a sus intereses privados y que, según el exdirector de *Le Monde diplomatique*, Ignacio Ramonet, poseen en común una convicción y un reflejo casi pavloviano: el cemento armado ideológico que une a las élites globalizadoras de hoy es la sentencia más mediática de Thatcher: «¡No hay alternativa!».

La izquierda tradicional salió reforzada de la Segunda Guerra Mundial por su presencia militante, en distintos grados, en la resistencia contra el fascismo. A partir de 1945 y hasta la década de los sesenta, jugó un papel determinante en la creación del Estado del Bienestar, la mejor utopía factible de la humanidad hasta ahora mismo. A pesar de ello hubo un momento en que quedó anquilosada o dejó de ser el único factor de emulación progresista para los *baby boomers* (los nacidos en la posguerra). En Mayo del 68 tomó fuerza una nueva izquierda: nueva porque estaba formada fundamentalmente por gente joven, y nueva porque abordaba los antiguos problemas desde otros puntos de vista, o ponía en el frontispicio de la opinión pública nuevos problemas como los que ya se han enunciado. Esa nueva izquierda estaba formada por vanguardias que, en muchos casos, no formaban parte de la clase social del proletariado, que eran transversales y se caracterizaban por la juventud de sus componentes, y que se tomaban la vida como un *carpe diem*. Quizá por ello, una parte significativa de esas vanguardias nunca quiso tomar realmente el poder con sus manifestaciones de rebeldía; preferían la influencia al poder, la palabra a la utilización de los procedimientos instrumentales para mandar. Muchos de sus componentes se integrarían posteriormente en el sistema y ayudarían a apuntalar lo que un día abominaron. Ésta fue una lección aprendida por sus nietos, que sí han querido, aunque no logrado, tomar el poder.

Bajo estas circunstancias se podría defender que Mayo del 68 nunca ha concluido del todo. Que ha adoptado diversas formas, pero ha continuado en el tiempo. Que desde entonces, nunca las cosas fueron iguales. Tampoco ha concluido la Revolución conservadora que le sucedió como estructura de pensamiento dominante en el mundo. Del mismo modo que la Revolución francesa tuvo su Termidor, Mayo del 68 tuvo sus *neocons*. La batalla ideológica final dependerá de la correlación de fuerzas políticas y económicas que se impongan. De ahí saldrá el vector definitivo para una época. No se puede saber qué dará de sí esta Revolución conservadora que ahora mismo está representada por un personaje, Donald Trump, del que ni siquiera se sabe si tendrá continuidad o será un mero asterisco en la historia. Por lo pronto, conocemos que no es una metáfora: dispara y utiliza los mensajes como si fuesen balas de una metralleta. Quizá haya que aplicar a Trump el principio de la navaja de Ockham, atribuido a Guillermo de Ockham y muy utilizado en economía: en igualdad de condiciones la explicación más sencilla puede ser la más correcta. Trump es lo que parece. Mientras el tiempo resuelve estas incógnitas, recordemos que la memoria es un espacio de lucha. Ello es lo que hemos pretendido con este libro.

2
El capitalismo de rostro humano

LOS HERMANOS ENEMIGOS

Los movimientos políticos y sociales del último medio siglo han girado en Europa alrededor del capitalismo de bienestar. El socialismo real estaba más allá, y nunca fue más que una posibilidad lejana y difícilmente factible en estos lares. Los otros capitalismos existentes –capitalismo del *laissez-faire*, financiero, tecnológico, poscapitalismo, o distintas mezclas entre ellos– tenían sus principales centros logísticos lejos de las capitales europeas, aunque éstas en muchos momentos de la historia reciente se contagiaron de algunas de las características de aquéllos.

El capitalismo de bienestar es un concepto muy europeo. Tiene básicamente dos componentes: las libertades públicas y el *welfare*. Algunos lo han denominado capitalismo de ciudadanía, siguiendo la interpretación que le dio el sociólogo británico Thomas H. Marshall a mediados del siglo XX. Una persona no es ciudadano si no es triplemente ciudadano: ciudadano civil, ciudadano político y ciudadano social.

En este último medio siglo la integridad del concepto de ciudadanía ha saltado hecho trizas en demasiadas ocasiones, sobre todo por la parte de su componente social, de tal manera que ha sido sustituido por lo que otro sociólogo, Robert K. Merton, denominó el «efecto Mateo», en recuerdo del evangelista del mismo nombre: «Al que tiene más se le dará, y al que menos tiene se le quitará para dárselo al que más tiene». En este sentido, la triple ciudadanía, la ciudadanía completa, ha llegado a ser considerada como revolucionaria.

Desde las décadas de los años cincuenta y sesenta del siglo pasado se fue debilitando la denominada Guerra Fría y aquel fantasma que recorrió Europa –el comunismo– quedó sepultado entre los escombros del Muro de Berlín, en muchas ocasiones por su barbarie y, casi siempre, por su propia ineficacia para dotar de libertades y bienestar a sus gentes. Excepto en partes minúsculas del mundo (China es otra cosa), no existen sistemas económicos alternativos al capitalismo caracterizados por la propiedad pública de los medios de producción. Por lo tanto, las tensiones no son como antaño entre capitalismo y comunismo (socialismo real), sino que se han trasladado al seno del único sistema que pugna, el capitalismo, en sus distintas modalidades.

Muchos analistas han estudiado esa tensión por la hegemonía en el interior del sistema. Entre los más clásicos, el francés Michel Albert o el norteamericano Lester Thurow: desde hace ya bastante tiempo existe un nuevo combate, ideológico y práctico, que opone no ya el viejo comunismo al capitalismo, sino que confronta las diferentes fórmulas de capitalismo real. Como escribió Albert:

> Será una guerra subterránea, violenta, implacable, pero amortiguada e incluso hipócrita, como lo son, en una iglesia, todas las guerras entre bastidores. Una guerra entre hermanos enemigos, armados de dos modelos surgidos del mismo sistema, portadores de dos lógicas antagónicas del capitalismo, en el seno de un mismo liberalismo. Y quizá de dos sistemas de valores opuestos sobre el lugar del hombre en la empresa, el lugar del mercado en la sociedad y el papel del orden legal en la economía internacional.

Se podrían considerar, a grandes rasgos, tres estadios históricos en la marcha del capitalismo, desde que nació en el segundo tercio del siglo XVIII. En la primera etapa, de más de un siglo, el capitalismo se definió contra el Estado (monárquico, sobre todo), que retrocede ante las fuerzas del mercado y que se encarga de velar por el orden público contra las «clases peligrosas»: el nuevo proletariado industrial, que definen Karl Marx y Friedrich Engels en el *Manifiesto comunista* (1848). La segunda fase duraría hasta finales de los años setenta del siglo pasado y es la del capitalismo acotado por el Estado: se tratan de corregir los excesos, irregularidades y abusos del mercado y de atemperar la violencia del sistema, que avanza a empujones, con aumentos del poder del Estado en el interior del mismo bajo la presión de su adversario, el comunismo. La tercera fase comenzó en la década de los ochenta del siglo XX, y la tendencia se invirtió como consecuencia de la caída del Muro de Berlín y de la victoria de la Revolución conservadora. No se trata sólo de un giro más, sino de una nueva «ideología del capitalismo» para la que el mercado es un tótem que hay que saludar con la misma veneración con la que Guillermo Tell tenía que inclinarse ante el sombrero del gobernador. Las intervenciones del Estado sirven para apuntalar a los sectores en dificultades (el financiero, durante la Gran Recesión); la protección social –desde la cuna hasta la tumba, como mejor utopía factible de la humanidad–, que se consideraba el principal factor de progreso, se denuncia como limitadora de la eficacia del sistema y como estímulo a la pereza; los impuestos, que eran el medio esencial de conciliar el desarrollo económico y la justicia social, son juzgados como desincentivadores de la actividad productiva de los ciudadanos y de las empresas más dinámicas y audaces. Conclusión: hay que reducir los impuestos y las cotizaciones sociales, privatizar, desreglamentar; en suma, hacer retroceder al Estado para que el mercado pueda liberar las energías creadoras de la sociedad más perfecta posible. Sin atender a sus costes sociales.

Los dos modelos principales de capitalismo que pugnan por ser hegemónicos reciben diversos nombres: capitalismo americano *versus* capitalismo europeo, capitalismo anglosajón *versus* capitalismo renano, capitalismo neoliberal *versus* capitalismo de bienestar. Aunque estas denominaciones tengan mucho de clichés que precisarían de abundantes matices, muestran tendencias: el capitalismo neoliberal llega sobre todo de Estados Unidos y está basado en el éxito individual, el beneficio a corto plazo y su exaltación. En él la empresa es una mercancía más de la que el propietario dispone libremente y cuya función única consiste en generar beneficios; esta necesidad de repartir dividendos de modo permanente hace que los accionistas sean capaces de «traicionar» a su empresa y vender las acciones. «Traicionar» es (en la terminología de Michel Albert) sinónimo de «racionalizar beneficios», pero ello debilita el capitalismo estable, con la empresa como comunidad de intereses ligada por una *affectio societatis* que reúne a los accionistas, los empleados y la dirección. La empresa se queda sólo como una máquina de generar *cash-flow*. Una vaca lechera. Este tipo de capitalismo se gobierna con el predominio de lo que John Kenneth Galbraith denominó la «tecnoestructura» de la empresa, sus directivos más importantes, que tienen intereses propios muchas veces distintos de los de los propietarios; para obtener la máxima competitividad de una empresa es preciso forzar la competitividad individual de cada uno de sus componentes, y ella es la función de esos directivos. El salario es esencialmente individual y aleatorio, como el empleo mismo.

Según Lester Thurow, el modelo anglosajón exalta la economía de los consumidores (*ma non troppo*), al empresario brillante, la responsabilidad individual por las capacidades personales, las grandes diferencias salariales, las facilidades para el despido, las fusiones y las adquisiciones hostiles. Se practica el ajuste permanente como fórmula de flexibilidad: como hay que maximizar las ganancias trimestre a trimestre, donde no hay un crecimiento suficiente de los beneficios hay que reducir los costes salariales o rebajando emolumentos o despidiendo gente. En sentido contrario (sólo se da en los buenos tiempos y hoy es una experiencia minoritaria o casi olvidada), los empleados han de cambiar de empresa en cuanto se les presente la oportunidad de ganar más dinero. Ya no existe el concepto de lealtad en el seno de las sociedades mercantiles.

El capitalismo de bienestar, o capitalismo renano, se extendió en una parte muy amplia de Europa e incluso en Japón. Valoraba el éxito colectivo, el consenso y la preocupación por el largo plazo. En él la empresa era una comunidad compleja en la que los poderes de la propiedad, dividida en acciones, estaban equilibrados con los de la «nomenclatura» de dirección y con los del personal de base; las prioridades de la empresa no sólo se centraban en obtener la máxima plusvalía, sino también en adquirir cuotas de mercado para el futuro y crear empleo. Se tenía al capitalismo europeo por más justo y equilibrado; en él los bancos y las industrias estaban profundamente imbricados y su modelo era el largo plazo, no los resultados trimestrales. La estabilidad de los principales accionistas era un factor de seguridad y de tranquilidad para los administradores, que no vivían con la espada de Damocles permanente de una venta de la empresa a sus espaldas.

En aquel capitalismo europeo de la posguerra existía una cierta cogestión entre los trabajadores y los empresarios: por ejemplo, no subir excesivamente los sueldos y a cambio crear empleo para crecer y ganar cuota de mercado a la competencia. La empresa tipo no trataba a los trabajadores como un simple factor de la producción más, que se compra y se vende en el mercado como cualquier otra materia prima, sino que aplicaba un cierto deber de seguridad, de lealtad, de formación profesional, ya que los trabajadores permanecían en aquélla largos trechos de su vida laboral, si no toda. Hoy parece una utopía. Más que pagar a cada uno por su valor instantáneo en el mercado se aplicaba el derecho laboral y la negociación colectiva con el objeto de socializar los salarios y las condiciones de trabajo, ocuparse de su formación permanente, limitar las diferencias lacerantes en los emolumentos, evitar las rivalidades más destructivas. Todo esto no era un piadoso deseo, sino el fruto de la experiencia tras dos guerras mundiales. La movilidad interempresarial era muy inferior en Europa (no digamos en Japón) que en Estados Unidos: los trabajadores también asumían una fidelidad respecto a su empresa; el cambio de una a otra era un fenómeno mucho menos difundido y la rotación del empleo se consideraba un factor negativo. Para todo ello era básica la presencia de sindicatos vertebrados, representativos, fuertes en afiliación y comprometidos,

Akio Morita, mítico presidente de la multinacional Sony durante muchos años, describió gráficamente estas diferencias entre los dos capitalismos, convencido de la bondad de su estrategia a favor del capitalismo renano:

> Los norteamericanos ganan dinero con las adquisiciones y fusiones, pero ya no saben producir nuevos objetos. Mientras nosotros planificamos para diez años, ellos no se interesan más que por los beneficios a obtener en los próximos diez minutos. A este ritmo, la economía de Estados Unidos se habrá convertido pronto en una economía fantasma.

No acertó.

Las diferencias entre los dos tipos de capitalismo, hasta que uno fue netamente superado por el otro, no eran tan sólo las descritas hasta ahora. Se distinguían también por el papel que concedían al Estado en la economía y en la sociedad, y por los niveles de protección que poseían los trabajadores (y el conjunto de la ciudadanía): el denominado Estado del Bienestar. La teoría asumía que en el capitalismo neoliberal el Estado tenía funciones subsidiarias en educación, sanidad, pensiones, desempleo, etcétera; los gobiernos debían proteger sobre todo los derechos de la propiedad privada y luego apartarse, dejar libre el camino y permitir que los individuos, partiesen del nivel que partieran, desempeñasen su papel. El *laissez-faire*. Los programas de bienestar social eran necesidades desmoralizantes que siempre reflejaban situaciones de debilidad. Estos programas eran permanentes recordatorios de los impuestos altos con los que pagar a los beneficiarios del bienestar social que, a su vez, limitaban los incentivos de trabajo de quienes los recibían.

El capitalismo de bienestar concedió una relevancia superior al Estado en el crecimiento económico: una muleta estratégica para su desarrollo. ¿Por qué se iba a prescindir de él? Sus representantes consideraban que el bienestar social formaba parte troncal de la economía de mercado y, por tanto, había que apuntalarlo. Había que tener contentos y protegidos a los productores. El capitalismo descontrolado originaría niveles inaceptables de desigualdad, que pondrían en riesgo el futuro del propio sistema: las sociedades desarrolladas aceptan enfadadas los fenómenos de extrema riqueza y extrema pobreza. El Estado tendría un papel significativo en las garantías de que todos poseen posibilidades para participar de las bondades del mercado.

En esencia, el capitalismo del bienestar aparecía como una especie de versión económica de la socialdemocracia, mientras que el neoliberal semejaría la ortodoxia manchesteriana adaptada al siglo XX y luego al XXI. Los defensores del primero resaltaban que se trataba de una forma de capitalismo con rostro humano, mientras que los del último incidían en que su mayor eficacia traería más beneficios para todos en última instancia. Comprobada durante varias décadas (el cuarto de siglo largo que va desde el final de la Segunda Guerra Mundial hasta la crisis del petróleo, a principios de la década de los años setenta) la superioridad económica y social del modelo europeo y japonés, lo normal hubiera sido verlo triunfar políticamente. No fue así. El capitalismo anglosajón es hoy absolutamente hegemónico y ha contagiado al resto del mundo con sus rasgos más agresivos y apabullantes. A partir de los años ochenta del siglo pasado se cierra un ciclo y finaliza, por la rendición de una de las partes, la contienda entre dos modos de entender la economía de mercado.

Mientras tanto, el *welfare* –una de las señas de identidad centrales del capitalismo de bienestar– vertebró a la Europa arruinada por la Segunda Guerra Mundial en un consenso sin precedentes entre los socialdemócratas y los democristianos (centro izquierda y centro derecha del espectro político) e implantó, por la ausencia de un claro vencedor, una convivencia difícil de conseguir mediante políticas de confrontación ideológica. Convirtió al Estado en una especie de árbitro de las distintas clases (en lugar de ser el Estado Mayor de la burguesía, como teorizaba el marxismo) y, a cambio, despolitizó, desideologizó y desarticuló las posibilidades de revueltas sociales en aquellos lugares en los que las desigualdades eran más explosivas. Mayo del 68 fue una excepción a esta regla. En esencia, el Estado del Bienestar consistió en la institucionalización de los derechos sociales de los ciudadanos (la ciudadanía social de Thomas H. Marshall): el Estado provee a éstos de unas determinadas prestaciones monetarias en términos de subsidios, ayudas o pensiones en circunstancias concretas, y de un conjunto de servicios sociales universalizados en materia de sanidad y educación. La beneficencia, los «socorros mutuos» y la universalidad de «a todo ciudadano sin excepción» convergieron en el Estado del Bienestar. La demografía (envejecimiento de la población), las migraciones desde el sur hacia el norte geopolítico y las resistencias crecientes al pago de impuestos progresivos una vez que éstos llegaron a un tope pusieron en circulación el concepto de «crisis fiscal del Estado». Se hicieron realidad aquellos versos de nuestra tradición: «El señor don Juan de Robres / con caridad sin igual / hizo hacer este hospital / y primero hizo los pobres».

De ese Estado del Bienestar formaban parte:

–Los subsidios a los necesitados y a los más débiles; como tales se daban a quienes demostrasen esa necesidad o esa debilidad, bien directamente desde el Estado, bien a través de las organizaciones no gubernamentales de amplia y reconocida tradición en este terreno.

–Los derechos pasivos derivados de las cotizaciones a lo largo de toda una vida laboral: pensiones, seguro de enfermedad, seguro de desempleo, o lo que más recientemente se ha denominado «el cuarto pilar del Estado del Bienestar»: las ayudas para la dependencia.

–Servicios generales subvencionados o gratuitos, de entre los que resultaba ser el ejemplo más relevante la educación obligatoria y gratuita, pero que se extendió a aspectos tan básicos como el transporte colectivo, la vivienda y hasta la subvención a determinados tramos de la cultura.

–En un sentido extenso también formó parte esencial del Estado del Bienestar la legislación laboral, el Derecho del Trabajo, que incorpora la negociación colectiva.

Cuando las distintas generaciones de ciudadanos europeístas, de países como España y de otros que no habían formado parte de la Unión Europea en sus inicios, aspiraban a su total integración en este club nacido en el año 1957, no reclamaban sólo su democracia (tan importante), sino también los niveles de bienestar de los seis países fundadores. Ésa fue la grandeza de Europa y de su capitalismo de bienestar.

El sociólogo norteamericano Norman Birnbaum, que fue profesor de la Universidad de Georgetown, escribió a principios de la actual centuria un estudio comparativo entre el reformismo social estadounidense y el socialismo democrático europeo del siglo pasado. En él describe con exhaustividad cómo los ciudadanos europeos construyeron la sociedad posterior a las dos guerras mundiales a través de los procedimientos de los contratos implícitos o explícitos. Europa occidental estaba dirigida principalmente por los socialdemócratas y los democratacristianos, ya que los comunistas, que entonces tenían bastante fuerza y mucha influencia (formaban parte de los ganadores de las contiendas bélicas), fueron expulsados de los gobiernos en los que trataron de participar (Francia e Italia). El atractivo de los comunistas era muy fuerte porque se presentaban como los defensores de la igualdad económica y social. Birnbaum afirma que no es posible explicar los estados del Bienestar sólo o fundamentalmente como resultado de los conflictos de la Guerra Fría, sino que se construyeron como secuelas de procesos económicos y políticos a largo plazo.

En ello jugaron un papel muy significativo las organizaciones que trataron de *aggiornarsi* a los nuevos tiempos posbélicos. Por ejemplo, los sindicatos, que estaban muy interesados en ampliar el poder de sus corporaciones; sus todavía numerosos afiliados se prestaban a movilizaciones masivas en caso de crisis en sus empresas o en sus sectores, pero no entraban en guerras frontales contra el capitalismo de bienestar. Tuvo mucha importancia en este contexto el citado congreso del Partido Socialdemócrata Alemán (SPD) en 1959, en Bad Godesberg. El SPD trazó un nuevo proyecto histórico en el que ya no se pretendía la transformación total de las relaciones de producción e intercambio; el marxismo tendría que competir por su hegemonía ideológica, lo que facilitaría el pluralismo. Las reformas socialdemócratas del capitalismo en el interior del mismo, un *ethos* humanista (liberal), el cristianismo progresista (el Concilio Vaticano II, convocado por el papa Juan XXIII, que pretendía una renovación de la Iglesia católica, comenzó el mismo año de Bad Godesberg), etcétera, convivirán con un marxismo que también tiende a la secularización y a la pérdida de rigidez en sus expresiones occidentales. La economía política marxista, con su doctrina del fin inevitable del capitalismo a través de sus contradicciones, es sustituida por la creencia de que es posible el crecimiento económico continuo, a pesar de sus picos de sierra y sus crisis cíclicas, con dosis de humanidad y de igualdad crecientes. Ese crecimiento inclusivo sería garantizado mediante estados fuertes, con funciones de *welfare* en su interior, y con cometidos reguladores, en los que colaborarían el capital y el trabajo. Los socialdemócratas se hicieron definitivamente keynesianos, adoptando los principios de «tanto Estado como sea necesario, tanto mercado como sea posible, «tanto mercado como sea necesario, tanta solidaridad como sea posible».

Entre el extremo capitalista despiadado y el extremo marxista planificador había nacido en la primera mitad del siglo XX una doctrina económica intermedia que tomaba su nombre del economista británico de la Universidad de Cambridge, John Maynard Keynes. El keynesianismo hacía hincapié en la eficacia de la intervención estatal selectiva junto a la adopción de una actividad fiscal (los impuestos) como brazo armado de una política económica tan importante o más que la política monetaria (la cantidad de dinero y los tipos de interés). Para Keynes, el desempleo era el resultado de una caída de la demanda y, por tanto, para lograr el pleno empleo –verdadero objetivo prioritario de cualquier política después de la Segunda Guerra Mundial– era imprescindible reactivar el sistema económico mediante la intervención pública. El keynesianismo nació para corregir los excesos de la acción del capitalismo del *laissez-faire;* supuso una especie de revolución pasiva del capitalismo, pues su objetivo era, además de dotar de eficacia a la economía de mercado, mitigar sus crueldades y sus abusos más evidentes: el empobrecimiento, las debilidades debidas a la edad, las enfermedades o la exclusión social. Y también paliar los efectos de las caídas de la economía, de modo que durante las recesiones todos los ciudadanos tuvieran un mínimo flujo de ingresos con los que sobrevivir y consumir y, por lo tanto, hacer más segura su existencia. Así, el keynesianismo (que muchos identificaban con la versión económica de la socialdemocracia política) limitaba la capacidad de indignación de la gente y la rebeldía de los individuos, de modo que se evitaban las tentaciones de mirar más allá, hacia el otro sistema, el comunismo del Telón de Acero.

En el año 1936, Keynes había escrito su obra canónica, la *Teoría general del empleo, el interés y el dinero,* cuyos contenidos influyeron de modo determinante en el *New Deal* con el que el presidente Franklin Delano Roosevelt venció a la Gran Depresión de los años treinta, y en la construcción del Estado del Bienestar europeo. Keynes explicaba que la economía puede encontrar un punto de equilibrio con desempleo y con una infrautilización de la capacidad de producción de las empresas; es decir, que las recesiones y las depresiones no son, por naturaleza, asuntos temporales que se corrigen automáticamente cuando cambia el ciclo. Para romper con este equilibrio malhadado en el punto más bajo debe complementarse la demanda existente con la ayuda pública, con el objeto de aumentar la inversión y el consumo globales y, de paso, multiplicar los puestos de trabajo.

A partir de la Gran Depresión de los años treinta y, sobre todo, desde el final de la Segunda Guerra Mundial, la influencia del keynesianismo llegó a ser espectacular. Fue su época dorada y se convirtió en una teoría hegemónica. En esos años pasó a ser de común entendimiento que si subía el paro o la economía daba muestras de colapso la responsabilidad pasaba al Gobierno, que debía actuar de inmediato, lo que hoy es evidente. Antes de Keynes no lo era. Parecía ser la muerte definitiva del capitalismo del *laissez-faire*, en el que eran las fuerzas del mercado, en exclusiva, quienes movían o paraban la economía: fatal arrogancia. Las intervenciones de los gobiernos empezaron entonces a formar parte de la ortodoxia económica; había un compromiso explícito con el crecimiento de la demanda, lo que daba como resultado el aumento del empleo y, a través suyo, de la economía en general.

Al mismo tiempo se creaba o se ampliaba el Estado del Bienestar. En Gran Bretaña, tras el Informe Beveridge, que concretaba las promesas hechas por Winston Churchill durante la Segunda Guerra Mundial, se tomaban medidas que aseguraban un mínimo decente de bienestar al trabajador; de los grandes sacrificios durante la contienda se pasó al dividendo de la paz en forma de *Welfare State*. Ello se extendió, bajo distintas modalidades, a buena parte de los países democráticos. Muchos historiadores consideran el tramo transcurrido desde 1945 hasta principios de los años setenta, hegemonizado por el keynesianismo, como el mejor de todos los tiempos para la economía mundial y muy especialmente para los países ricos. A finales de los setenta, con cierta distancia temporal para el análisis certero, el escritor francés Jean Fourastié publicó un estudio sobre la evolución de su país desde el final de la guerra, que tituló *Les trente glorieuses ou la Révolution invisible de 1946 à 1975*. Lo de los Treinta Gloriosos prendió inmediatamente, ya que las casi tres décadas posteriores al final de la conflagración planetaria fueron espectaculares: se inició una etapa de prosperidad sin precedentes. Hasta tal punto que se hizo célebre un discurso del primer ministro británico Harold Macmillan en el año 1957, en el que dijo: «Seamos francos: la mayoría de nuestro pueblo jamás ha vivido tan bien». Poco más de una década después de que los cadáveres, los lisiados y los escombros hubieran asolado las tierras del viejo continente, los europeos estaban a punto de recuperar el terreno perdido en las últimas cuatro décadas, con dos guerras mundiales desarrolladas fundamentalmente en su suelo, y de entrar en una larga etapa de bienestar y, quizá, de opulencia.

Los políticos europeos parecían haber aprendido para siempre lo que no se debía repetir de ningún modo (hoy sabemos que no lo aprendieron): que lo importante es el bienestar de las personas, que se han de diferenciar los fines movilizadores de los medios instrumentales, que es imprescindible un cierto compromiso con la planificación a largo plazo y, sobre todo, que había que evitar las horripilantes y masivas matanzas y holocaustos del pasado inmediato. Europeos contra europeos. Europeos contra americanos. Americanos contra japoneses. El historiador Tony Judt cuenta que a partir de 1945 todo lo que se hizo estaba subordinado a impedir el regreso de los viejos demonios (el fascismo, el desempleo, el militarismo alemán, la guerra, la revolución...). La Europa posnacional, la de las libertades y el Estado del Bienestar, cooperante y pacífica, no nació como un proyecto optimista, ambicioso y progresista que los euroidealistas de hoy imaginan desde la pura retrospectiva, sino que fue el fruto de una insegura ansiedad. Acosados por el fantasma de la historia, sus líderes llevaron a cabo reformas políticas, económicas y sociales como medida profiláctica para mantener a raya el pasado.

LIBERALES EN LO PERSONAL, SOCIALISTAS EN LO PÚBLICO

Uno de los caminos trazados fue aumentar el grado de integración europea. Para ello se creó la Europa unida, cuyo germen fue el Tratado de Roma, firmado en 1957 por seis países (Alemania, Francia, Italia, Bélgica, Holanda y Luxemburgo), antecedente de la actual Unión Europea (UE). En aquel momento, finales de los años cincuenta, la economía ayudó a la política, pues los pasos iniciales de la Europa unida se dieron mediante dos tratados (el de la Comunidad Económica Europea y el de la Comunidad Europea de la Energía Atómica), a los que se unió el Tratado de la Comunidad Europea del Carbón y el Acero.

La Comunidad Económica Europea, hoy UE, se construyó sobre dos pilares irrenunciables: las libertades públicas y el modelo de protección social para sus ciudadanos. La influencia del Estado en la economía (a través de pactos sociales, de programas básicos y universalizados de protección social y de corrección de las desigualdades más lacerantes) se veía contrapesada por su retirada de los aspectos más íntimos de las personas, como la religión, el sexo, los gustos, las formas de vivir... La fórmula mixta, compensada entre progresistas y conservadores, fue la de actuar como socialdemócratas en lo público y como liberales en la vida privada.

Los Treinta Gloriosos fueron años de migraciones masivas desde el sur hacia al norte, desde el campo hacia la ciudad, y de presencia creciente de la juventud en todos los aspectos de la vida cotidiana. Estos rasgos son centrales para entender el fenómeno de Mayo del 68 posterior. El proletariado fue perdiendo poco a poco el carácter de vehículo único de transformación social; a él se añadió la juventud, en términos mucho más interclasistas y transversales. Estudiantes universitarios y de instituto, aprendices y asalariados en las fábricas, incluso los guerrilleros de algunas zonas de América Latina y los nacionalistas anticolonialistas en África o Asia, eran sobre todo jóvenes de diferentes clases sociales. Las migraciones se debieron, en buena parte, a las diferencias de renta y de riqueza, y de oportunidades, entre el mundo rural y el urbano, entre los campos del sur y las capitales norteñas. En este periodo, el número de personas que abandonó sus pueblos para llegar a las principales ciudades de su propio país o de otro, de un continente al de más allá, alcanzó los 40 millones. Como consecuencia, disminuyó el peso de la agricultura en la economía en beneficio de los sectores secundario (industria) y terciario (servicios).

Gracias a una mejor nutrición, a los récords en la edificación de viviendas a través de la reconstrucción de los países derruidos por los efectos de los bombardeos y de los combates, y a los primeros efectos positivos del Estado del Bienestar en la salud de la gente y en la natalidad infantil, aumentó la generación del *baby boom*, los nacidos después de las contiendas. Europa se convirtió en un continente de jóvenes, tras unos años en que los conflictos bélicos y sus consecuencias habían disminuido en porcentajes históricos las tasas de natalidad. La multiplicación del número de niños y de adolescentes generó problemas desconocidos en una educación todavía demasiado estrecha y hasta entonces no universalizada. No había infraestructuras educativas suficientes y adecuadas, y las características de la enseñanza correspondían a las de otra época más elitista. Una vez resueltos los problemas primarios de intendencia (dar de comer, vestir y alojar a las nuevas cohortes de europeos), la atención se fijó obsesivamente en la educación. La educación secundaria y, sobre todo, la universitaria estaban organizadas para minorías selectas, y en casi ningún caso habían contemplado la llegada de jóvenes rurales o de ambientes obreros a sus aulas. Lo que hasta entonces era considerado un privilegio se constituyó en un derecho más. Ello explica la agitación creciente en la universidad y en los institutos de muchos lugares, a la que acompañaba una disfunción en el entendimiento de las formas de vida entre dos generaciones que crecieron en condiciones muy distintas: la que se hizo adulta entre guerras y depresiones económicas, con penurias y hambrunas, diezmada, insegura, temerosa y por tanto obsesivamente conservadora, y una nueva generación avasalladora, numerosa, próspera, optimista, orgullosa de sí misma. Son caldos de cultivo que explican lo que sucedió a continuación.

A nadie le podían pillar por sorpresa los cambios que se avecinaban. No sólo por los factores enunciados, sino porque conforme se avanzó en la década de los años sesenta el modelo de prosperidad empezó poco a poco a dar síntomas de agotamiento. Ya no era tan fácil como hasta ese momento asegurar niveles de prosperidad crecientes, la educación seguía siendo deficitaria en sus condiciones, faltaban puestos de trabajo suficientes para todos, y los requisitos que exigían las empresas no se correspondían, en muchas ocasiones, con la formación que tenían los jóvenes ni con sus expectativas, dispuestos a comerse el mundo. Ello generó elementos de alienación nuevos: las relaciones de producción no estaban basadas en la democracia y en la flexibilidad, sino en modelos autoritarios y rígidos que no gustaban a esa juventud, ahíta de vivir una vida diferente a la de sus mayores; el trabajo en las fábricas estaba basado en un modelo de superior (el patrón) a inferior (el asalariado), y en los centros de enseñanza, la autoridad del catedrático no tenía limitaciones. Todo ello hizo que emergiera algo que hacía tiempo que no se daba en Europa por el dominio del sistema de pactos sociales: las huelgas. Conflictos laborales en las fábricas; conflictos estudiantiles en las universidades e institutos. Un cóctel explosivo que podía estallar si prendía alguna cerilla. Obreros y estudiantes tenían cosas en común, más allá de sus problemas particulares y corporativos: sus condiciones de existencia, y los modos de enfrentarse a ellas. No era sólo que quisieran conseguir mejores condiciones de trabajo, confirma Judt, sino cambiar con cierta radicalidad su modo de vida. Así lo expresaban los panfletos, manifiestos, polémicas, discursos y artículos que empezaron a multiplicarse. Con las contradicciones entre las fuerzas productivas y las relaciones de producción llegó el malestar.

3
Escupir al 68

LA MEMORIA ES UN ESPACIO DE LUCHA

Escribe Cervantes: «No hay recuerdo que el tiempo no borre». Cómo es posible que unas revueltas que tuvieron lugar hace medio siglo por motivos muy diferentes (donde había capitalismo, para acabar con el capitalismo; donde había comunismo, para acabar con el comunismo; donde había una «dictadura perfecta», para traer la democracia), y que ninguna de ellas alcanzó los fines últimos de los activistas, sigan tan presentes en la memoria y hayan devenido en un mito de la segunda parte de un siglo XX salpicado de actos mucho más heroicos e influyentes que los del «ciclo del 68» (París, México, Praga).

De las tres ciudades rebeldes, París fue la menos mártir y en la que las revueltas duraron menos tiempo (desde principios del mes de mayo hasta que los estudiantes se fueron de vacaciones de verano y los obreros volvieron a las fábricas tras las cesiones salariales del Gobierno y las patronales). En México la represión fue mucho más feroz, sin miramientos. Y en la capital de la antigua Checoslovaquia –un país que ya no existe como tal– se invadió una nación y el recuerdo de «la Primavera de Praga» precedió, dos décadas antes, a la caída del Muro de Berlín y, más allá, a la del «socialismo real» en una especie de juego de dominó.

Paradójicamente, Mayo del 68 es, sobre todo, París, aunque las barricadas, el asalto a las facultades universitarias y a las fábricas, los enfrentamientos con la Policía, las manifestaciones multitudinarias, etcétera, no lograsen alterar finalmente las principales estructuras del poder, ni las instituciones políticas, ni la universidad. No hubo cambio de Gobierno, sino un fortalecimiento del existente. Sin embargo, determinaron un cierto cambio en las condiciones de vida de los asalariados y una revolución en las costumbres de los jóvenes y en la cultura dominante a largo plazo. El haz y el envés. No fue poco, pero sí menos de lo que pretendieron los rebeldes.

Al contrario que las conmemoraciones fijadas en el calendario, que se preparan y nunca pillan desprevenidos, los rebrotes llegan sin aviso. Las secuelas de Mayo del 68 siguen martilleando las conciencias y las acciones de la tribu de los topos décadas y décadas después, con otras características: el movimiento antiglobalización de finales del siglo XX, que puso en el corazón del sistema conceptos alternativos que hasta entonces sólo figuraban en el *off-system,* y el movimiento de los indignados a partir del año 2011, que ha dado lugar a una crisis de representación política en muchas democracias consolidadas, beben directamente del 68 francés, de sus aciertos y contradicciones, de sus enseñanzas y sus olvidos, de sus fortalezas y debilidades. En muchas ocasiones son los hijos y los nietos de aquellos *soixante-huitards* los que han protagonizado las algaradas y las transformaciones, en muchos casos acompañados de los restos del naufragio sesentayochista; de los que entonces perdieron, pero no se rindieron.

La segunda parte de la década de los años sesenta del siglo pasado fue una de esas escasas épocas especiales que se convierten por sí solas en una idea-fuerza que contribuye a transformar el mundo. La rebeldía de la juventud y su búsqueda del antiautoritarismo como forma de vida. Evitar la alienación de lo gris, y el blanco y negro de una posguerra que pasó de la desesperación al bienestar en un corto periodo de tiempo. La ensoñación de que ser joven era algo muy especial que no se podía desperdiciar mientras durase. Una generación que creció en medio de un bienestar creciente y sin una guerra física (existía la Guerra Fría) en la que combatir, que se ideologizó y al tiempo se afincó en el imperativo peterpanesco de no ser adulto nunca.

El año 1968 ha llegado a ser importante en el imaginario colectivo porque en él pareció, ingenuamente, que todo podía ser posible y sin derramamiento de sangre. No tanto por los estallidos parciales de rebeldía en lugares como París, Milán, Berkeley, Praga o México, sino por el conjunto de lo que había alrededor, incluida la pirotecnia ideológica. Jóvenes trabajadores y estudiantes de los sitios más diferentes protagonizaron un fenómeno planetario en el que había protestas muy diferentes (el particularismo de las revueltas) y causas globales (revoluciones *sui generis*). Muchos años después, décadas más tarde, se sigue citando y analizando Mayo del 68 en términos políticos, culturales y civilizatorios, las más de las veces para corregir sus mitos; las menos, para defender sus efectos. Mientras muchos de los participantes en la algarada han permanecido en silencio –una buena parte de ellos acodados en la barra del sistema como dirigentes del mismo (primeros ministros, ministros, banqueros, empresarios, académicos, comunicadores famosos, intelectuales, cineastas, directores de periódico...)–, la reacción conservadora ha exigido volver al *statu quo* y a la disciplina previas al 68.

Se podrían poner numerosos ejemplos de hemeroteca. Sirva uno, de los más representativos: las declaraciones del político conservador francés Nicolas Sarkozy, en la campaña electoral que le llevaría a la presidencia de la República en el año 2007. El 29 de abril de ese año, en un mitin multitudinario en la ciudad de Bercy, Sarkozy pidió con vehemencia a la multitud que le escuchaba «liquidar la herencia de Mayo del 68» y pasar página (¡39 años después!). Para el líder de la derechona gala, Mayo del 68 impulsó el relativismo intelectual y moral, y sus herederos impusieron la idea de que todo valía, de que no había ninguna diferencia entre el bien y el mal, proclamaron que todo estaba permitido, que se había acabado la autoridad y la escuela tradicional. El 68, gritó Sarkozy, había introducido el cinismo en la sociedad y en la política, y «había permitido el culto al dinero, la deriva del capitalismo financiero» e incluso estaba en el origen «de los contratos blindados y los empresarios sinvergüenzas» (sic). A nivel más castizo, la que fuera presidenta de la Comunidad de Madrid, la neoliberal-leninista Esperanza Aguirre, declaró en varias ocasiones que su acción política, y la de su partido, el Partido Popular (PP), trataban de romper con el espíritu de Mayo del 68 para recuperar «una Instrucción Pública basada en la autoridad del profesor, la cultura del esfuerzo, el aprendizaje individual a través de la transmisión de conocimientos y del uso de la razón, la memoria y el cálculo, y la evaluación como garantía de un sistema de promoción social».

Clichés. Pocos *soixante-huitards,* ni siquiera los más conversos, se sentirían identificados con los tristes tópicos de Sarkozy y Aguirre, pero esto es lo que dice recordar del 68 una parte significativa de la derecha. La catedrática de la Universidad de Nueva York Kristin Ross, que ha escrito un ensayo sobre la despolitización de la memoria (*Mayo del 68 y sus vidas posteriores*), afirma que se ha tratado de «banalizar, simplificar, domesticar, exorcizar» esta experiencia. Para ella, la memoria es un espacio de lucha; el recuerdo no es algo que el poder deje a otros, sobre todo el de un momento que cambió el curso de las vidas y la realidad misma. En mayo de 2018 se cumple medio siglo de lo que la ensayista califica como la mayor huelga general de la historia de Francia y la única insurrección generalizada que ha experimentado el mundo desarrollado en la segunda mitad del siglo XX. La «memoria reactiva» (política, mediática, cultural) reduce el acontecimiento a una algarada estudiantil, a un conflicto generacional, a una cuestión de hormonas, a una aceleración brusca de la modernidad (explosión del individualismo hedonista, liberación de las costumbres), etcétera. Así se buscaría neutralizar lo político: las rupturas y las disfunciones, las manifestaciones de nuevas subjetividades, impresentables política o sociológicamente, el surgimiento de otras formas de concebir el lazo social, la comunidad, el porvenir.

Lo que la ensayista pretende es dirigirse contra la corriente de esfuerzos dedicados a repercusiones meramente «culturales», cuando no morales o espirituales. Para ella, es todo lo contrario: todo ocurrió políticamente, siempre que se entienda «la política» como algo con poca o ninguna relación con lo que a finales de los años sesenta (y quizá ahora mismo) se denominaba «política de los políticos»: la política especializada o electoral.

¿Qué fue Mayo del 68? ¿Qué dejó entre nosotros? De aquel «gozo de rebeldía justa», como lo definió el inolvidable intelectual mexicano Carlos Monsiváis, muchas novedades han sido integradas en la vida cotidiana de los ciudadanos (feminismo, ecologismo, respeto a las minorías, libertad sexual, igualdad de oportunidades en una educación más democrática, pacifismo, lucha por los derechos civiles y sociales, comunitarismo en las respuestas, cogestión en las empresas, rechazo a las estratagemas del *establishment* y de sus intelectuales orgánicos, fuesen éstos personas físicas, partidos políticos o sindicatos estabulados), pero otras siguen discutiéndose y hay una batalla ideológica y política para dar marcha atrás en aquella forma de vida y sed de libertad que se pretendía. ¿No son reivindicaciones políticas las anteriores? Prosigue, artificial, la polémica de si Mayo del 68 fue una revolución cultural o una revolución política íntegra que asimilaba dentro de ella a la primera. Entrar en este debate significa abandonar cierta tendencia al autoengaño de muchos de los protagonistas de aquello (y de sus contradictores, que lo amplían o lo reducen según sus intereses) y, a veces, unas buenas dosis de verbalismo radical.

1968, los años anteriores y los inmediatamente posteriores fueron pasto de las tesis gramscianas de la hegemonía. Estaban de moda, como ahora. Siempre que emerge un movimiento antisistema en el interior de una correlación de fuerzas desfavorable aparece el concepto de hegemonía de Antonio Gramsci. Gran teórico marxista italiano, fundador del Partido Comunista de su país, encarcelado por el régimen fascista de Benito Mussolini, Gramsci dio a luz una fecunda obra a través del concepto de hegemonía y, sobre todo, de hegemonía cultural que fue aprehendida –muchas veces sin saberlo– por los *soixante-huitards*. Gramsci activó los conceptos de hegemonía y de bloque hegemónico y los aplicó al estudio de los aspectos culturales de la sociedad (lo que se denominaba «superestructura» en la terminología marxista; la «infraestructura» eran los medios de producción): desde la cultura en sentido amplio (los aparatos ideológicos del Estado: sistema educativo, medios de comunicación, cine, teatro...) se puede y se debe practicar la acción política como una de las formas de crear y reproducir la hegemonía. El poder de las clases dominantes sobre las clases subalternas no está simplemente en el control de los aparatos represivos del Estado, como creyó el estalinismo, sino que viene dado también por la «hegemonía cultural» de las élites a través del control de ese sistema educativo, de los periódicos, de la creación cultural... Mediante estos instrumentos, los poderosos «educan» a los subordinados para que éstos vivan su sometimiento y la supremacía de aquéllos como algo natural, capando su espíritu de rebeldía o incluso revolucionario.

En un polémico libro (*La revolución divertida*) el periodista Ramón González Férriz toma partido y hace un balance ciertamente controvertido para los que apoyen las teorías de Kristin Ross: es verdad, escribe, que en el plano cultural la victoria de Mayo del 68 fue total y que la cultura de masas no puede entenderse hoy sin lo que sucedió entonces; es indudable que eso influyó en la política y que en la actualidad «las democracias son tan hijas de Montesquieu como de la cultura pop». Pero lo cierto es que «el deseo último de las revueltas, el de reformar por completo los sistemas que regían sus sociedades, fracasó estrepitosamente». La gran paradoja es que tras lo que González Férriz califica de «fracaso indiscutible», muchos de los que participaron en aquel movimiento tuvieron «carreras fulgurantes y una influencia como quizá ningún perdedor haya tenido jamás. Los revolucionarios que acabaron rindiéndose ante la fortaleza del capitalismo llegaron a dominarlo». Escribe el periodista:

> Los que quizá se habían enfrentado al parlamentarismo burgués acabaron siendo parlamentarios burgueses; los que querían dar la universidad a los estudiantes consiguieron una cátedra; los que habían detestado al empresario explotador, al fundar sus empresas parecían olvidarlo; los que habían desdeñado la cultura mayoritaria desde hacía años formaban parte de ella. Su revolución había sido inequívocamente divertida; es su reivindicación del hedonismo y fue asimismo cómoda su adaptación al capitalismo al que se habían opuesto y que a partir de entonces, en cierto modo, liderarían. Porque lo que lograron no fue subvertir el sistema sino fortalecerlo con un vigor extraordinario y al mismo tiempo transformarlo [...]. Lo que consiguieron las revueltas de los sesenta: demostrar que la esencia del capitalismo no era el conformismo sino la rebeldía; que no había sistema más revolucionario que aprovechara más creativamente la destrucción que el capitalista, y que había que aprovechar los inmensos espacios que dejaba para la liberación (y el confort) personal. No habían logrado lo que querían pero lo que obtuvieron a cambio no estaba mal.

Probablemente haya quien adjudique al párrafo anterior el calificativo de reaccionario, pero lo que expresa es una de esas sabias contradicciones de la historia con las que hay que contar y confrontarse con ellas para vencerlas o asimilarlas. Mayo del 68 como una «revolución pasiva» del capitalismo, también gramsciana. Como algunas otras antinomias. Una, la que emerge de la crítica de *La revolución divertida*: el aprovechamiento que muchos de aquellos rebeldes hicieron del propio sistema. Como buenos trotskistas, y muchos no lo eran, practicaron el entrismo. Son los *baby boomers*, los que eran jóvenes en los sesenta, los que más se han beneficiado del Estado del Bienestar, los que han tenido casi toda su vida laboral contratos laborales fijos y bien remunerados (frente a los de sus hijos y nietos, instalados en la precariedad estructural, fruto de los éxitos de las revoluciones conservadoras), los que han podido jubilarse con pensiones públicas, los que han aprovechado mejor la universidad pública y sus becas, o los sistemas de protección antes de que éstos entrasen en decadencia... Si del 68 salió algo relacionado con la limitación de las estructuras de la desigualdad de oportunidades, con la mejora de las condiciones de vida en el sentido de paliar la separación entre el trabajo manual y el intelectual, si se atemperaron algo en este último medio siglo las jerarquías sociales dentro y fuera de la empresa, los que se beneficiaron de ese poco fueron los que entonces eran jóvenes y a partir de los setenta ocuparon los puestos de mando en la política, la economía, las finanzas o la cultura; los que a partir de esa década se vistieron de traje y corbata, y se pusieron a trabajar y a llevar una vida normal, atravesada por la secuencia «estudiar-trabajar-casarse y tener hijos-poseer una vivienda-jubilarse y descansar», ese encadenamiento que se ha roto en mil pedazos para sus descendientes. Muchos enterraron las pinturas de guerra y los adoquines del 68 y se convirtieron en todo aquello que sus padres habían deseado y de lo que ellos abominaron en un momento de su vida. El 68 fue tan sólo una fase de su existencia, que ahora recuerdan con una sonrisa.

Una de las antinomias más curiosas de estas reflexiones se da con el diario *Libération*. Se fundó en el año 1973 bajo la protección de Jean-Paul Sartre. La redacción se cooptó con muchos periodistas sesentayochistas fundamentalmente procedentes del maoísmo, como su director Serge July, que había sido dirigente de la Gauche prolétarienne (GP). En el editorial de su primer número se escribía que su objetivo era «ayudar al pueblo a tomar la palabra», y sostenía la voluntad de contar con una especie de «redactor público» o colectivo. Hoy *Libération* pertenece a una rama de la familia Rothschild y alguien lo ha definido como «el Pravda [periódico oficial del Partido Comunista de la Unión Soviética después de la Revolución de octubre de 1917] de la nueva burguesía».

El cantautor Ismael Serrano, hijo de un sesentayochista puro, lo ha expresado con ironía en la letra de una de sus canciones más emblemáticas:

Papá cuéntame otra vez ese cuento tan bonito
de gendarmes y fascistas, y estudiantes con flequillo,
y dulce guerrilla urbana en pantalones de campana,
y canciones de los Rolling, y niñas en minifalda.

Papá cuéntame otra vez todo lo que os divertisteis
estropeando la vejez a oxidados dictadores
y como cantaste «Al Vent» y ocupasteis la Sorbona
en aquel Mayo francés en los días de vino y rosa.

Papá cuéntame otra vez esa historia tan bonita
de aquel guerrillero loco que mataron en Bolivia
y cuyo fusil ya nadie se atrevió a tomar de nuevo,
y cómo desde aquel día todo parece más feo.

Papá cuéntame otra vez que tras tanta barricada
y tras tanto puño en alto y tanta sangre derramada
al final de la partida no pudisteis hacer nada
y bajo los adoquines no había arena en la playa.

[...]
Queda lejos aquel Mayo, queda lejos Saint Denis,
qué lejos queda Jean Paul Sartre, muy lejos aquel París.
Sin embargo a veces pienso que al final todo dio igual [...].

La representación intelectual más extravagante de los «arrepentidos» de Mayo del 68 fue el movimiento de los «nuevos filósofos». Revolucionarios que se convirtieron primero en liberales y luego, en muchos casos, en neoconservadores militantes y acaso en ultraderechistas. A mediados de los setenta, en los rescoldos del 68, surgió en Francia un grupo de jóvenes profesores de Filosofía, muchos de los cuales (no todos) habían estado en las primeras filas de las manifestaciones parisinas. Sin mucha estructuración como grupo pero unificados sus componentes por los medios de comunicación (sobre todo por la televisión, en cuyos programas se multiplicaron convirtiéndose en maestros del lenguaje audiovisual), los «nuevos filósofos» mantuvieron una serie de tesis en común, la más fuerte de las cuales era el rechazo al marxismo en todas sus derivaciones. El marxismo era el origen del mal y el fracaso de Mayo del 68 tuvo que ver directamente con el aluvión ideológico marxista de los estudiantes y sus representantes. El análisis de la Revolución bolchevique, de la Revolución china (todavía no de la cubana), la invasión de Checoslovaquia por las tropas del Pacto de Varsovia y la influencia que en ellos tuvo el libro *El archipiélago Gulag* y las demás obras del escritor ruso Aleksandr Solzhenitsyn, fueron determinantes para los «nuevos filósofos». El contexto internacional de esos años era Indochina, con la toma de Saigón por los comunistas y la huida de miles de vietnamitas en pequeñas barcazas (los *boat-people*), así como el genocidio ordenado por Pol Pot al frente de los jemeres rojos en Camboya. Ello les dio abundante munición y suficientes argumentos objetivos, lo que les llevó a establecer una imaginaria línea roja entre la izquierda política y la izquierda intelectual que una vez representaron esos «nuevos filósofos». Esta línea no se quebró hasta la victoria socialista de François Mitterrand en el año 1981.

El primero que habló de «nuevos filósofos» fue uno de sus representantes más mediáticos, Bernard Henri-Levy, en un artículo publicado en la revista *Les Nouvelles Littéraires*, en 1976. La marca prendió rápidamente en los medios de comunicación. Los antiguos maoístas, aquellos jóvenes intelectuales de la hiperpolitizada Gauche prolétarienne o de la Unión de Estudiantes Comunistas se transformaban en seguidores de la peña liberal y volvían al redil del *establishment*. Los Henri-Levy, André Glucksmann, Jean Marie Benoist, Alain Finkielkraut, Guy Lardreau y Philippe Nemo duraron como grupo más o menos hasta la caída del Muro de Berlín en 1989. Sobrevivieron las individualidades más brillantes, algunas con mucho éxito mediático y editorial. Gilles Lipovetsky, uno de esos supervivientes vanguardistas de la segunda generación de «nuevos filósofos», ha descrito los acontecimientos de entonces:

Revolución sin proyecto histórico. Mayo del 68 es un levantamiento coral sin muertos, un movimiento de comunicación tanto como un enfrentamiento social. Los días de Mayo, más allá de noches calientes, más que reproducir el esquema de las revoluciones modernas fuertemente articuladas en torno a posicionamientos ideológicos, prefiguran la revolución posmoderna de la comunicación.

Los «nuevos filósofos» despreciaban a sus maestros (aunque no a Albert Camus), a aquéllos como Jean-Paul Sartre, que tanta influencia tuvo en Mayo del 68 y en fechas posteriores, hasta su muerte en 1980. A ese Sartre que se ensucia las manos y toma la dirección de *La Cause du Peuple,* la publicación de la Gauche prolétarienne cuyo director había sido detenido. Las imágenes de Sartre y su compañera Simone de Beauvoir voceando la venta de *La Cause du Peuple* por las calles de París es uno de los momentos estelares de aquel tiempo. No hacía falta ser Sartre para criticar a ese núcleo filosófico-mediático que pretendió disputar la hegemonía a los intelectuales progresistas. Uno de estos últimos, Gilles Deleuze, se enfrenta a ellos y denuncia a los «nuevos filósofos» por basarse en un sistema binario, nulo, vacío de contenidos y simplón (el bien y el mal, el poder y la disidencia, la ley y la rebelión...). «El tema», dice Deleuze, «ya estaba presente en sus primeros libros. El odio al 68. La cuestión es quién tenía más autoridad para escupir sobre el 68. Construyeron el sujeto de su enunciado en función de ese odio: "Nosotros, que hicimos Mayo del 68, podemos deciros que fue una estupidez y no lo volveremos a a hacer"».

Y otro de los grandes, Cornelius Castoriadis, remata:

> Resulta extraño que hoy [es el año 1988, dos décadas después] se llama pensamiento del 68 a un conjunto de autores cuya fama ha aumentado después del fracaso de Mayo del 68 y de otros movimientos del periodo, y que no desempeñaron el más vago papel en las preparaciones del movimiento porque sus ideas eran totalmente desconocidas para los participantes y

porque estaban diametralmente opuestas a sus aspiraciones implícitas y explícitas.

Fue el cineasta, poeta e intelectual italiano Pier Paolo Pasolini, personaje polémico, el que manifestó otra de las contradicciones del movimiento contestatario, en forma de poema: el hecho de que, en muchas ocasiones, los encargados de reprimir la presencia más o menos violenta de los estudiantes en la calle, los policías, eran los hijos del verdadero proletariado, mientras que los jóvenes eran los descendientes de las élites que gobernaban. Pasolini publicó un conocidísimo poema («¡El PCI entre los jóvenes!») que subrayaba esta antinomia:

> [...]
> Tienen cara de hijos de papá.
> Buena raza, no miento.
> Tienen el mismo ojo ruin.
> Son miedosos, ambiguos, desesperados
> (¡muy bien!) pero también saben cómo ser
> prepotentes, chantajistas y seguros;
> prerrogativas pequeñoburguesas, amigos.
> Cuando ayer en Valle Giulia pelearon
> con los policías
> ¡yo simpatizaba con los policías!
> Porque los policías son hijos de pobres,
> vienen de las periferias, campesinas o urbanas [...]
> Los muchachos policías
> que ustedes por sacro vandalismo (de selecta tradición resurgimental)
> de hijos de papá, han apaleado
> pertenecen a otra clase social.
> En Valle Giulia ayer, hemos tenido un fragmento
> de lucha de clases, y ustedes, amigos (aunque de la parte
> de la razón) eran los ricos
> mientras que los policías (que estaban de la parte
> equivocada) eran los pobres.

Los roles de clase se habían invertido. Pasolini refleja a los hijos de la burguesía gritando eslóganes radicales mientras arrojaban cócteles molotov, palos y piedras a los mal pagados hijos de los jornaleros del sur, encargados del orden ciudadano.

¿Se puede definir Mayo del 68 como una revolución en sentido clásico? En sus acepciones políticas, el *Diccionario de la lengua española* de la Real Academia define a la revolución como: «Cambio profundo, generalmente violento, en las estructuras políticas y socioeconómicas de una comunidad nacional»; «levantamiento o sublevación popular»; «cambio rápido y profundo en cualquier cosa»; «acción y efecto de revolver o revolverse». Sus principales protagonistas hacen permanentes analogías entre lo que allí sucedió y la Comuna de París de 1871. La Comuna como precedente de Mayo del 68: un movimiento insurreccional popular que tuvo lugar en la capital gala entre el 18 de marzo y el 28 de mayo de aquel año, que se disputaron los anarquistas y los comunistas, y que terminó con la entrada triunfal de las tropas prusianas a sangre y fuego. Karl Marx describió la Comuna como el primer ejemplo de dictadura del proletariado; Mijaíl Bakunin discrepaba: al no haber dependido de una vanguardia organizada, era una gloriosa experiencia ácrata. Durante los dos meses largos que duró la resistencia, la Comuna promulgó una serie de decretos revolucionarios como la autogestión de las fábricas abandonadas por sus dueños, la laicidad del Estado, la obligación de la Iglesia de acoger las asambleas ciudadanas y de sumarse a las labores sociales o la abolición de los intereses de las deudas.

Se ha escrito que el 68 fue una variedad de revolución en la revolución, con algunas características muy peculiares en este tipo de revueltas. Fue una forma de rebelarse contra el sistema en la que muchos de sus participantes despreciaban el poder: querían la palabra, no el poder. Este error lo aprendieron muy pronto los indignados del siglo XXI. Aquéllos no querían morir por la revolución sino vivir a través de ella, querían cambiar el mundo y la vida pero que otros se comprometiesen con ello. Muchos años después, y en otro contexto muy diferente, el catedrático Antonio López Pina desarrolló el concepto de «inteligencia excéntrica» para referirse a aquella gente que, proveniente del mundo de la academia, la universidad o del pensamiento, procura un margen de autonomía personal más allá del mundo político institucional y económico-financiero. Personas con vocación de servicio público, comprometidas con el cambio, pero que procuran mantener la suficiente distancia del poder para preservar espacios de libertad. El extremo de esa excentricidad inteligente sería Hannah Arendt, cuando expresa que «para alguien que quiere mantenerse fiel a sí mismo, sólo al margen de la sociedad es posible una existencia digna». Quizá sea un poco forzado hablar de «inteligencia excéntrica» para referirse a los protagonistas del 68 que preferían tener influencia y que aborrecían del poder, pero algo así semejan.

NUEVO SUJETO HISTÓRICO

Otra de las peculiaridades de ese tiempo de cambio es la transformación del sujeto histórico en las movilizaciones. Por mucho que algunos izquierdistas ligados al marxismo obrerista lo sigan negando, Mayo del 68 fue un fenómeno mucho más generacional que vinculado a las clases sociales. Era el momento del prestigio de ser joven. Sin embargo, apenas hubo mujeres entre los principales dirigentes del movimiento; los conflictos de género se consideraban secundarios y un subproducto de la lucha de clases. El cambio de sujeto histórico fue teorizado, sobre todo, por Herbert Marcuse, un filósofo alemán de la Escuela de Fráncfort, asentado en la Universidad de Columbia en Nueva York, que sobre todo en sus libros *El hombre unidimensional* y *El final de la utopía* planteaba la idea de que había terminado una etapa del capitalismo, el capitalismo temprano, en la que el proletariado era la fuerza que tenía el potencial efectivo para derribar al sistema. A finales de los sesenta, el mundo estaba en una fase de capitalismo avanzado en la que el Estado del Bienestar y el crecimiento habían provocado una mejora generalizada en los niveles de vida de las clases subalternas, suficiente para que éstas tuvieran algo que perder. Había que encontrar grupos no asimilados que condujesen los cambios (revolucionarios). Marcuse y otros pensadores izquierdistas que influyeron en Mayo del 68 enjuiciaban la democracia y el Estado del Bienestar como señuelos o disfraces de la sociedad burguesa que anestesiaban el ansia de transformación de los dominados, no el resultado de largas luchas con abundantes caídos en las mismas.

Marcuse llegó a París a principios de mayo de 1968 para dar una conferencia en la Organización de las Naciones Unidas para la Educación, la Ciencia y la Cultura (UNESCO) con motivo del 150 aniversario del nacimiento de Karl Marx, y palpó en persona el ambiente que se percibía en las calles y en las universidades e institutos parisinos, aunque abandonó la capital francesa antes del estallido universitario para visitar al líder del 68 alemán, Rudi Dutschke, víctima de un atentado de la ultraderecha; un joven nazi le había disparado tres balas en la cabeza. Aunque sobrevivió, nunca pudo recuperarse del todo de los daños provocados por el atentado. Rudi Dutschke fue uno de los líderes más interesantes del 68. Sociólogo marxista ligado a la Universidad Libre de Berlín, principal sede de las revueltas estudiantiles alemanas, impulsó la lucha contra toda forma de autoritarismo de tal manera que parecía más cercano a las tesis luxemburguistas (de Rosa Luxemburgo) que al marxismo-leninismo. Antes de dejar París, Marcuse hizo unas declaraciones al semanario *Le Nouvel Observateur:*

> Los estudiantes no son pacifistas: no más que yo. Creo que la lucha será necesaria, más necesaria que nunca quizá, si se vislumbra un nuevo modo de vida. Los estudiantes ven en Che Guevara, en Fidel Castro, en Ho Chi Minh, figuras simbólicas que encarnan la posibilidad de un nuevo camino hacia el socialismo exento de métodos estalinistas.

La izquierda radical, instalada mucho más en el mundo de la educación que en el de las fábricas, consideraba a la clase obrera un aliado con el que había que contar de modo imprescindible pero que, como defendía Marcuse, había sido absorbida y neutralizada por un sistema integrador, y estaba dirigida por partidos (el comunista) y sindicatos (la Confederación General de Trabajadores) reformistas. Véase el paternalismo con el que trataba este problema Dany Cohn-Bendit en su libro más conocido sobre la revolución:

> Mayo del 68 en Francia. La mejor huelga general de la historia. Un sueño, una revolución donde los obreros toman el poder como antiguamente el pueblo tomó la Bastilla, los *sóviet* de 1917, la revolución alemana en 1918, la Cataluña libre de 1936. La autogestión, los consejos húngaros de 1956 [...] Nos interesamos por el proletariado mucho antes de 1968. En las tascas, las reuniones políticas, en todos los folletos, nunca dejábamos de asignar a la clase obrera el principal papel en las revoluciones venideras, de prepararla para su misión histórica. Los obreros no sospechaban nada y curraban en las fábricas, pero estaban tan presentes en nuestras historias que era preciso que nos encontráramos.

Politólogos y analistas de raíz marxiana se interrogaban, y en muchos casos no acababan de comprender, esta metamorfosis mediante la cual las primeras filas de las manifestaciones y las primeras ocupaciones de la universidad fuesen copadas por estudiantes de clase media y no por el proletariado tradicional. Algunos de esos estudiantes, de ideología maoísta o trotskista, inspirándose en el poder de los sóviets o en la Revolución Cultural china, tomaron una decisión muy artificiosa, de escasa duración: trataron de proletarizarse voluntaristamente y entraron a trabajar en las fábricas para ser consecuentes con su intento de abandonar la pequeña burguesía; de paso, buscaban aumentar la presencia de la izquierda revolucionaria y extraparlamentaria en los centros de producción. Véase, por ejemplo, el manifiesto que el

Movimiento 22 de marzo, creado en la Universidad de Nanterre en el origen de las revueltas, dirigió al movimiento obrero ante la determinante manifestación que se iba a celebrar en París el 24 de mayo de 1968 con el título «¡Vuestra lucha es la nuestra!»:

> Nosotros ocupamos las facultades, ustedes ocupan las fábricas. ¿No combatimos unos y otros por lo mismo? Hay un 10% de hijos de obreros en la enseñanza superior. ¿Nuestra lucha busca que haya una mayor cantidad, una reforma democrática de la universidad? Eso sería bueno pero no es lo más importante. Esos hijos de obreros llegarán a ser estudiantes como los otros. Que un hijo de obrero pueda llegar a ser gerente no está en nuestro programa. Queremos suprimir la separación de poderes que existe entre trabajadores y obreros dirigentes [...] Vuestra lucha y nuestra lucha son convergentes. Es necesario destruir todo lo que aísle a unos de otros (las costumbres, los diarios...). Es necesario establecer la coordinación entre las fábricas y las facultades ocupadas. ¡Viva la unificación de nuestras luchas!

Mayo del 68 multiplicó su potencial cuando los trabajadores se unieron a los estudiantes, iniciaron la ocupación de las fábricas, y convocaron una impresionante huelga general. Pero el Partido Comunista Francés (PCF) y los sindicatos intentaron desde el inicio establecer la separación entre unos y otros, y acusaron de aventurerismo a los estudiantes. Siendo miembro del Buró político del PCF, quien luego ocuparía el cargo de secretario general del mismo, Georges Marchais, denunció el 3 de mayo (es importante la fecha pues todo estaba a punto de estallar) en el periódico oficial del partido *L'Humanité* a los «pequeños grupúsculos izquierdistas», y agregó: «Es necesario convertirlos y aislarlos [...] se trata en general de hijos de grandes burgueses [...] son seudorrevolucionarios».

La presencia del pensamiento de Marx en Mayo del 68 fue abrumadora en sus diferentes familias ideológicas, menos en la más ortodoxa, la que llegaba desde Moscú. La práctica política de la Unión Soviética era abominada por los intelectuales y por los jóvenes, que no se sentían nada atraídos por las imágenes de naftalina que les llegaban de allí. Les agredía su mediocridad, su revisionismo, su burocratismo extremo, la gerontocracia de sus líderes. El alejamiento se había ampliado desde el año 1956 con el aplastamiento soviético de la Revolución húngara, y se hará más brusco aún con la invasión de Checoslovaquia apenas tres meses después de París. 1968 no es sólo el «ciclo 68», es también el 150 aniversario del nacimiento de Marx, cuya obra gozaba todavía de un inmenso prestigio y del que se reclamaban casi todos los protagonistas del momento. El pensamiento del filósofo de Tréveris era diseccionado con lupa desde todos los puntos de vista. Louis Althusser, uno de los maestros del estructuralismo –las todopoderosas estructuras desplazan y aniquilan a los sujetos y a sus conciencias– y en la cima de su popularidad intelectual (acabó su vida como un zombi, estrangulando a su esposa y denunciado por numerosos fraudes en su obra; se dijo, incluso, que jamás había leído *El capital* ni el resto de la obra del fundador del socialismo científico y del materialismo histórico, de la que tanto había escrito), distinguía entre el joven Marx (humanista, estudioso, sobre todo, de la filosofía de la alienación y de la ideología) y el Marx maduro (científico, más centrado en la economía, el de *El capital*). Althusser levantaba fervientes polémicas y sus seminarios eran seguidos por miles de estudiantes que trataban de encontrar ese cemento ideológico potente con el que poder entender el mundo y ser orientados en su empeño movilizador. Un cemento ideológico soportado en el marxismo en sus diferentes versiones (leninista, maoísta, trotskista, espartaquista, tercermundista, guevarista...) que se mezclaba con otros «ismos» del momento (situacionismo, pacifismo, ecologismo, anarquismo...) y cuya resultante, a veces imposible, debía llevar a un vector resultante antiautoritario. Los vacíos y las contradicciones (¿cómo podía ser antiautoritario un maoísta o un trotskista?)

fueron colmados echando mano de ideas de fuera del corpus marxista, de tal manera que éste se reforzó en la práctica debilitándose en la teoría. Respiró ahogándose. Muchos de los grupos y grupúsculos que nacieron en esa coyuntura hicieron suya una de las debilidades patológicas de la izquierda tradicional que es su escisión continua, a veces por motivos nimios; las diferencias ideológicas entre ellos a veces eran casi inexistentes o sobre cuestiones de segunda, tercera o cuarta categoría (por ejemplo, el «verdadero» papel del general Lavr Kornílov en Petrogrado, en octubre de 1917), pero sus militantes e ideólogos las defendían a vida o muerte.

Marx había sido testigo directo de las revoluciones del año 1848, otro de los precedentes de Mayo del 68, el año en que publicó juntó a Friedrich Engels el *Manifiesto del Partido Comunista*. Nacido en Alemania, vinculó en su existencia la teoría y la práctica. A sus reflexiones como filósofo, economista e intelectual se añadió su papel como editor de la revista *Nueva Gaceta Renana* y su importancia en la Liga de los Comunistas y en la creación de la Primera Internacional. Ese *Manifiesto*, el libro más vendido en la historia junto a la Biblia, empezaba de un modo del que los *soixante-huitards* sacaron una brillante analogía: «Un fantasma recorre Europa: es el fantasma del comunismo. Todas las potencias de la vieja Europa se han aliado a una sacrosanta cacería de este fantasma».

Más allá de la retórica del *Manifiesto*, se sentían identificados con una versión más libre, menos encorsetada de su contenido:

> La historia de todas las sociedades existentes hasta el presente es la historia de la lucha de clases. Hombres libres y esclavos, patricios y plebeyos, señores y siervos, maestros y oficiales, en suma, opresores y oprimidos, siempre estuvieron opuestos entre sí, librando una brecha ininterrumpida, ora oculta, ora desembozada, una lucha que en todos los casos concluyó con una transformación revolucionaria de toda la sociedad o con la destrucción de las clases beligerantes.

Ello era, más o menos, lo que querían los estudiantes rebeldes, que se acompañaban de ese salto dialéctico que indica que hay que pasar de la *dictadura de la burguesía* (el capitalismo) a la *dictadura del proletariado* (la democracia obrera), que sería sustituida finalmente por una sociedad sin clases y sin Estado que sería el comunismo. Además, Marx les proporcionaba una teoría económica capaz de aportar explicaciones a las sucesivas crisis del sistema.

Derrocar al capitalismo les parecía una necesidad incuestionable, formaba parte del espíritu épico de los nuevos *communards*. Para muchos de ellos, ese derrocamiento no sería posible sin una insurrección y sin la violencia; para otros, ese procedimiento violento no era posible en las sociedades opulentas, burguesas, egoístas, que tienen mucho que perder, sino en un Tercer Mundo empobrecido y explotado, constantemente idealizado. Rudi Dutschke escribe: «Inevitable necesidad del levantamiento armado internacional del Tercer Mundo. Esta guerra revolucionaria es terrible pero los sufrimientos de los pueblos serían aún más terribles si el combate armado no consiguiera suprimir el estado de guerra de los seres humanos». El contexto internacional era todavía el de la descolonización, la extensión del «socialismo real» (aunque éste no suscitase, como ya hemos advertido, muchas adhesiones entusiastas), la Revolución china, la cubana o, más extensamente, la guerrilla latinoamericana. Se analizaban febrilmente todas las revoluciones habidas... menos la Revolución americana. Estados Unidos era el objeto de todas las sospechas por su imperialismo.

El reverso de la opulencia era ese Tercer Mundo embellecido y repleto de seres puros, solidarios y sin apenas intereses que perder. Una capacidad de autoengaño y mitificación, acrítica, utilizada de continuo. El 9 de octubre de 1967 había muerto en Bolivia Ernesto Guevara, el combatiente más prestigioso y adorado de la guerrilla mundial. Murió un luchador, pero nació un mito imbatible. Imbatible todavía hoy, medio siglo después, aunque hayan aparecido sombras sobre su crueldad. Su retrato estaba en el frontispicio de todas las manifestaciones que se multiplicaban por el planeta. Ataviado con boina negra y con un aire ligeramente melancólico mirando a lo lejos, el Che devino en el icono más potente de una época. La fotografía que aparecía en los carteles y pancartas era obra de Alberto Korda, que se la sacó al principio de la Revolución cubana, cuando Ernesto Guevara tenía apenas treinta y un años.

La fotografía de Korda nos conecta con otro de los mitos de finales de los años sesenta y principios de los setenta: el editor italiano Giangiacomo Feltrinelli. Otro icono de la tribu de los topos. Publicó en la editorial Feltrinelli, que era de su propiedad, el *Diario del Che en Bolivia* y para promocionarlo hizo un póster con la fotografía de Alberto Korda (fotógrafo personal de Fidel Castro). De ese póster salieron los centenares de miles de carteles con la imagen del Che que acompañaron las movilizaciones en universidades, institutos y fábricas parisinas e italianas. Feltrinelli ha pasado a la historia por los libros que editó y por su práctica política, que le llevó a la muerte. Entre los primeros están *El Gatopardo*, de Giuseppe Tomasi di Lampedusa, y *El doctor Zhivago*, la novela de Borís Pasternak por la que éste consiguió el Premio Nobel de Literatura y cuyo contenido era del total desagrado de la *nomenklatura* moscovita y, sobre todo, del secretario general del Partido Comunista de la Unión Soviética (PCUS) Nikita Jrushchov, aquél que denunció a Iósif Stalin.

La publicación de *Doctor Zhivago* y al mismo tiempo una línea ideológica crecientemente izquierdizante de su editorial hizo que el Partido Comunista Italiano expulsase de sus filas a Feltrinelli. Poco después fundó –y fue nombrado comandante– los Gruppi d'Azione Partigiana (GAP), la segunda organización partidaria de la lucha armada aparecida en Italia tras el 68, en los «años de plomo», después de las célebres Brigadas Rojas. En 1972, en una acción de los GAP, mientras intentaba volar unas torres de alta tensión en las afueras de Milán, Feltrinelli saltó por los aires. En el juicio de los principales dirigentes de las Brigadas Rojas y de los GAP, años después, Renato Curcio, uno de los principales líderes de las primeras, corroboró esta acción fallida que le llevó a la muerte:

> Osvaldo [nombre de guerra de Feltrinelli] no es una víctima sino un revolucionario caído en combate. Él estaba involucrado en una operación de sabotaje de torres de alta tensión que iba a provocar un apagón en una amplia zona de Milán, con el fin de asegurar un mejor funcionamiento de los métodos implicados en el ataque a varios objetivos [...] Fue un error técnico cometido por él, es decir, la opción de usar relojes de baja fiabilidad transformados en temporizadores, subestimando los problemas de seguridad, determinó el fatal accidente y el posterior fracaso de toda la operación.

Indro Montanelli, un periodista conservador opuesto a todo lo que el editor-militante armado representaba, declararía: Feltrinelli «era el símbolo de todo lo que pasó en estos años. A diferencia de Francia, éramos un país de broma, con unas disputas de broma, y Feltrinelli fue el representante más cualificado».

Otra de las contradicciones más aparatosas de Mayo del 68 en el seno de ese marxismo practicante se dio entre los partidarios del leninismo, a menudo minoritarios, y los que seguían la estela de la teórica y política alemana Rosa Luxemburgo (una mártir de la izquierda, al haber sido encarcelada, torturada y asesinada por las fuerzas de la reacción en el año 1919, después de haber fundado la Liga Espartaquista). Los leninistas defendían que, como en todas las revoluciones, era precisa una vanguardia que dirigiera la lucha, un partido disciplinado por el centralismo democrático que ayudase a introducir la conciencia revolucionaria en la clase obrera. El luxemburguismo sostenía la democracia obrera y la ausencia de vanguardias iluminadas frente a la visión militarista de los leninistas. Los luxemburguistas hacían suya la conocida frase de Marx: «La emancipación de los trabajadores será obra de los trabajadores mismos».

Mayo del 68 se caracterizó por dos herejías del leninismo, ambas sustanciadas en el espontaneísmo. La primera, la ausencia de un plan organizado: el movimiento se fue construyendo sobre la marcha, sin esquemas. Hacer haciendo. El machadiano «se hace camino al andar». La segunda, la ausencia de un partido dirigente, de una vanguardia organizada que llevara el peso de los acontecimientos. *A posteriori*, algunos analistas atribuyeron a este espontaneísmo la desmovilización y el fracaso de las fuerzas del cambio, frente al gaullismo. En el libro de Kristin Ross, un militante maoísta critica el espontaneísmo «desde abajo» luxemburguista:

> Después llegó junio. La derecha se rehizo, la izquierda no tenía nada que proponer en el sentido de una ideología, ni siquiera reformista. De todo aquello saqué una conclusión: nunca más, nunca tomar el poder desde la base, nunca tomar la palabra sin tomar el poder. Se adueñaron de mí la amargura y el resentimiento contra la fragilidad de todo lo que habíamos hecho. La cuestión de tomar el Poder (con «P» mayúscula), el poder político, la sentí con mayor intensidad aún por el hecho de que nos daba la impresión de tenerlo ya en las calles, de hacer lo que queríamos. El fin de esta experiencia fue muy doloroso. Por esa razón todos los discursos que se dirigen hacia una toma parcial del poder, que proponen ideas de revoluciones moleculares, me producen un enorme escepticismo. Amé Mayo profundamente por su aspecto antiautoritario, pero en junio tuve la sensación de que el poder desde la base no es suficiente. En gran medida represento a una generación que ha oscilado constantemente entre los dos polos.

El 30 de mayo de 1968 una gigantesca manifestación a favor del general De Gaulle y del *establishment* recorrió los Campos Elíseos y debilitó de muerte el Mayo del 68. Se terminaba la utopía cantada por Jim Morrison, el vocalista de *The Doors*, que moría en 1971 en París posiblemente por una sobredosis de heroína, y fue enterrado en el cementerio del Père-Lachaise: «We want the world and we want it now» (Queremos el mundo y lo queremos ahora). En primera fila de aquella manifestación reactiva convocada a favor del general caminaba, ya algo encorvado, André Malraux, novelista, aventurero, político (ministro de Cultura), participante en la Guerra Civil española con las Brigadas Internacionales (en la escuadrilla de aviación «España»), testigo de la Revolución maoísta, miembro de la resistencia francesa contra los nazis. Su biografía le avalaba para estar en la trinchera opuesta. Pero se situó allí, en la acera que exigía el restablecimiento del orden. Días más tarde escribió en un periódico parisino:

> Estas huelgas fueron singulares en primer lugar, evidentemente, por su amplitud pero también por su ausencia de odio. Cuando ya se han visto varias revoluciones, no cabe confundirse al respecto. Los huelguistas raramente iban armados. No hubo enfrentamiento entre manifestaciones masivas. Éstas conducían a la sociedad civil, no la creaban. Parecían más profundas que las reivindicaciones salariales que defendían. Este ensayo general de un drama en suspenso mostraba, tanto entre los huelguistas como entre quienes los veían pasar, la conciencia del fin del mundo.

Malraux, uno de los testigos más potentes del siglo XX, remataba: «Estamos ante una de las crisis más profundas que haya conocido la humanidad».

CAMBIAR LA VIDA MÁS QUE TRANSFORMAR EL MUNDO

Esta historia debería haberse titulado «La revolución y nosotros, que la quisimos tanto»... si no fuera porque éste es el título del libro más vendido de uno de los protagonistas más mediáticos de aquellos acontecimientos, Dany Cohn-Bendit. Los hechos reproducidos en estas páginas giran, en una especie de bucle, alrededor de un concepto de revolución difícil de atribuir a una definición rigurosa. En el 68 París está más cerca del «cambiar la vida» del poeta Arthur Rimbaud, como aparecía en uno de los numerosos grafitis que adornaron las calles y plazas de la capital francesa, que del «transformar el mundo» de Marx, aunque todo el mundo se califique de marxista. En algunos momentos de las revueltas confluyeron Rimbaud y Marx.

Hace medio siglo prendió con fuerza esa nueva categoría transversal, de naturaleza distinta de la tradicional «clase social»: los jóvenes. Y más concretamente, los jóvenes estudiantes. De contornos imprecisos, la juventud estudiantil, más que la obrera, dio muestras de querer influir en la política como espacio público compartido. Ese marxismo genérico que impregnaba a sus vanguardias les aportaba la consciencia de que la educación que recibían, en la escuela, el instituto o la universidad a los que acudían, reproducía el sistema de dominación que había tiranizado a sus padres.

Los historiadores han concluido que ese tipo de educación, insuficiente y elitista, fue la yesca que haría estallar la ira de los estudiantes de muchas partes del mundo. Por primera vez en la historia contemporánea una generación tomaba el relevo de la clase obrera como factor de contestación al sistema; el hecho generacional servía de encuadramiento a los jóvenes estudiantes fuera de los partidos y sindicatos tradicionales, y fuera también de las instituciones políticas y sociales. El sociólogo Edgar Morin, que estuvo al lado de esos estudiantes en muchas ocasiones, dijo que con estas revueltas los adolescentes –que se encuentran entre la burbuja de la infancia y la integración adulta– expresaron una aspiración profunda, en evidente contradicción con el proceso de integración en la sociedad que se les proponía. El hecho es que grupos de jóvenes estudiantes, quizá mimetizados lejanamente con la Revolución Cultural china y con los guardias rojos, empezaron el fuego graneado contra el cuartel general y, al tiempo, una estrategia de acercamiento a las fábricas obreras.

Los jóvenes protagonistas de los diversos mayos de aquel año mágico (Francia, Italia, Alemania, México, Estados

Unidos, Checoslovaquia...) tenían algunas concomitancias: no encontraban su sitio en una sociedad todavía cercana al blanco y negro de la posguerra, encorsetada en bastantes convencionalismos arcaicos; no compartían los valores y la estética de sus padres, los cuales todavía tenían muy presente y en carne viva la experiencia de la conflagración, y la mugre de la inmediata reconstrucción. Eran la generación del *baby boom,* la que creía que debajo de aquellos adoquines parisinos estaba la playa. También se cuestionaban –al tiempo que buscaban participar en ella– la sociedad de consumo, en una especie de paradoja permanente. De aquellos lodos nació una forma de ser austero. En 1968 también nació el Club de Roma, una organización no gubernamental que tenía como misión reflexionar sobre los límites del crecimiento, precedente de un cambio climático que aún no se calificaba así. El Club de Roma sentenció, con mucho adelanto respecto a los científicos, que «en un planeta limitado, las dinámicas de crecimiento exponencial (población y producto per cápita) no son sostenibles». En aquel momento, hace cincuenta años, sus expertos entendían que la humanidad había superado la capacidad de carga del planeta para sostener a una población que crecía en progresión geométrica. No deja de resultar curioso que quien enarbolará en parte la bandera del ecologismo que se expresa a partir de Mayo del 68 es una de las fuerzas políticas más productivista y menos cuidadosa con el medio ambiente, celosa de perder su influencia sobre el movimiento obrero y estudiantil: el comunismo, aunque en su variante más *light,* el eurocomunismo. El comunismo procedente de la Europa del Este fue lo más antitético que se conoce al ecologismo: envenenó la parte del planeta en la que fue dominante, aunque no se conocieron los niveles de ese veneno hasta que cayó el Muro de Berlín y se desveló la catástrofe de lo que había ocurrido con el medio ambiente de esos países. Fue un personaje fascinante, Enrico Berlinguer, secretario general del Partido Comunista de Italia (PCI), perteneciente a una familia de la alta burguesía, patrocinado por el mítico Palmiro Togliatti, quien recogió el concepto de austeridad como herramienta para impugnar desde la raíz un modelo de crecimiento basado en el derroche, el desaprovechamiento de los recursos naturales y los signos externos excesivos.

Casi una década después de las revueltas del 68, Berlinguer seguía planteándose un dilema muy actual: o nos abandonábamos al curso de los acontecimientos, dejándonos caer peldaño a peldaño por la escalera de la decadencia y del consumismo más exacerbado y desigual o, por el contrario, afrontábamos una versión redistributiva de la austeridad. Ello significaba, por definición, que habría que restringir el uso de ciertos bienes a los que los ciudadanos se habían acostumbrado, renunciar a ciertas ventajas adquiridas, aunque nunca en el terreno de la protección social. «Estamos convencidos», decía Berlinguer en su opúsculo *Austeridad*, «de que no es en absoluto cierto que la sustitución de determinadas costumbres actuales por otras más austeras y no derrochadoras vaya a conducir a un empeoramiento de la calidad y de la humanidad de la vida. Una sociedad más austera puede ser una sociedad más justa, menos desigual, realmente libre, más democrática, más humana». Libertad, igualdad, fraternidad, los lemas de la Revolución francesa, enarbolados por el secretario general del PCI, Enrico Berlinger, no el eslogan de «todo el poder para los sóviets» de la Revolución bolchevique.

El eurocomunista italiano provoca una sonrisa cuando, haciéndose el ingenuo, comenta a los comunistas sardos:

> Al oírnos hablar tanto de austeridad algunos han creído que podían hacer ironía fácil: ¿acaso –han preguntado– os estáis convirtiendo los comunistas en ascetas, en moralistas? Responderé con las palabras que pronunció, mientras arreciaba todavía la guerra de Vietnam, el primer ministro de aquel país, el camarada Pham Van Dong: «El socialismo no significa ascetismo. Afirmar algo semejante resultaría ridículo, reaccionario. El hombre ha nacido para ser feliz; lo que ocurre es que para ser feliz no es necesario tener un automóvil. Más allá de cierto

límite material, las cosas materiales no importan demasiado, y entonces la vida se concreta en sus aspectos culturales y morales. Nosotros deseamos que nuestra vida sea una vida completa, multilateral, rica y plena, una vida en la que el hombre exprese todos sus valores reales. Esto es lo que da sentido a la vida y valor a un pueblo».

Mayo del 68 es el parteaguas entre dos épocas muy distintas: los llamados Treinta Gloriosos, que arrancan del final de la Segunda Guerra Mundial, y la primera crisis del petróleo, que anuncia el final del keynesianismo como paradigma dominante y la llegada de una serie de dificultades cíclicas que, cada una con sus características, han conducido hasta hoy. Entre 1945 y 1973 Europa vivió uno de sus periodos más dorados. Esas tres décadas posteriores a la derrota de Adolf Hitler y de los fascismos fueron, sin duda, excepcionales a partir de la necesidad de reconstruir un mundo exterminado. Cualquier estudioso lo consideraría así, pero Tony Judt en su monumental *Posguerra* es el más expresivo:

> La extraordinaria aceleración del crecimiento económico fue acompañada por los inicios de una era de prosperidad sin precedentes. En el lapso de una sola generación las economías del occidente del continente europeo recuperaron el terreno perdido durante cuarenta años de guerra y depresión económica, y los resultados económicos y los patrones de consumo europeos empezaron a parecerse a los de Estados Unidos. Menos de una década después de haber estado luchando por salir de los escombros, los europeos entraron para su asombro y no sin cierta consternación en la era de la opulencia.

Fue la etapa más estable del capitalismo, la de mayor crecimiento con menos desigualdades. Esta fase terminó a principios de la década de los años setenta con las guerras del petróleo y cuando el presidente americano Richard Nixon dio unilateralmente por clausuradas muchas de las decisiones tomadas en Bretton Woods después de la Segunda Guerra Mundial, ante las dificultades que pasaba su país, motivadas entre otros aspectos por los abrumadores costes económicos de una guerra, la de Vietnam, que los americanos acabaron perdiendo. El principio unificador del keynesianismo había sido la capacidad reguladora de los gobiernos para suplir los fallos de los mercados. El éxito de tal política se quebró a partir de los años setenta, en parte por sus propias limitaciones, en parte por una nueva realidad con prioridades distintas: por la extensión de la globalización al conjunto del planeta (diversas experiencias nacionales demostraron la imposibilidad del keynesianismo en un solo país) y por el cambio de paradigma político-ideológico, desde una socialdemocracia más o menos progresista hacia una Revolución conservadora, profundamente reaccionaria, que la sustituyó como idea fuerza.

El cambio de paradigma contextualiza Mayo del 68. Ya no es la era de la opulencia, sino la de los primeros sacrificios tras décadas de acumulación continua. El *statu quo* va a caracterizarse, a partir de ese momento, por lo conservador. Primero intuitivamente y luego sufriéndolo en carne propia, los jóvenes se empezaron a dar cuenta de que el progreso no era necesariamente lineal, que tenía recovecos y picos de sierra. Y ellos no querían ser protagonistas aciagos de una de esas traidoras marchas hacia atrás de la historia. Iban a a ser protagonistas de una corta revolución y luego testigos de una larga contrarrevolución en las ideas, la política y la economía. El orden impuesto después de la Segunda Guerra Mundial, que tuvo su cenit alrededor de 1968, fue sustituido por otro muy distinto a partir de 1973. Era un orden que, al revés del anterior, abominaba de la planificación y de la intervención de los estados en la solución de los problemas porque el Estado empezaba a ser, decían sus intelectuales orgánicos, el problema y no la solución. Las ideas de los científicos sociales, filósofos *et alii* suelen ser finalmente determinantes en un cambio, pero llegan siempre a la esfera pública mezcladas con la política, los intereses creados y las circunstancias de tiempo y lugar, y devienen en ideologías. Ello fue lo que ocurrió.

El gran Keynes no pudo asistir a este gran combate por las ideas (había muerto en 1946). Fueron sus discípulos los que tuvieron que confrontarse con sus sustitutos en la hegemonía intelectual, los conservadores, los *Chicago Boys* (por la influencia de esta universidad y de su apóstol, Milton Friedman, en la Revolución conservadora) y, en su variante política, con las fuerzas acaudilladas por Margaret Thatcher y Ronald Reagan, que asistieron a la muerte del comunismo real y a la caída del Muro de Berlín, con todo lo que ello representaba. Los *soixante-huitards* habían creído en el poder de la lucha de clases, pero también de las ideas. Coincidieron así con un Keynes que les era bastante ajeno aunque se apoyasen en él (miembro central del *establishment* de la época y, además, economista, alejado de ellos, filósofos, sociólogos y politólogos), pero que siempre defendió la fuerza de las ideas y de la razón como sistema de discusión y de diálogo; que entendía –quizá bastante ingenuamente– que todos los problemas podían vencerse mediante la aplicación de la inteligencia, y que los grandes enemigos eran la obstinación y la ignorancia. Estaba convencido de que las ideas eran más poderosas que los intereses creados, y que éstos acabarían replegándose frente a la infiltración paulatina y muchas veces silente de aquéllas, como la lluvia fina. Keynes pensaba que el mundo estaba gobernado por las ideas, correctas o erróneas, de los intelectuales (y dentro de ellos, de los economistas; cada uno defiende su finca mental); que los hombres prácticos (los políticos entre ellos) que se creen ajenos a cualquier influencia intelectual suelen ser esclavos de algún economista difunto, y que los maniáticos de la autoridad que oyen voces en el aire destilan su frenesí inspirados en algún mal escritor académico del pasado.

Hasta aquí la relación, pocas veces subrayada de modo tan explícito, entre la evolución del keynesianismo y la de Mayo del 68. En aquellas fechas reinaba todavía una normalidad que en muchas ocasiones conducía al aburrimiento de las sociedades democráticas, pero se barruntaban nubes que poco a poco comenzarían a descargar. La crisis no fue un cisne negro, una tormenta en un cielo estrellado, sino que empezaba a tronar: aparecía el desempleo entre los jóvenes, los salarios reales dejaban de crecer, las condiciones de trabajo no mejoraban y se intuía un parón en el bienestar, lo que era desconocido para los *baby boomers*. Creían haber aprendido bien las lecciones del pasado, pero hoy sabemos que la memoria, en este tipo de asuntos, dura poco más de una generación... y luego se vuelven a cometer los mismos errores aunque parezcan diferentes. Una vez que se había logrado el Estado protector, los ciudadanos jóvenes ponían su atención en nuevas demandas sociales, de ocio, de trabajo... nuevos patrones de estilo de vida vinculados al pacifismo, ecologismo, feminismo, etcétera, al principio muy difusos y que poco a poco fueron perfilándose. Mayo del 68 semejó un electroshock que se aplica a una sociedad que se va desruralizando a marchas forzadas, que observa y participa en el consumo de masas y que, por primera vez, tiene plena conciencia de lo que está sucediendo a su alrededor a través de los medios de comunicación. La televisión, que iba entrando masivamente en todos los hogares, transmitía en directo los principales acontecimientos, incluidas las heterogéneas revueltas que sorprendían a los telespectadores por su estética y sus eslóganes rompedores, su deseo de transformación, y que generaban un buen debate: ¿por qué países tan diferentes, ricos o pobres, con sistemas políticos tan distintos, eran testigos de las riadas de jóvenes ocupando las calles y plazas de las ciudades, exigiendo respuestas a problemas muchas veces existenciales y con un matiz netamente ofensivo? El factor unificador de todas ellas era la rebelión contra la autoridad; en Occidente, contra la autoridad de la universidad, los institutos y sus catedráticos, de la familia, del Estado, de la escuela; en los países del Este, contra la autoridad del partido, contra una dictadura del proletariado que era en realidad la dictadura de una burocracia cosificada y cada vez más gerontocrática; en el Tercer Mundo, contra las dictaduras militares y sus prácticas contra los derechos humanos. Se ponían en cuestión todos los sistemas jerárquicos verticales: el patriarcado, la familia tradicional, el Ejército, el partido, la fábrica, la empresa, el sindicato...

CREAR DOS, TRES, MUCHOS VIETNAM

Hasta que los estudiantes de 1968 se rebelaron, la sociedad burguesa occidental mejoraba linealmente, experimentaba pocos accidentes en relación al pasado conflictivo, y parecía avanzar hacia un «radiante porvenir» (distinto en cada caso), en concepto acuñado por el escritor ruso Aleksandr Zinóviev en 1978. Ese porvenir era de latón, a veces mediocre, y ocultaba una insatisfacción creciente que estalla en el 68. Se anticipaba lo que Keynes había denominado con gran simplicidad «la buena vida». Los pajaritos cantan y las nubes se levantan. Zinóviev se burlaba de esta descripción angélica de la realidad cuando escribía que le recordaba a un chiste soviético: una maestra de una guardería de Moscú cuenta a los niños lo maravillosa que es la sociedad soviética; un niño rompe a llorar y la maestra, emocionada, le pregunta por qué llora. El niño le contesta que, oyéndola, le han entrado muchas ganas de ir a la URSS.

Las inquietudes universitarias, que comenzaron exigiendo reformas educativas, acabaron en algo mucho más grande. La década de los sesenta del siglo pasado, tan influida por los movimientos de jóvenes, fue testigo de una gran ebullición en el mundo. Todavía coleaban las influencias del Concilio Vaticano II, convocado por el papa Juan XXIII a finales de la década anterior con el objetivo de generar un *aggiornamento* renovador en el seno de la Iglesia católica, y que había sido clausurado por su sucesor, Pablo VI, en 1965.

Pero el gran suceso de la época, que dio lugar a un espíritu antiimperialista muy fuerte y extendido, fue la guerra de Vietnam: un país pequeño puso de rodillas al gigante norteamericano, con la televisión rodando en directo lo que sucedía en sus aldeas y en sus campos. El primer conflicto televisado de la historia, saldado con la derrota del Ejército capitalista por un régimen comunista, dio paso a un movimiento pacifista en todo el mundo. El napalm, las torturas, las atrocidades, la socialización del dolor en la sociedad civil eran contemplados por centenares de millones de personas a través de la pequeña pantalla. El imperialismo frente al nacionalismo. El frágil (de aspecto, no de espíritu) dirigente vietnamita Ho Chi Minh rivalizó como icono del sesentayochismo nada menos que con el Che Guevara, el héroe del internacionalismo revolucionario, muerto unos meses antes en Bolivia, adonde había pretendido exportar, sin condición objetiva alguna, la Revolución cubana. Antes de morir, el Che había enviado su célebre mensaje a la Tricontinental, reunida en La Habana (una conferencia de solidaridad de los pueblos de África, Asia y América Latina): «¡Crear dos, tres, muchos Vietnam!».

El fantasma de la guerra de Vietnam (y del Che) formaban parte del frontispicio de las manifestaciones de Mayo del 68. En esas fechas, Estados Unidos llevaba ya seis años empantanado en aquel lodazal y los campus universitarios –y luego el resto de la sociedad– rechazaban la presencia de jóvenes estadounidenses en una guerra que consideraban desequilibrada e injusta, y la llegada de centenares de cadáveres envueltos en la bandera de las barras y estrellas. Henry Kissinger, que más adelante se hizo famoso ayudando a los golpistas chilenos del general Augusto Pinochet contra Salvador Allende, justificaba la acción contra Vietnam en la llamada Teoría del dominó: un efecto bola de nieve de contagio continuo. Si un país asumía el comunismo como sistema político arrastraría inevitablemente a los de su entorno, uno tras otro, hacia la misma ideología. Para más confusión, ese mismo año eran asesinados en Estados Unidos el líder del movimiento de los derechos civiles para los afroamericanos y Premio Nobel de la Paz, Martin Luther King, y el senador Robert Kennedy, hermano del presidente John F. Kennedy (también asesinado un lustro antes), candidato a la presidencia del país.

Mayo del 68 es una sinécdoque de todo el año 1968. En pocas ocasiones ha habido una concentración de acontecimientos, ideas y sentimientos como en esos doce meses. En una aproximación muy amplia, quizá por cercanía geográfica y generacional, se toma la parte por el todo y se atribuye a las revueltas que se concentraron en París en apenas unas semanas el rótulo de Mayo del 68. Nada menos. Aquello fue una cadena de protestas iniciada por grupos estudiantiles en principio minoritarios a los que más adelante se añadieron más estudiantes, los obreros industriales, los sindicatos y, finalmente, el Partido Comunista Francés, arrastrado por la situación. El resultado fue la mayor revuelta estudiantil y la mayor huelga general de la historia de Francia y de toda Europa Occidental.

De pocas materias se ha escrito tanto como de Mayo del 68. Los protagonistas físicos no quisieron dejar a otros el relato intelectual del momento. Algunos de sus participantes han sido los líderes generacionales que han mandado en el mundo hasta hace muy poco tiempo. Por mala conciencia en algunos casos (el intelectual comunista Francisco Fernández Buey calificó de «nuevos camaleones» a aquéllos que adaptaron su interpretación de los hechos a lo que vino después; buena parte de los *neocons* provenían de las filas de la extrema izquierda *soixante-huitard*) y por sentido del orgullo en otros, la historia de Mayo del 68 tiene muchas versiones en las que el papel de cada uno depende de quién la escriba.

Medio siglo después conviene recordar Mayo del 68 sin mitificaciones ni exageraciones, porque como escribió Guy Debord, uno de sus intelectuales *engagé*, en ocasiones lo más importante es lo que se oculta. El pintor Lucian Freud decía a uno de sus interlocutores que pintar es a veces como una de estas recetas de cocina en las que se hace un montón de cosas complicadas a un pato y al final se deja la carne del pato a un lado y se utiliza sólo la piel. No vaya a ser que lo que permanezca del 68, como sucedió en otros aniversarios pasados, tenga que ver más con el espectáculo y las luces que con los cambios profundos que en él se propiciaron. En la mente minoritaria y posiblemente naíf de algunos de sus iniciadores estaba la posibilidad de quebrar el sistema, doblarle el pulso. En una conversación publicada por *Le Nouvel Observateur* el 20 de mayo de 1968 (en plenas arremetidas estudiantiles) entre Jean-Paul Sartre y Dany Cohn-Bendit, éste último le decía al filósofo:

> Ha alcanzado una extensión que nosotros no podíamos prever al comienzo. En este momento el objetivo es derribar al régimen. Pero no depende de nosotros que este objetivo llegue o no a lograrse. Si fuese realmente el del PCF, el de la CGT [Confederación General de Trabajadores, el sindicato más importante] y el de las otras centrales sindicales, no habría problema: el régimen caería en quince días, pues no hay modo de oponerse a una manifestación de fuerza que comprometa a todo el movimiento obrero [...] Supongamos que los obreros también se mantienen firmes y que el régimen caiga. ¿Qué sucede? La izquierda toma el poder. Todo dependerá entonces de lo que se haga. Si realmente cambia el sistema –confieso que lo dudo– tendrá aceptación y todo marchará bien. Pero si tenemos –con los comunistas o sin ellos– un gobierno tipo Wilson [primer ministro británico, laborista, simpatizante del ala más izquierdista de su partido, partidario de los pactos sociales], que proponga sólo reformas y reajustes menores, la extrema izquierda se verá forzada y habrá que continuar presentando los verdaderos problemas de organización de la sociedad, de poder obrero, etcétera. Pero no estamos todavía en eso, ni siquiera es seguro que el régimen caiga [...] Los obreros lograrán el cumplimiento de cierto número de reivindicaciones materiales, al mismo tiempo que importantes reformas tendrán lugar en la universidad por obra de las tendencias moderadas del movimiento estudiantil y de los profesores. No serán las reformas radicales a las que aspiramos, pero de todos modos tendremos cierto peso, presentaremos propuestas precisas y, sin duda, algunas serán aceptadas porque no se atreverán a negarnos todo. De seguro será un progreso, pero nada fundamental habrá cambiado.

Y Sartre contesta al líder de Nanterre:

> Por ahora [están en el momento más álgido de las manifestaciones] hay una evidente desproporción entre el carácter masivo del movimiento de huelga, que permite, en efecto, un enfrentamiento directo al régimen, y las reivindicaciones con todo limitadas (salarios, organización del trabajo, jubilaciones, etcétera) presentadas por los sindicatos.

Es oportuno enumerar una breve cronología política de los hechos porque explica por sí misma los movimientos de sístole y diástole de aquellos días. La influencia de Mayo del 68 va mucho más allá de las tímidas causas por las que todo estalló y de las reivindicaciones puntuales en materia sindical; apunta más bien a nuevos territorios conceptuales, desconocidos hasta entonces por la política tradicional y por las costumbres oficiales: feminismo, ecologismo, teoría de la liberación, igualdad de género, pacifismo, antiimperialismo, y las distintas heterodoxias del marxismo. Frente al contemporáneo lema de «Otro mundo es posible», allí se reivindicó algo así como «Otra vida es posible».

–8 de enero de 1968: El ministro de Juventud y Deportes del Gobierno de Georges Pompidou, François Missoffe, inaugura una piscina en la Universidad de Nanterre, un centro en un extrarradio inhóspito rodeado entonces de chabolas. Missoffe, responsable de un *Libro blanco* acerca de la situación sociológica y material de los estudiantes, es abucheado. Un joven toma la palabra y reprocha al ministro que el *Libro blanco* no aborde las relaciones sexuales entre los jóvenes. Se llama Daniel Cohn-Bendit.

–22 de marzo de 1968: Un grupo de estudiantes se encierra en la Universidad de Nanterre, avanzadilla de las revueltas, en protesta por el reglamento interno del centro que impide a los estudiantes visitar las habitaciones de sus colegas del otro sexo. Ha nacido el Movimiento 22 de marzo. De inspiración libertaria, tuvo como líderes, entre otros, a Cohn-Bendit y a Serge July, quien luego sería el director fundador del periódico *Libération*. Surgido por algo tan nimio como la libertad de circulación en los dormitorios, los miembros del Movimiento 22 de marzo destacan en las protestas contra la represión policial y contra la guerra de Vietnam.

–Mes de abril de 1968: Permanentes manifestaciones contra el imperialismo yanki y contra la guerra de Vietnam. Tensión creciente de los estudiantes movilizados con los grupos de extrema derecha, como el movimiento neofascista Occidente. Cuando los enfrentamientos con la extrema derecha aumentan, las autoridades académicas cierran la Universidad de Nanterre. Los estudiantes anuncian el boicot a los exámenes.

–3 de mayo de 1968: Ocho estudiantes implicados en las protestas acuden a declarar a París. Enorme concentración de estudiantes en la plaza de la Sorbona. Carga la Policía. Cierra la Universidad de la Sorbona. Los estudiantes de Nanterre acuden a la Sorbona, donde se prepara una manifestación de protesta por el cierre de su universidad. Alrededor de dos centenares de militantes del grupo neofascista Occidente se disponen a ir también a la Sorbona a dar porrazos a sus oponentes. El rector pide a la Policía que evacúe a los estudiantes reunidos en esa universidad para evitar la violencia. Los neofascistas retroceden, pero varios centenares de estudiantes son arrestados. Una muchedumbre se va congregando al grito de «¡Liberad a nuestros camaradas!». En pocas horas aparecen las primeras barricadas en el Barrio Latino, en estado de sitio. Se televisa en directo. Ha nacido Mayo del 68.

–6 de mayo de 1968: Los «Ocho de Nanterre», amenazados de expulsión de la universidad, acuden a declarar ante el Comité de Disciplina de ésta. Se producen nuevas y masivas manifestaciones de solidaridad, que concluyen con fuertes enfrentamientos con la Policía. Más barricadas en el Barrio Latino. Brutalidad de la Policía.

–10 de mayo de 1968: La noche de las barricadas y punto de inflexión. Decenas de miles de estudiantes acuden al Barrio

Latino y fabrican barricadas con los adoquines, mobiliario urbano y automóviles. La Policía trata de disolverlos, produciéndose durísimos enfrentamientos que finalizan con centenares de detenidos. Es milagroso que no haya muertos.

–11 de mayo de 1968: Algunos carros blindados se pasean, amedrentantes, por París.

–13 de mayo de 1968: Huelga general, a la que se unen muchísimos trabajadores. Ya no es sólo una cosa de estudiantes universitarios, sino también de los obreros, lo que genera mucha inquietud en el Gobierno de Georges Pompidou. Gigantesca manifestación en París en la que se exige, entre otras cosas, la libertad de los detenidos. Los estudiantes toman la Universidad de la Sorbona.

–14 de mayo de 1968: En diversas compañías (sobre todo en centros de Renault de distintas regiones) sus trabajadores empiezan a ocupar las fábricas. Poco a poco, lo que hasta ahora había sido un movimiento juvenil se va transformando en una alianza entre estudiantes y obreros (¡«Obreros y estudiantes, unidos venceremos!»). Los primeros han arrastrado a los segundos, que generalmente obedecen a las centrales sindicales. Siguen añadiéndose sectores productivos a la huelga.

–25 de mayo de 1968: El Gobierno derechista de Pompidou trata de romper el frente creado entre obreros y estudiantes, abriendo negociaciones con los trabajadores en huelga con contenidos marcadamente sindicales. Son negociaciones a tres bandas, Gobierno, patronal y sindicatos, en busca de un pacto social en las que los estudiantes no están presentes.

–27 de mayo de 1968: Apenas dos días después se firman los Acuerdos de Grenelle (muy importantes para la historia de los pactos sociales). Se acepta una subida media de los salarios del 12% y un incremento del salario mínimo del 35%, la semana laboral de cuarenta horas y el reconocimiento de las secciones sindicales en las empresas. Los estudiantes han hecho el trabajo a los sindicatos. Es el principio de la reacción contra Mayo del 68.

–30 de mayo de 1968: El gaullismo convoca una gigantesca movilización en los Campos Elíseos «en defensa de la República» a la que acuden, según las estimaciones más comunes, unas trescientas mil personas. Poco después, el presidente de la República, el general De Gaulle, se dirige al país a través de la radio y la televisión, asegura que no dimitirá, convoca elecciones legislativas y disuelve la Asamblea.

Los disturbios estudiantiles continúan, aunque perdiendo fuelle cada día. Se nota el cansancio de tantos días de movilización. Tras los Acuerdos de Grenelle, los trabajadores vuelven masivamente a sus puestos de trabajo, aceptando el pago de los días de huelga. Los grupúsculos que habían constituido la vanguardia de las revueltas entran en una discusión permanente –a veces agresiva– sobre la estrategia a seguir para que aquéllas no mueran.

–12 de junio de 1968: Aprovechando el reflujo y la creciente debilidad organizativa, De Gaulle decreta la ilegalización y disolución de los grupos de extrema izquierda y prohíbe las manifestaciones callejeras durante dieciocho meses. Una docena de colectivos izquierdistas pasan a la clandestinidad, sus publicaciones son prohibidas y varios de sus dirigentes arrestados. Durante el mes de junio, la totalidad de los centros productivos funcionan con normalidad.

–23 y 30 de junio de 1968: Elecciones legislativas. Los gaullistas y sus aliados avanzan posiciones. La izquierda parlamentaria (socialistas y comunistas) retrocede.

Así acabó Mayo del 68 en sí mismo. La comuna de los estudiantes duró apenas un mes, la mitad que la Comuna de París (del 18 de marzo al 28 de mayo de 1871). A pesar de su carácter efímero en el tiempo tuvo un gran impacto en las décadas siguientes por su aparición inesperada, por su desarrollo fulgurante, por los temas abordados, muy diferentes de los de la posguerra; por su extensión masiva y, sobre todo, por el protagonismo de un nuevo sujeto revolucionario, la juventud, que dio lugar a una nueva izquierda con un tono más desenfadado, menos solemne y menos sacrificado que el de la lucha de la clase obrera. También entonces se habló de «nueva política». Nada es nuevo ni se puede contemplar con las gafas del adanismo.

Menos de un año después de aquello, en abril de 1969, De Gaulle convocó un referéndum sobre la regionalización del país y una reforma del Senado. Anunció que si lo perdía, abandonaría la presidencia. Y así ocurrió: el referéndum no legitimó a De Gaulle y éste cumplió su palabra abandonando el poder. Se retiró a su casa de Colombey-les-Deux-Églises, donde se dedicó a la elaboración de sus memorias. Murió poco después.

LA CABEZA ARRIBA, LAS MANOS NO

Mayo del 68 es París. Pero fue mucho más que París. Y que Francia. Hubo otros muchos mayos del 68, en la mayor parte de los casos protagonizados por los jóvenes y por los estudiantes: la oposición contra la guerra de Vietnam, el movimiento por los derechos civiles en Estados Unidos, Berkeley, Checoslovaquia, México, Italia, la Revolución Cultural china..., incluso la pacata y gris España se movió en la clandestinidad. Festivales de música como el de Woodstock, en 1969, que representó como pocas convocatorias el espíritu de la época y la explosión cultural de aquellos años (congregó a unas cuatrocientas mil personas, con actuaciones de, entre otros, Canned Heat, Jimi Hendrix, Aretha Franklin, Santana, Pete Seeger, The Mamas & the Papas, Jefferson Airplane, Grateful Dead, America, Blood, Sweat & Tears, John Mayall, Fleetwood Mac, etcétera). En ocasiones, la cultura suele anticipar a todo lo demás. Aunque la cultura acabe asentándose sobre bases económicas, ayuda previamente a configurarlas y a engendrarlas. Casi todos esos lugares, y los hechos que acontecieron en ellos, tan heterogéneos, compartieron de manera muy imprecisa y genérica la misma dimensión cultural o política, antiautoritaria, asambleísta, antiimperialista, pacifista, con una exaltación de los valores revolucionarios (el asambleísmo, consejismo, el Vietcong, Durruti...). Movilizaciones políticas, manifestaciones culturales, irían produciendo agregaciones de gentes, no tanto o no exclusivamente por la clase social a la que pertenecían o por el lugar de trabajo del que llegaban, sino por tipologías de valores compartidos, de afinidades electivas. Sirva para definirlos la declaración de principios de los estudiantes parisinos en la entrada principal de la Sorbona: «Queremos que la revolución que comienza liquide no sólo la sociedad capitalista sino también la sociedad industrial. La sociedad de consumo morirá de muerte violenta. La sociedad de la alienación desaparecerá de la historia. Estamos inventando un mundo nuevo. La imaginación al poder».

Dos mitos de la lucha revolucionaria de esa década habían caído: los representantes de la Revolución africana (Patrice Lumumba, en 1961) y latinoamericana (el Che Guevara, poco antes de que estallasen las algaradas, en 1967). En ambos casos tuvo un papel determinante la Agencia Central de Inteligencia (CIA) de Estados Unidos –como se ha comprobado posteriormente, al desclasificarse muchos papeles inicialmente clandestinos–. La muerte de Lumumba, líder anticolonialista y nacionalista de la República Democrática del Congo, impactó en la juventud, pero fue sobre todo la muerte del «guerrillero heroico» la que tensó los ánimos de los jóvenes de casi todo el mundo. Che Guevara había dejado la Revolución cubana, de la que había sido uno de sus principales comandantes e ideólogo, para extender los cambios radicales por otros países y crear «dos, tres, muchos Vietnam». Fue capturado y ejecutado por el Ejército boliviano, en colaboración con la CIA, el 9 de octubre de 1967. El teórico de la instalación de focos guerrilleros en América Latina para extender la revolución dejó en la orfandad a millones de jóvenes contestatarios.

Diversos historiadores han establecido comparaciones entre los años 1848 y 1968, y más adelante las extenderán a 2011, el de los indignados. Por diferentes causas, en 1848 estallaron en diversos lugares de Europa una serie de revueltas, sin relación aparente entre sí (aunque con concomitancias genéricas similares: contra el predominio del absolutismo). Marx intentó demostrar que se ajustaban a un esquema común y que se trataba de una especie de «primavera de los pueblos». Fueron protestas de carácter liberal, nacionalista, en las que emergieron las primeras muestras de un movimiento obrero que comenzaba a organizarse. Fueron determinantes las posibilidades que proporcionaron las comunicaciones (ferrocarriles, telégrafo...) en el contexto de la Revolución Industrial, y se iniciaron en Francia (¡también en esta ocasión!), extendiéndose sobre todo a otros países de Europa central y meridional (Hungría, Austria, Alemania, Italia...). Su estallido fue muy potente pero su extensión duró poco, ya que la reacción conservadora fue fuerte y rápida. El Antiguo Régimen no murió. Es seguro que tanto en 1848 como en 1968 hubo un exceso de espontaneísmo que impidió mayores avances y profundización de los cambios.

De todas las insurrecciones hubo dos, en entornos muy diferentes al francés, que sobresalieron por su contundencia: la de Praga y la de México.

En agosto de 1968 tropas y tanques del Pacto de Varsovia (Unión Soviética, Polonia, República Democrática de Alemania, Hungría y Bulgaria) aplastaron la denominada «Primavera de Praga», un periodo de liberalización política en el seno del comunismo en Checoslovaquia durante la Guerra Fría.

En este contexto, en el año 1968 un pequeño grupo de políticos checoslovacos pretendió desarrollar una «tercera vía» a la que denominaron «socialismo de rostro humano». Se trataba de modificar desde dentro los aspectos más totalitarios y burocráticos del socialismo real y avanzar hacia otra cosa (sin contemplar la destrucción completa del viejo régimen heredero del estalinismo), con la legalización de los partidos políticos (fin del sistema de partido único y absolutamente hegemónico, el comunista) y de los sindicatos, promoviendo derechos civiles tan importantes como la libertad de expresión, de huelga, de manifestación, etcétera.

La «Primavera de Praga» duró desde el 5 de enero de 1968, con los primeros escarceos de *aggiornamento* del régimen, hasta el 20 de agosto, cuando Checoslovaquia fue invadida por los soldados de los «países hermanos» del Telón de Acero (centenares de miles de soldados y 2.300 tanques) aplicando la «doctrina Brézhnev»: reforzar a los gobiernos leales dentro de los estados satélites de la URSS, utilizando, de ser necesario, la fuerza militar. Son numerosas (y sumamente impresionantes) las imágenes de los jóvenes enfrentándose con las manos vacías o tan sólo con adoquines a los tanquistas cuando desfilaban por las calles de Praga hasta llegar a la plaza de San Wenceslao (en la que, pocos meses después, se prendió fuego a lo bonzo el estudiante Jan Palach en demanda de libertad de expresión, en una instantánea que dio la vuelta al mundo). Aquellas imágenes se parecen a las que en 1989 protagonizarían ciudadanos chinos en la plaza de Tiananmén intentando detener los tanques (al revés que en Praga, en Tiananmén se produjo una escabechina de los disidentes. Todavía hoy no se sabe cuántos murieron y cuántos fueron represaliados con la cárcel o con ejecuciones sumarísimas; las últimas estimaciones hablan de diez mil personas).

La consecuencia principal de la invasión en Checoslovaquia fue una oleada de inmigración, inmediatamente posterior al triunfo de la invasión y el restablecimiento de un régimen comunista ortodoxo, de decenas de miles de personas, entre ellas numerosísimos intelectuales y profesionales que no querían colaborar con los aliados de la URSS que se instalaron en el poder. Los dos principales políticos de la «Primavera de Praga», Alexander Dubcek (secretario general del Partido Comunista de Checoslovaquia) y el economista Ota Sik (arquitecto de las reformas económicas y acuñador del concepto de «tercera vía», que luego se utilizaría para muchas cosas diferentes), fueron depurados. Antes, Dubcek y otros cinco miembros del Presidium del partido fueron secuestrados, y enviados a Moscú, donde «se les hizo entrar en razón», en frase de la literatura oficial de los ocupantes. Luego se le dejó trabajando de jardinero, mientras era sustituido por el colaboracionista Gustáv Husák, que revertió las reformas, purgó a los aperturistas y destituyó de la función pública a las élites profesionales e intelectuales partidarias del cambio. Ota Sik se exilió en Suiza, donde dio clases hasta su muerte.

Aquella invasión y el fin de la «Primavera de Praga» dividieron a los partidos comunistas occidentales y acentuaron la desilusión de muchos intelectuales y progresistas de todo el mundo acerca de lo que significaba la Unión Soviética, que se beneficiaba de la duda, la complicidad o el silencio desde octubre de 1917. El periódico *Rudé právo*, del 25 de agosto de 1968, publicó la siguiente pieza, titulada «¡Lenin despierta!»:

> Ésta es la pintada más frecuente en los muros de las casas de Praga [acompañada en muchos casos de una caricatura de Lenin llorando, mientras circula un tanque ruso]. Pero aún tiene una continuación: «¡Brézhnev se ha vuelto loco!». Nada expresa de modo más sencillo y lapidario la situación en la que nos encontramos. Su inverosimilitud, absurdidad, completa locura o algo parecido, según la opinión de todos los checos y eslovacos normales y de la gente corriente del mundo, sólo podría realizarla un demente.
>
> Praga está empapelada de carteles. Nada impide que los soviéticos ocupantes (crean que me cuesta darles este título, pero por desgracia es así) quiten las pintadas de las ventanas de los autobuses [...] Las relaciones que se han destruido, todo lo que ha acabado entre nosotros y la URSS, ¡qué desgracias, desgracias de verdad sin fin, causan al movimiento obrero internacional!
>
> El célebre humor checo que nos ha servido de ayuda prevalece. «¡Iván, corre a casa, que Natacha se ha escapado con Kolia!», escrito en checo y en ruso. ¿Cómo podrían no verlo y leerlo los soldados soviéticos? «¿Qué dirás en casa a tu madre

> si entre nosotros hay muertos?», se pregunta otra pintada con la cruel gravedad de este hecho. «Hemos perdido a cinco hermanos [los ejércitos de los cinco países que invadieron]. No importa, ¡ahora todo el mundo está con nosotros!». Y otra: «Salud, hermano de la gran Rusia, ¡cómo te sienta la ametralladora! Y si tienes que obedecer una orden, pues ¡pam!».
>
> Los helicópteros de ocupación sobrevuelan la ciudad y lanzan proclamas. Dicen que nuestro Gobierno y los representantes del Partido Comunista Checoslovaco pidieron ayuda contra la contrarrevolución. ¿Quién? No nombran a nadie. Tal vez sean aquéllos para los que rige la ley de la traición, escrita en los escaparates [...] Y así las octavillas van rápidamente a las cloacas, la gente las recoge y las quema en algún sitio. En muchas partes el papel chorrea color rojo, la cal de la pared se derrite. «Nuestros muertos no necesitan vuestro trigo».
>
> Por el camino, Praga ha perdido de la noche a la mañana las calles y, en muchos sitios, hasta los números de las casas. En la noche de ayer, cuando se esperaban arrestos, la ciudad entró en estado de alarma. Con aguaceros incesantes, los jóvenes (en algunos sitios eran niños) desmontaban las placas de las calles y los números de las casas, pintaban o rompían los indicadores de los cruces para que en la ciudad se orientaran sólo los que tenían que orientarse.
>
> A fin de cuentas, Praga está en pie. Hoy, en el día de Santa Ana, cuando hace cincuenta y cuatro años estalló la Primera Guerra Mundial [...].

Los que estaban en las calles, en el castillo y en San Wenceslao resistiendo a los invasores eran también mayoritariamente jóvenes.

Su rehabilitación se produjo en los años ochenta, cuando Mijaíl Gorbachov inició su *Perestroika* intentando revertir el imparable curso decadente de la URSS. Fue el propio Gorbachov quien dijo que sus reformas y su política de liberalización del socialismo real tenían una gran deuda moral con el «socialismo de rostro humano» de Dubcek. Preguntado éste cuál era la principal diferencia entre la «Primavera de

Praga» y la *Perestroika*, respondió rápido: «¡Diecinueve años!».

Si hubiera que escoger una pieza cultural que dibuje el ambiente que se extendió en la Praga de 1968 posterior a la invasión ésta sería la obra maestra de Milan Kundera *La insoportable levedad del ser*. Es una novela muy reflexiva, existencial, en la que su protagonista, Tomás, expresa las dudas cotidianas que tiene en torno a la vida con el trasfondo de la grisura plomiza marcada por el régimen de socialismo real en la capital checa durante la Guerra Fría. Kundera se exilió en París y *La insoportable levedad del ser* no fue publicada en su país hasta el año 2006. Hubo un Mayo del 68 en el Primer Mundo (Francia *et alii*); otro, en el Segundo Mundo (Checoslovaquia, un país del «socialismo real»); el último, en el Tercer Mundo, fue el de México. Los tres confluyeron en el sujeto político principal, los jóvenes estudiantes, que aspiraban a un papel más relevante en el mundo que se estaba construyendo a su alrededor y que era cualitativamente distinto al de los años cuarenta y cincuenta. Una corriente libertaria y antiautoritaria los acogió a todos, dominó su imaginario, y circuló mucho más por las universidades y los centros de estudio que por las fábricas. Esta corriente sopló tras el periodo de «normalidad» transcurrido después de las dos guerras mundiales. El Mayo del 68 mexicano se distanció de los otros dos mayos por la magnitud de la represión directa que generó (la matanza del 2 de octubre de 1968 en la plaza de las Tres Culturas de Tlatelolco). Tanto en México como en Praga los protagonistas trataban de aprender al mismo tiempo lo que era la democracia que ya tenían los *soixante-huitards* franceses y que anhelaban ejercer. El gran historiador francés Fernand Braudel dijo que el 68 supuso sobre todo una revolución cultural que trastornó para siempre los tres pilares principales de la recreación de la cultura: la familia, los medios de comunicación y la escuela.

El periodo que abarca el movimiento de los estudiantes mexicanos se extiende desde finales del mes de julio hasta el final del año 1968. Como en el caso francés, la secuencia de lo sucedido explica en buena parte el fulgor y muerte de esta experiencia:

–22 y 23 de julio de 1968: Enfrentamientos entre distintas organizaciones de estudiantes que se disuelven con la intervención de la Policía, que entra en el recinto estudiantil violando la autonomía universitaria.

–26 de julio de 1968: «Marcha juvenil por el 26 de julio», aniversario del asalto al Cuartel de la Moncada en Cuba, en el que participó Fidel Castro (es el origen de su leyenda) y en solidaridad con la Revolución cubana, todavía en todo su esplendor. La Policía la reprime duramente. Hay más de quinientos heridos y decenas de detenidos.

–30 de julio de 1968: Un local universitario es atacado y su puerta es destruida con un disparo de bazuca.

–1 de agosto de 1968: El rector de la Universidad Nacional Autónoma de México (UNAM), la más grande de América Latina y centro de las revueltas, pronuncia un discurso a favor de la autonomía universitaria y la libertad de los presos políticos (refiriéndose a los estudiantes detenidos los días anteriores). A continuación encabeza una manifestación en la que surge uno de los lemas más coreados por los universitarios: «¡Únete, pueblo!».

–2 de agosto de 1968: Las exigencias estudiantiles desbordan al rector. Nace el Consejo Nacional de Huelga.

–del 3 de agosto al 27 de agosto de 1968: Manifestaciones permanentes, comunicados, asambleas que se hacen multitudinarias. El movimiento crece y se extiende a otros ámbitos educativos.

–27 de agosto de 1968: Gran marcha hacia el Zócalo, centro histórico de la Ciudad de México. Se calcula que participan unas treinta mil personas. Por primera vez se insulta al todopoderoso presidente de la República, Gustavo Díaz Ordaz, resaltando su fealdad física («¡Sal al balcón, hocicón!»). Al finalizar, varios miles de estudiantes quedan acampados en la plaza.

–28 de agosto de 1968: Los acampados son desalojados por la fuerza. Participa el Ejército, con soldados con la bayoneta calada y carros blindados.

–7 de septiembre de 1968: «Manifestación de las Antorchas» en Tlatelolco.

–13 de septiembre de 1968: «Marcha del Silencio», en la que los manifestantes avanzan con pañuelos en la boca. La revuelta va *in crescendo*, en número de participantes y polarización política. Las autoridades políticas se muestran incapaces de pararla.

–18 de septiembre de 1968: El Ejército invade la Ciudad Universitaria de la UNAM.

–24 de septiembre de 1968: Dimite el rector de la UNAM. Hay choques muy violentos entre estudiantes y policías, algunos de paisano. Tiene que intervenir el Ejército.

–1 de octubre de 1968: El Ejército se retira de la Universidad.

–2 de octubre de 1968: Matanza en la plaza de las Tres Culturas, en Tlatelolco. Todavía hoy sigue la gran discusión sobre el número de estudiantes muertos, heridos, desaparecidos o encarcelados. Carlos Fuentes, en su libro *Los 68. París, Praga, México*, refleja el ambiente de la plaza:

> [...] miren, dijo el muchacho de barba cerrada y mirada intensa, atrévanse a mirarnos, somos millones, treinta millones de mexicanos menores de veinticinco años. ¿Creen que nos van a seguir engañando?, soltó el intenso chico alto y de ojos pequeños, ¿dónde está la democracia, en elecciones de farsa organizadas por el PRI [Partido Revolucionario Institucional], con urnas rellenadas de antemano? ¿Dónde está la justicia –continuó Santiago– en un país donde sesenta personas tienen más dinero que sesenta millones de ciudadanos? ¿Dónde está la libertad?, preguntó el muchacho de melena hasta la cintura. ¿En los sindicatos maniatados por líderes corruptos, en los periódicos vendidos al Gobierno?, añadió Lourdes, ¿en la televisión que oculta la verdad?

Al principio, la manifestación del 2 de octubre parecía un acto más. Existen numerosos textos que describen lo sucedido, después de una ardua labor de investigación. Dos de los mejores son *La noche de Tlatelolco*, de Elena Poniatowska, y *El 68. La tradición de la resistencia,* de Carlos Monsiváis. Asisten entre ocho mil y diez mil ciudadanos. Hay personas «no identificadas» o sospechosas que, al iniciarse los tiros, se pondrán un pañuelo o un guante blanco en la mano izquierda para diferenciarse de los estudiantes. A las 18.10 se lanzan tres bengalas de color verde desde un helicóptero. Casi de inmediato, sin avisar, entran en la plaza centenares y centenares de soldados, «con el fin de detener a los dirigentes y extinguir un "foco subversivo"», dirán luego. Intervienen francotiradores, ametralladoras. Entra el Batallón Olimpia, un grupo de choque creado por el Gobierno para garantizar la seguridad de los Juegos Olímpicos (cuyo comienzo va a ser en unos días, de ahí la represión) y que fue utilizado para infiltrarse, provocar y detener manifestantes.

Monsiváis escribe:

> Jamás se sabrá el número de muertos. Tal vez 250, quizá 350, las hipótesis carecen de sentido, pero las fotos de cadáveres acumulados en una sola delegación sí multiplican las conjeturas [...] Mueren niños, jóvenes, mujeres, ancianos, todo en medio de demandas de auxilio y del grito coral, «¡Batallón Olimpia, no disparen!» Los policías y soldados destruyen puestos y muebles de los departamentos y a los detenidos [...] se les desnuda, ata y golpea; se traslada a dos mil personas de la Plaza de las Tres Culturas a las cárceles. La provocación no es ajena al plan de aplastamiento, está en su centro.

Después de media hora interminable –no dura más– al fin cesa el fuego. Los soldados registran a los detenidos, los cadáveres colman algunos espacios de la plaza. El secretario de Defensa, general Marcelino García Barragán, uno de los nombres de la infamia, declara: «El Ejército intervino en

Tlatelolco a petición de la Policía para sofocar un tiroteo entre dos grupos de estudiantes [...] Hay militares y estudiantes muertos y heridos». Y advierte: «Si aparecen más brotes de agitación actuaremos de la misma forma».

A continuación se extiende una fortísima censura en la prensa nacional e internacional sobre la masacre acontecida en Tlatelolco.

–9 de octubre de 1968: El Consejo Nacional de Huelga inicia una tregua y se compromete a no obstaculizar los Juegos Olímpicos.

–12 de octubre de 1968: El presidente Díaz Ordaz inaugura los XIX Juegos Olímpicos de la historia. Lo hace, según Carlos Fuentes, con un vuelo de pichones de la paz «y una sonrisa de satisfacción tan amplia como su hocico sangriento».

–27 de octubre de 1968: se clausuran, sin ninguna irregularidad, los Juegos Olímpicos. El acontecimiento más mediático de los mismos –las fotos darán la vuelta al mundo– ocurre en el pódium de la carrera de los 200 metros, cuando dos atletas negros estadounidenses, Tommie Smith (medalla de oro) y John Carlos (medalla de bronce) levantan el puño y hacen el saludo del poder negro en protesta por la segregación racial en Estados Unidos. Menos conocido es que fueron suspendidos del equipo olímpico y que se les solicitó que se retirasen de la villa olímpica.

–14 de noviembre de 1968: El Consejo Nacional de Huelga somete «a la consideración del estudiantado y del pueblo de México» lo siguiente: «1) que no es posible pensar en el retorno a las clases en tanto no se cumplan plenamente las condiciones que hemos fijado para ir al diálogo político; 2) que respecto al diálogo público mantenemos la misma posición, aun cuando éste se lleve a cabo habiendo iniciado la labor académica». El cansancio del movimiento y la división en sus filas ya es patente.

–21 de noviembre de 1968: El Consejo Nacional de Huelga vota unánimemente la vuelta a las clases. La decisión la tienen que respaldar las asambleas.

–22 de noviembre de 1968: Gran división en la universidad sobre qué hay que hacer.

–6 de diciembre de 1968: La mayoría de los miembros del Comité Nacional de Huelga decide disolver este organismo. Se convoca una gran manifestación. Es la traca final del movimiento estudiantil en lucha.

–13 de diciembre de 1968: La manifestación estudiantil, que no ha sido autorizada por la Policía, sale de la Ciudad Universitaria de la UNAM. Se encuentra con tanques, camiones militares y patrullas. Ante la hipótesis de que se reproduzca la matanza de Tlatelolco, los estudiantes retroceden y regresan a la Ciudad Universitaria.

La revuelta, que ha acercado el Distrito Federal de México a París, Milán, Berkeley, San Francisco o Praga, ha terminado.

Una explicación sobre la brutal e indiscriminada represión en México se halla en los Juegos Olímpicos. Eran los primeros organizados por un país del Tercer Mundo, y los primeros en América Latina. Se prohibió la participación a Sudáfrica por sus políticas racistas. Hubo dos pulsiones tirando en distinta dirección: la de los estudiantes, queriendo hacerse visibles en sus demandas de mayor libertad y justicia, aprovechando la presencia de medios de comunicación de todo el mundo, e impregnados más que en cualquier otro lugar del ejemplo de la Revolución cubana y el heroísmo del Che Guevara (la conspiración de los barbudos contra Fulgencio Batista y la marcha del *Granma* hacia las costas de Cuba tuvieron su origen en México, donde estaban exilados los primeros). Las consignas más repetidas por los manifestantes en aquel verano y otoño de 1968 en la Ciudad de México fueron «¡No queremos Olimpiada, queremos revolución!», «¡No queremos Siglo de Oro, queremos Ilustración!». Las lecturas de los estudiantes mexicanos eran muy similares a las de sus compañeros europeos o estadounidenses, a las que se incorporaron las de los novelistas e intelectuales de la zona: *La democracia en México,* de Pablo González Casanova; *La muerte de Artemio Cruz,* de Carlos

Fuentes; la narrativa de Mario Vargas Llosa (en aquellos momentos muy cercano al castrismo) o de Julio Cortázar; o el *Escucha yanqui*, de C. Wright Mills, y *Los condenados de la tierra*, de Frantz Fanon.

La otra pulsión era la del presidente mexicano, Díaz Ordaz, y su sucesor en el Departamento de Gobernación y, más tarde, en la presidencia de la República, Luis Echeverría. Otros dos nombres para la infamia, que se ampararon en una inventada conjura comunista que quería acabar con los Juegos Olímpicos y con el prestigio organizativo de México. El resultado de la represión fue la masacre del 2 de octubre. Hay dos intervenciones de ambos que definen su actitud y la carga de responsabilidades que cada uno quiere asumir, y que son representativas de cómo va creciendo la teoría de la conjura. El 28 de agosto de 1968, en plenas revueltas, Díaz Ordaz lee el tradicional informe anual sobre su presidencia:

> Cuando hace años se solicitó y obtuvo la sede [se refiere a los Juegos Olímpicos] no hubo manifestaciones de repudio ni tampoco durante los años siguientes, y no fue sino hace unos meses cuando obtuvimos información de que se pretendía estorbar los Juegos. Durante los recientes conflictos que ha habido en la Ciudad de México se advirtieron, en medio de la confusión, varias tendencias principales: la de quienes deseaban presionar al Gobierno para que se atendieran determinadas peticiones, la de quienes intentaron aprovecharlo por motivos ideológicos y políticos, y la de quienes se propusieron sembrar el desorden, la confusión y el encono, para impedir la atención y la solución a los problemas, con el fin de desprestigiar a México, aprovechando la enorme difusión que habrán de tener los encuentros atléticos y deportivos, e impedir acaso la celebración de los Juegos Olímpicos.
>
> De algún tiempo a la fecha, en nuestros centros de estudio se empezó a reiterar insistentemente la calca de los lemas usados en otros países, las mismas pancartas, idénticas leyendas, unas veces en simple traducción literal, otras en burda parodia.

El ansia de imitación se apoderaba de centenares de jóvenes de manera servil y arrastraba a algunos adultos.

Luis Echeverría, que en 1968 ya era aspirante a sustituir a Díaz Ordaz en la presidencia, hizo unas declaraciones al periódico *El Universal,* treinta años después, en las que trató de absolverse de la matanza de Tlatelolco: «Nada, no tuve nada que ver en la forma en que se encaró en 1968 el problema estudiantil, pues Díaz Ordaz me marginó totalmente del asunto. Cuando se haga la biografía de don Gustavo tendrá que llegarse a la conclusión de que uno de sus rasgos sicológicos era la firme convicción del uso de la fuerza para hacer valer la ley». El 68 de México fue uno de los acontecimientos más significativos de la segunda parte del siglo XX. Su huella está todavía presente. Se cuestionó la autoridad del inmenso poder presidencial, removió los cimientos ideológicos del mundo de la izquierda y comenzó una lucha por los derechos humanos que llega hasta ahora, cuando la sociedad mexicana está azotada por el mal del narcotráfico con todas sus secuelas. Del 68 mexicano se impregnó el movimiento zapatista de Zacatecas: el 1 de enero de 1994 un grupo de indígenas del estado de Chiapas intentó ocupar unas tierras, apelando a la reforma agraria, en el mismo momento en que entraba en vigor el Tratado de Libre Comercio entre Canadá, Estados Unidos y México. Salía a la luz pública el Ejército Zapatista de Liberación Nacional (EZLN), a cuyo frente estaba un enigmático «subcomandante Marcos» que devendría en otro de los iconos de la rebeldía mundial, con un estupendo manejo de la comunicación política y de su imagen con un pasamontañas que ocultaba su auténtica identidad. El EZLN se inspiraba en el zapatismo (de Emiliano Zapata, héroe de la Revolución mexicana de principios del siglo XX) y en el marxismo, y adquirió forma de guerrilla. En su Primera Declaración de la Selva Lacandona, donde tenía su base, establecía los siguientes fines: la «lucha por trabajo, tierra, techo, alimentación, salud, educación, independencia, libertad, democracia, justicia y paz

[...] lograr el cumplimiento de esas demandas básicas de nuestro pueblo formando un gobierno de nuestro país libre y democrático». Ello lo resumió el subcomandante Marcos con estas palabras: «¿La toma del poder? No, apenas algo más difícil: un mundo nuevo». Ambas frases se podían trasladar con la máquina del tiempo a Mayo del 68 o a Madrid de 2011.

A principios del siglo XXI, Carlos Monsiváis, entonces ya un viejo *soixante-huitard,* resumía en cuatro los motivos por los que todavía seguía siendo importante 1968 en México: sus razones servían medio siglo después de la matanza de Tlatelolco:

–a) Fue la experiencia fundamental de una generación juvenil en la Ciudad de México, que se vive de distintas maneras pero que es recordada con orgullo, en un país en el que, como aseveraba Carlos Fuentes, no te puedes dejar arrastrar por el entusiasmo puesto que la desilusión castiga muy pronto al que tiene fe en los cambios y los lleva a la calle.

–b) Fue el primer movimiento estudiantil moderno, donde coincidió el alineamiento de una vanguardia con los sucesos de París, las universidades de Estados Unidos, Praga...

–c) Sólo ocurre en la capital, por la estructura represiva del Estado, y durante meses incorpora a la ciudad entera con marchas y manifestaciones, y surge la novedosa protesta de las clases medias, que siguen a los universitarios.

–d) El 68 infunde a sus participantes la sensación de un cambio súbito de la mentalidad y la psicología. No se sienten héroes, pero sí partícipes de la resistencia al autoritarismo.

LOS AÑOS DE PLOMO

1968 se saldó con derrotas políticas de los revolucionarios, más allá de las conquistas culturales y civilizatorias que perdurarán a lo largo del tiempo, de difíciles (pero no imposibles) marchas atrás. Es fundamental reconocerlo así para entender el mundo de después. En París, los trabajadores volvieron a sus lugares de trabajo con mejoras en las condiciones salariales, pero sin alteraciones sustanciales del modelo productivo y en las condiciones de vida de los asalariados; los universitarios tomaron las vacaciones de verano y se desmovilizaron casi del todo, aunque luego serán muy influyentes en el devenir de sus sociedades; De Gaulle ganó las elecciones con mayor holgura.

En Praga del 68, con la ocupación del país, terminó la aventura del «socialismo de rostro humano», que sólo volvió a emerger dos décadas largas después. Ello abortó la capacidad de contagio a otros países vecinos que tanto deseaban experiencias similares de apertura. En la Ciudad de México, la represión a los estudiantes formará parte para siempre de la memoria histórica del país, pero la dictadura perfecta de ese oxímoron denominado Partido Revolucionario Institucional será la única forma de gobierno hasta el año 2000, en el que por primera vez desde 1929 fue elegido un presidente de otro partido.

Así, con una marea política derechista como reacción a las revoluciones estudiantiles, combinada con un importante cambio cultural y de las costumbres de signo contrario, el mundo entró en la década de los setenta, calificada por muchos europeos como los «años de plomo» por aparecer en su vida cotidiana el fenómeno de la violencia política y del terrorismo. ¿Hasta qué punto ese terrorismo, que emergió también en sectores juveniles y estudiantiles, fue fruto de una reflexión que concluía la imposibilidad de cambios profundos por vías parlamentarias e institucionales, o por la simple presencia de las masas en la calle?

En los años setenta termina definitivamente el periodo de progreso lineal y de crecimiento continuo que llegaba desde la posguerra mundial. El mundo se adentra en las dos crisis del petróleo, de los años 1973 y 1979, y en ese fenómeno nuevo de estancamiento e inflación al que se denominó «estanflación», sobre el que no se conocía en aquel momento un tratamiento económico quirúrgico eficaz. Cuando las dificultades llegan a la vida cotidiana, los sueños de cambiar el mundo se desvanecen o pasan a un segundo término y la primera misión de cada persona es sobrevivir, tener un puesto de trabajo, capacitarse para poder competir y acceder a la sociedad de consumo de masas, que es el marco de referencia de aquella época. Muchos *soixante-huitards*, que ya habían abandonado la universidad como estudiantes, volvieron a la misma como profesores o catedráticos, aplicando principios de autoridad; otros no sólo se integrarían en el sistema capitalista que decían odiar, sino que lo dominarían y lo fortalecerían en los puestos de mando políticos, económicos y culturales hasta su jubilación cuatro o cinco décadas después. En muchos casos aplicaron políticas neoliberales mucho más duras que aquéllas contra las que se levantaron.

En una suerte de reflujo, en los setenta comenzó a primar lo individual sobre lo colectivo, lo privado respecto de lo público, el ciudadano sobre la clase social a la que pertenecía. Esos años preanunciaron una gran involución que llegará poco después. La gran excepción estaba en el sur de Europa. A Grecia, Portugal y España llegó la tercera ola democratizadora, según la metodología del sociólogo Samuel P. Huntington: los tres países abandonaban sus crueles dictaduras fascistas e iniciaban mediante transiciones diferentes el camino hacia sistemas democráticos y sociedades abiertas. La primera ola había tenido lugar en la década de los años veinte de los siglos XIX y XX, entre la herencia recibida de las revoluciones francesa y americana y la Primera Guerra Mundial; la segunda ola, entre el final de la Segunda Guerra Mundial y los años sesenta, con el proceso de descolonización; y a partir de 1974, la Revolución de los Claveles portuguesa, el fin de la dictadura de los coroneles en Grecia y la muerte de Franco en España. La expansión democrática se contagió a continuación desde el Mediterráneo hasta América Latina, para llegar a Europa del Este en los ochenta con la desintegración soviética y el fin de la influencia del comunismo real. Ha habido autores que, quizá precipitadamente, teorizaron sobre la Primavera árabe como la cuarta ola de democratización. Lamentablemente no se ha consolidado.

Hay dos líneas rojas de separación entre las décadas de los años sesenta y setenta. La primera es el uso de la violencia con fines revolucionarios. En los tres ejemplos descritos como más característicos de Mayo del 68 –París, Praga, México DF– los casos de violencia por parte de los integrantes de las revueltas fueron pocos. La represión vino del otro lado, de las fuerzas del orden público y del Ejército. La segunda línea fue el paso de un marxismo difuso, transversal, libertario, hibridado de elementos de otras familias ideológicas y experiencias, a un marxismo duro, heredero directo del marxismo-leninismo, y con un factor hegemónico sobre los demás: el maoísmo («pensamiento Mao Zedong»), que tuvo en muchos países fuera de China sus quince únicos minutos de gloria. ¿Cómo fue posible que la Revolución Cultural china, tan alejada de las tradiciones de la izquierda europea y cercana a fenómenos tradicionales de despotismo asiático, inmersa en una represión feroz en sus propias filas que en algunos casos dejó en juego de aficionados las purgas estalinistas de los años treinta, que no mejoró las lamentables condiciones de vida de los ciudadanos chinos, sino que generalizó el hambre, prendiese con tanta fuerza en parte de las sofisticadas vanguardias estudiantiles del viejo continente (no así en el mundo de los trabajadores, donde el pensamiento Mao Zedong siempre fue minoritario)? La Revolución Cultural comenzó en el año 1966 con un *dazibao* (cartel mural) firmado por el propio Mao y titulado «Bombardead el cuartel general». Ésa fue la señal para que los guardias rojos iniciasen la depuración de muchos altos dirigentes del Partido Comunista de China y el desmantelamiento del aparato del partido. En realidad fue una purga dirigida por Mao contra los seguidores de Deng Xiaoping (ala derecha) y Liu Shaoqi (ala izquierda). Un libro tan demoledor como el del sinólogo Simon Leys *Los trajes nuevos del presidente Mao. Crónica de la Revolución Cultural* fue simplemente repudiado por reaccionario en los ambientes culturales hegemónicos de los países europeos.

En el posMayo del 68, dos países europeos sustituyeron a Francia como protagonistas de esas características de violencia vanguardista y marxismo duro: Alemania e Italia. Así lo explica Tony Judt:

> En gran parte de Europa occidental, los etéreos teoremas radicales de los sesenta se disiparon sin causar grandes daños. Pero hubo dos países en los que se convirtieron en una psicosis de agresividad que se justificaba a sí misma. Un reducido grupo de antiguos estudiantes radicales, ebrios de su propia interpretación de la dialéctica marxista, se propuso revelar el «auténtico rostro» de la represiva tolerancia de las democracias occidentales. Según su lógica, si se presionaba lo suficiente al régimen parlamentario capitalista, éste dejaría a un lado su manto de legalidad y mostraría su auténtica cara. El proletariado, hasta entonces alienado de sus propios intereses y víctima de una falsa conciencia sobre su situación, al enfrentarse a la verdad sobre sus opresores ocuparía el lugar que le correspondía en las barricadas de la lucha de clases.

¡Qué ensoñación más dañina! Generaría enormes pesadillas en forma de la peor de las violencias: el terrorismo indiscriminado, la socialización del dolor.

En la República Federal de Alemania (Alemania seguía dividida en dos: la parte occidental y la República Democrática Alemana, la comunista), lo sucedido en los años setenta es obra sobre todo de un grupúsculo de gente proveniente fundamentalmente de la universidad y del mundo intelectual, sin apenas contacto con el mundo del trabajo. Hay una ruptura entre ellos (nacidos en los alrededores de la Segunda Guerra Mundial) y sus antecesores, porque los primeros achacaban los males del país al deficiente funcionamiento de la democracia instalada tras la derrota del nazismo, mientras que en los segundos (intelectuales de la talla de Günter Grass, Hans Magnus Enzensberger, Heinrich Böll ...) predomina una obsesión casi patológica por el mal supremo del nazismo, las responsabilidades propias de haberle permitido crecer y, en algunos casos, la complicidad silente con Hitler y sus seguidores y, en fin, el Holocausto judío. En los más jóvenes, ello no es el objeto prioritario de su reflexión, sino lo que denominan «el carácter terrorista del capitalismo». La prueba de que lo que se había instaurado en Alemania después de la guerra era una falsa democracia contaminada en su estructura central por el nazismo estaba en la elección como canciller, ya en la década de los setenta, de Kurt Georg Kiesinger (que sustituye al padre del «milagro económico» germano Ludwig Erhard), un exnazi de larga andadura, y por lo tanto sospechoso de lo peor y de ausencia de arrepentimiento (lo que se denominó «la incapacidad de sentir duelo»). Ello, junto al hecho de que para apuntalarle en el Gobierno de la República Federal de Alemania (RFA) se coaligase con el Partido Socialdemócrata de Willy Brandt, expulsó hacia los extremos del sistema a grupos más o menos numerosos de estudiantes de izquierdas, que engrosaron las filas de una izquierda extraparlamentaria, *antiestablishment* y, en algunos casos, a ser cómplices o protagonistas de la acción violenta terrorista.

Esta izquierda extraparlamentaria tuvo mucha presencia en la Universidad Libre de Berlín. De todos los países que vivieron las revueltas estudiantiles de esos años, quizá sea Alemania aquél en el que menos vinculación hubo entre los estudiantes y los trabajadores, pese al obrerismo marxista teórico de los primeros. Las asambleas, los secuestros, asaltos y asesinatos protagonizados por segmentos de las antiguas vanguardias estudiantiles provenientes del naufragio del 68 no tuvieron apenas relevancia en las fábricas, salvo para ser rotundamente condenados. Fueron protagonizados por unas decenas de jóvenes radicalizados, enloquecidos y aislados, furibundamente antiimperialistas (contra la guerra de Vietnam), que acusaban a la democracia imperante de falsa, hipócrita (en su seno había muchos exnazis, como en el caso del canciller Kiesinger) y amnésica. Los integrantes de aquellas vanguardias armadas centraron la praxis en su vida cotidiana y en el fenómeno terrorista desarrollado en la clandestinidad más absoluta, mucho más que en conseguir las simpatías de la clase trabajadora, antiguo sujeto histórico de las transformaciones y en aquellos años, según ellos, adocenada. El marxismo se vinculó con la organización social y económica en comunas, con la eliminación de los valores familiares tradicionales y con la exigencia de la propiedad pública de los medios de producción. Política marxista, comunas y sexo fueron referencias de la izquierda extraparlamentaria alemana de los años setenta.

Y la violencia terrorista. La primera evidencia pública de la vinculación entre la violencia y una parte muy concienciada del extraparlamentarismo de izquierdas había tenido un primer episodio en 1968, cuando cuatro jóvenes radicales, entre ellos Andreas Baader y Gudrun Ensslin, fueron detenidos, acusados de haber incendiado unos almacenes. En ese mismo mes de abril de 1968, en medio de una gran polarización política, uno de los líderes del movimiento estudiantil, Rudi Dutschke, sufrió un atentado al ser disparado por un simpatizante neonazi.

Dos años después nació la Fracción del Ejército Rojo, conocida como la banda Baader-Meinhof, que durante casi una década practicó el terror indiscriminado asesinando a soldados, policías, empresarios, secuestrando a políticos o robando bancos. Según Judt, en el balance de la banda Baader-Meinhof figuran 28 personas asesinadas, 39 heridas, 162 rehenes y 30 bancos atracados. Antes de que las fuerzas de seguridad del Estado alemán exterminasen (en el sentido más literal del término) a los componentes de esa banda, el Ejecutivo había aprobado las leyes de emergencia para poder gobernar por decreto siempre que lo considerase necesario; uno de esos decretos fue aquél por el que quedaba excluido de la función pública –las interdicciones profesionales– cualquier ciudadano implicado en actos políticos considerados lesivos para la Constitución (actos subversivos). Los cuerpos sin vida de Ulrike Meinhof, Andreas Baader, Gudrun Ensslin y otros terroristas encerrados en distintas cárceles fueron hallados en sus celdas. Nunca se ha eliminado la sospecha del terrorismo de Estado.

Más extensa fue la relación entre una parte de la izquierda extraparlamentaria y la lucha armada en Italia. Más que en mayo de 1968, este país se tensionó sobre todo en el «otoño caliente» de 1969, que derivó hacia los que se calificaron como los «años de plomo». Desde el primer momento, al revés que en el caso germano, los estudiantes de fuera del sistema pretendieron, y en alguna medida lograron, una alianza con los trabajadores industriales. La extrema izquierda, escindida en muchos grupúsculos, tenía extensiones en las redes de la guerrilla urbana y en muchas fábricas, sobre todo del norte del país. Las protestas se iniciaron en el seno de la Universidad de Turín, en pleno 1968, cuando las autoridades académicas tratan de llevar la sede de algunas facultades a la periferia de la ciudad. Las reformas educativas sirvieron de pretexto a los rebeldes para movilizarse, pero no fueron sino un sendero hacia algo más amplio que incluía al sistema político italiano.

Desde Turín pasó a Milán, donde una huelga en la factoría Pirelli duró más de un año. A continuación transcurrió el movimiento huelguístico más importante y largo en la historia de Italia, que desencadenó un impacto movilizador y politizador sobre los jóvenes muy superior al de Francia unos meses antes. El «otoño caliente» de 1969 en Italia, con sus huelgas salvajes y ocupaciones por parte de pequeños grupos de trabajadores que exigían participar en la forma de dirigir las fábricas (la cogestión), llevó a una generación de teóricos estudiantiles y a sus seguidores a un rechazo del «Estado burgués»; la autonomía de los trabajadores como táctica y como estrategia era la senda del futuro. Las reformas (en las universidades o en los centros de trabajo) no sólo eran imposibles de conseguir, sino que se consideraban además indeseables para el programa máximo.

El historiador británico Tony Judt traza el contexto socioeconómico en que se desenvolvió este movimiento: las numerosas migraciones desde el sur hacia el norte del país fueron las que generaron el caldo de cultivo del malestar. Había infraestructuras insuficientes para tanta gente, pocos servicios públicos, una educación inadecuada y, ante todo, muchas menos viviendas que familias. El «milagro económico» tardó más en llegar a Italia que a otras partes de Europa, y los movimientos masivos de personas generaron las lógicas tensiones entre empresarios y trabajadores, pero sobre todo entre trabajadores del lugar e inmigrantes que llegaban para disputar a los primeros su pequeño Estado del Bienestar y los puestos de trabajo, y también entre trabajadores cualificados y trabajadores rurales, con diferentes culturas y sin la preparación debida para adaptarse a los centros industriales y de servicios. Los institutos y las universidades no quedaban al margen de esta dialéctica: viejas élites académicas con todo el poder, acostumbradas a administrar aulas sin demasiados alumnos, pertenecientes a la parte alta de la sociedad, tuvieron que empezar a gobernar la nueva realidad de la masificación. Estudiantes cuyos padres ya no formaban parte, como los anteriores, de la *crème de la crème* de la sociedad, sino que, todo lo contrario, pertenecían a las clases más bajas en cultura, condiciones de vida y de trabajo y para los cuales la universidad era la mayor de las utopías para sus descendientes.

Lo paradójico fue que los beneficiarios de estas contradicciones y tensiones crecientes no fueron sólo los partidos de la izquierda establecida, de amplia tradición en Italia, sino una izquierda extraparlamentaria dividida en una miriada de grupos: Lotta Continua, Potere Operaio, Potere Proletario Armato, Avanguardia Operaia, Prima Linea, Autonomia Operaia, Unione dei Comunisti Combattenti, Formazioni Comuniste Combattenti... Muchas de estas fuerzas tenían un brazo corto en las fábricas y otro más largo en la guerrilla urbana.

Se debe destacar de entre todos estos grupúsculos izquierdistas a Il Manifesto, por la influencia que tuvo en el mundo de la teoría y en otros países que observaban con ansias de laboratorio la experiencia italiana. Il Manifesto estuvo formado sobre todo por un conjunto de notables intelectuales (Rossana Rossanda, Luigi Pintor, Lucio Magri, Aldo Natoli, Valentino Parlato, Luciana Castellini, Ninetta Zandegiacomi, Massimo Caprara –secretario particular del mítico Palmiro Togliatti– o Liberato Bronzuto...) reunidos primero alrededor de la revista política y luego del periódico del mismo nombre. En un principio intentaron constituirse como una corriente de izquierdas dentro del PCI, hasta que fueron expulsados de sus filas en 1970. Il Manifesto se alineaba con las tesis del «izquierdista» Pietro Ingrao frente a las del «derechista» Giorgio Amendola. Era sorprendente que el PCI, sin duda la formación de izquierdas en Europa con más fuerza electoral (llegó a disponer de un 34% de los votos), con el aparato ideológico más elaborado, y con una tradición de lucha extraordinaria desde la resistencia en la Segunda Guerra Mundial, fuese acusado de reaccionario por esa «izquierda de la izquierda», así como criticado por actuar en el interior de un sistema que definían como irrecuperable.

Así llegan los «años de plomo». La organización terrorista de izquierdas más conocida fueron las Brigadas Rojas, con su líder Renato Curcio al frente. Aparecieron en octubre de 1970 a través de unos panfletos de contenido similar a los de la banda alemana Baader-Meinhof. Su acción más publicitada fue el secuestro y posterior asesinato del presidente de la Democracia Cristiana (el otro partido eje del sistema italiano), Aldo Moro, exministro de Asuntos Exteriores y expresidente del Gobierno. Secuestrado en marzo de 1978, apareció tiroteado dos meses después dentro de un coche en el centro de Roma. Durante ese tiempo, el Gobierno de Giulio Andreotti, también democristiano, se negó –con el apoyo militante del PCI y de la mayor parte del resto de las fuerzas parlamentarias– a cualquier tipo de negociación con las Brigadas Rojas, que pedían la liberación de los «presos políticos» a cambio de la vida de Moro. El asesinato de Aldo Moro acabó con el intento de «compromiso histórico», esa colaboración orgánica entre los partidos parlamentarios para evitar una regresión autoritaria del sistema, que había nacido en el seno del PCI como lección a sacar del golpe fascista que había tenido lugar en Chile en el año 1973. Una de las figuras emblemáticas de la izquierda radical italiana, Toni Negri, profesor de la Universidad de Padua, fue acusado de ser dirigente clandestino de las Brigadas Rojas (y, por tanto, considerado uno de los autores intelectuales del secuestro y asesinato de Moro), fue detenido, pero al final le absolvieron formalmente de ello. En medio, se exilió a Francia, donde permaneció muchos años. Como en el caso de Negri, la radicalización de la izquierda extraparlamentaria italiana condujo a un gran número de activistas a seguir el camino de una violencia política explícita o difusa. Entre 1976 y 1980 centenares y centenares de activistas fueron perseguidos por la policía y más de quinientos fueron arrestados.

Tiempo después, el filósofo italiano de renombre internacional Giorgio Agamben escribió un artículo titulado «Del buen uso de la memoria y el olvido», en el que reflexionaba sobre lo ocurrido en Italia en la década de los setenta. Según Agamben, la clase política italiana, salvo algunas excepciones, nunca admitió con franqueza que en aquella década hubo algo semejante a una guerra civil, ni concedió a la batalla de los «años de plomo» un carácter político; por consiguiente, los delitos cometidos en aquella época no fueron más que delitos comunes. Esta tesis, escribe Agamben, es discutible desde el plano histórico, pero podría considerarse legítima a no ser por una contradicción evidente: para reprimir aquellos delitos de Derecho común, esa misma clase política recurrió a leyes de excepción que limitaban gravemente las libertades constitucionales e introducían en el orden jurídico principios que se habían considerado hasta ese momento ajenos a éste.

El balance del terrorismo de esos años en Italia fue el de tres políticos, nueve magistrados, 65 policías y unos trescientos ciudadanos de otras profesiones asesinados en atentados que fueron de menor a mayor intensidad. Como consecuencia directa de ello se desarrolló en ese país la denominada «estrategia de la tensión», una expresión que se utilizó por primera vez tras el atentado terrorista en la Piazza Fontana de Milán el 12 de diciembre de 1969 contra las oficinas centrales de la Banca Nazionale dell'Agricoltura, con el resultado de 17 personas muertas y casi 90 más heridas. Esa misma mañana explotaron otras tres bombas en Roma y Milán, y otra más fue encontrada sin detonar. Atribuido inicialmente a la extrema izquierda, el atentado de la Piazza Fontana se vinculó posteriormente a la llamada Operación Gladio, organización paramilitar secreta de extrema derecha relacionada con la Organización del Tratado del Atlántico Norte (OTAN), la Agencia Central de Inteligencia norteamericana (CIA) y los servicios de inteligencia británicos (MI6), formada precisamente con el objeto de frenar electoralmente a la izquierda.

La estrategia de la tensión constaba de multitud de tácticas tomadas durante la Guerra Fría y desplegadas especialmente durante los «años de plomo». Distintos aparatos del Estado, a través de los servicios policiales, el Ejército, grupos paramilitares y las cloacas de los departamentos de Interior trataron de dividir, manipular y controlar a la opinión pública infundiendo el miedo entre la ciudadanía, diseminando propaganda y guerra psicológica continua, generando desinformación (son los precedentes de la actual posverdad), provocando un terrorismo de Estado que se atribuía a la extrema izquierda. En el libro *La horda de oro*, Nanni Balestrini y Primo Moroni cuentan que el objetivo principal de la estrategia de la tensión, organizada por grupos de extrema derecha con la colaboración de los servicios secretos del Estado, era crear una situación de alarma y terror que justificara la instauración de un régimen policial. Se trataba de atribuir a la extrema izquierda la responsabilidad de los atentados terroristas que ellos mismos provocaban para deslegitimar al Partido Comunista, que en aquellos años estaba muy cerca de convertirse en la primera formación política italiana. Entre esa extrema derecha estaba la siniestra logia P2, un entramado clandestino formado por políticos de derecha, banqueros y policías, organizado por un personaje llamado Licio Gelli, que había sido un ardiente defensor de la «república social» de Benito Mussolini en los años cuarenta. Entre su casi millar de miembros, en la P2 figuraban 30 generales del Ejército, ocho almirantes, 43 parlamentarios, tres ministros en ejercicio y una representación muy cualificada de la banca y la empresa.

Judt extrae una conclusión positiva de los «años de plomo» y de la «estrategia de la tensión»: recordaron a la mayoría lo frágil que podía ser la democracia. En contra de los planes y esperanzas de los terroristas, el efecto final que tuvieron en Europa occidental los años de subversión supuestamente revolucionarios no fue la polarización social, sino un impulso que hizo que los políticos de todas las corrientes se agruparan en torno a la seguridad de las posiciones intermedias.

Cerrando el balance de los «años de plomo», la intelectual y dirigente de *Il Manifesto* Rossana Rossanda escribe unas palabras que probablemente compartan la mayoría de los supervivivientes de aquellas vanguardias políticas:

> Hay que mirar la historia de aquella generación subversiva, que cometió muchos errores pero los ha pagado todos, con atención y sentido de responsabilidad. Nuestras clases dirigentes no tenían y no tienen los papeles en regla para erguirse como guardianes de una legalidad inflexible y puritana por la cual, quienes se han equivocado, o pagan o se pierden para siempre. Contemplando los años setenta y ochenta tal como se nos viene desvelando, hay que decir que las más pérfidas octavillas de Potere Operaio [...] o las más excesivas teorizaciones sobre las multinacionales de las Brigadas Rojas, núcleo organizado de hierro, pintan una imagen despiadada del adversario capitalista, pero menos indecorosa que la verdadera. Esto no justifica los errores, pero debería hacer reflexionar a los que hasta ahora parecen dispuestos a verlo todo salvo un tiempo de grandes esperanzas y grandes tragedias que acabó hace mucho.

Todo ello fue la antesala de la Revolución conservadora.

4
La Revolución conservadora

EL THATCHERISMO: ESTADO FUERTE, MERCADO LIBRE

El 4 de mayo de 1979, atisbándose ya la segunda crisis del petróleo que sumiría al mundo en una nueva recesión económica, llegaba al 10 de Downing Street, en Londres, la primera mujer en alcanzar el liderazgo de un partido (el Conservador), la presidencia de un Gobierno y en ganar las elecciones tres veces seguidas (1979, 1983 y 1987): Margaret Thatcher. Sacó entonces de su bolso un papelito y leyó una frase de San Francisco de Asís: «Allá donde haya discordia, llevemos armonía. Donde haya error, llevemos la verdad. Donde haya duda, llevemos fe. Donde haya desesperación, llevemos esperanza». Pocas veces ha habido tanta distancia entre las palabras de un político y su práctica política a lo largo del tiempo. Es imposible calificar a Thatcher como una política franciscana. Thatcher había llegado al poder con dos promesas implícitas: devolver a Gran Bretaña el esplendor perdido en las décadas anteriores como antiguo imperio, y hacer olvidar a sus conciudadanos las penalidades sufridas en los últimos años y, sobre todo, en el llamado «invierno del descontento».

El concepto «invierno del descontento» figura en la primera línea de la obra de William Shakespeare, *Ricardo III* («Ahora es el invierno de nuestro descontento...») y se refiere al invierno británico de 1978-1979, cuando innumerables huelgas paralizaron Gran Bretaña e hicieron que los ciudadanos de uno de los cinco países más ricos del mundo sufrieran frío y desabastecimiento. El paroxismo de esas huelgas fue la de las compañías funerarias, que dejaron algunos cadáveres sin enterrar durante varios días, lo cual hoy nos parece increíble. El paro había alcanzado la altísima cifra para entonces de 1,6 millones de personas y los sueldos iban perdiendo poder adquisitivo, detrás de una inflación creciente. Todos los componentes de un cóctel explosivo para las clases medias de un país desarrollado.

Las *Trade Unions*, los sindicatos británicos, convocaron una serie de huelgas en cascada y coordinadas contra el Gobierno laborista de James Callaghan, sucesor del mítico Harold Wilson. Callaghan parecía no darse cuenta de lo que estaba ocurriendo y del hartazgo que se iba generando en el corazón del sistema. Cuando un periodista le preguntó por el creciente malestar replicó con ligereza que no había razón para preocuparse, dando lugar a un famoso titular de prensa («Crisis, ¿qué crisis?») que acabó con las pocas perspectivas electorales que le quedaban cuando se vio obligado a convocar comicios en la primavera siguiente. El laborismo, tradicionalmente vulnerable a la afirmación de que no se podía contar con él para administrar bien la economía, también fue acusado de no ser siquiera capaz de gestionar el Estado y a sus propios aliados, los sindicatos. Durante la campaña de 1979, los *tories* (conservadores) no sólo hicieron hincapié en la necesidad de aplicar el rigor económico y de gestionar de modo adecuado el dinero público (las demandas sindicales eran, según los conservadores, incompatibles con los objetivos de racionalidad económica y el interés general), sino en el supuesto anhelo que sentía el país de contar con dirigentes fuertes, seguros de sí mismos.

En el «invierno del descontento», que para más inri fue despiadado desde el punto de vista climatológico, con intensísimas oleadas de frío polar, fueron incontables los británicos que pasaron muchas noches sin calefacción. A ello se le añadieron el desabastecimiento de alimentos y otros productos de uso cotidiano, las dificultades en el transporte público y las basuras sin recoger acumuladas en calles y plazas, lo que multiplicó la sensación de que nada funcionaba, y el hastío ante lo que semejaba una enorme debilidad del Gobierno laborista frente a las aspiraciones sindicales.

Los politólogos indican que nada hay peor para los objetivos electorales de un Gobierno, sea del signo que sea, que una penuria inesperada después de un periodo de prosperidad que hace pensar a la gente que no es posible la marcha atrás. Ello explica en buena parte el triunfo arrollador de Margaret Thatcher, al frente de un Partido Conservador que se presentaba como radical en la solución de estos problemas. Para vencer, los conservadores tuvieron que dejar de ser los *tories* de siempre y romper el contrato social implícito que Winston Churchill, Anthony Eden y Harold Macmillan habían consensuado con los laboristas, y presentarse como rígidos liberales. Después de la Segunda Guerra Mundial, conservadores y laboristas habían establecido una especie de acuerdo conocido con el nombre de «buskelismo», una contracción de los nombres de Richard Austen Butler (conservador) y de Hugh Gaitskell (laborista), por el cual los conservadores aceptaban las políticas sociales en materia de empleo, servicios básicos y, en general, del *welfare* que habían dirigido los laboristas. El buskelismo fue roto sin contemplaciones por Thatcher, que pretendía destruir la tutela del Estado en la economía (debilitamiento extremo del *welfare* y de la presencia del Estado en el sector público empresarial) y acabar con la hegemonía cultural socialdemócrata a través del dominio de la educación y de la creación intelectual (herencia de Mayo del 68). El credo de Thatcher se basaba en que los individuos y las empresas se mueven, en general, por instinto de supervivencia, y que las muletas del Estado son trabas que impiden el desarrollo de las sociedades libres (excepto en el terreno de la defensa nacional y del orden público, en los que se precisa de un Estado fuerte). Son muy conocidas y reiteradas las declaraciones de Thatcher sobre ello. Sirvan estos dos ejemplos: «La gente que pide constantemente la intervención del Gobierno está echando la culpa de sus problemas a la sociedad. Y, sabe usted, no existe tal sociedad. Hay individuos, hombres y mujeres, y hay también familias. Y ningún Gobierno puede hacer nada si no es a través de la gente, y la gente primero debe cuidar de sí misma». Y la declaración más famosa: «No hay alternativa. La sociedad no existe, sólo existen los individuos. Sólo son pobres los que quieren serlo».

Thatcher consideraba que el consenso como procedimiento significaba «el abandono de todas las creencias, principios y valores» y priorizaba «la importancia de la convicción y de los principios». Su sucesor, el también conservador John Major, la define en sus memorias como «una autoritaria»; su terquedad le generó profundas desconfianzas entre los políticos de su partido y de las demás formaciones, que afilaron sus armas cuando en el año 1989 su política empezó a dar síntomas de agotamiento y debilidad. El thatcherismo supuso una ofensiva ideológica vigorosa basada en los valores de lo que en adelante se denominará Revolución conservadora, de la que plantó las primeras semillas. Desde su inicio pretendió extender sus postulados a todos los frentes, no sólo al de la economía, aunque fuese en el territorio económico en el que dejó su más pesada herencia en términos de descohesión de la sociedad británica, polarizada y dividida entre ganadores y perdedores, y con unos niveles de desigualdad sólo comparables a los de Estados Unidos. Para ello urdió la alianza con parte de las clases medias e incluso con un segmento muy significativo de la clase trabajadora. Parte del proletariado y de los trabajadores «de cuello blanco» (oficinistas y empleados) la votaron, olvidando reiteradamente lo que había hecho a sus representantes sindicales. La fuerza ideológica del thatcherismo provenía también de la asunción sin complejos de temas muy importantes tradicionalmente para la derecha neoliberal como la educación, los impuestos, la inflación, el orden público, las migraciones, etcétera. Éste es el origen de la Revolución conservadora, que ha sido dominante en el mundo, en sus ideas y en la práctica política, durante más de medio siglo. Para ganar, además de la radicalidad de sus declaraciones, Thatcher aprovechó la debilidad del contrincante. El Partido Laborista se presentó a las elecciones de 1979 (y mucho más, a las de 1983) como una formación política que había decidido suicidarse, dividido en facciones, entre las que destacaban en sus extremos la social-liberal y la extrema izquierda trotskista, y que era gobernado por los sindicatos, que financiaban al partido y a cambio le ordenaban buena parte de su acción. Los conservadores llenaron las ciudades de vallas publicitarias en blanco y negro, con una cola de parados que se perdía en la distancia y una leyenda «*Labour isn't working*» (el laborismo no funciona). Pero también aprovecharon los disturbios que acompañaban a las huelgas para reivindicar como valores propios la lucha contra la delincuencia y el orden público, ante la presunta incapacidad de la izquierda. Mano dura. Thatcher dijo en la campaña: «Al otro lado del camino levantaremos una barrera de acero y no habrá ninguna posibilidad de atravesarla una vez que el Gobierno conservador acceda al poder».

Contó para su impulso con la ineficacia de sus oponentes laboristas, incapaces de resolver las huelgas que estallaban, sobre todo en el sector público y en los servicios. El número de trabajadores que participaron en las huelgas de enero de 1979 fue el mayor desde Mayo del 68, y el número de días de trabajo perdidos, el más grande desde febrero de 1974, llegándose al extremo de trabajar en algunos sectores tres días por semana. El profesor del Departamento de Estudios Culturales del North East London Polytechnic, Bill Schwartz, afirma en el libro *El neoconservadurismo en Gran Bretaña y Estados Unidos*, del que son editores Ralph Miliband, Leo Panitch y John Saville, que bajo el impacto de estas huelgas la práctica heredada del Gobierno Callaghan (actuando entre exhortaciones a los sindicatos en nombre de «ese gran movimiento nuestro») se hizo añicos. El Gobierno laborista de James Callaghan, anterior a 1979, se paralizó y el laborismo se derrumbó desde dentro incapaz de resistir el reto de una fuerza política más en forma, más activa y más radical, representada por Thatcher. Ésta prometió la transformación del bloque de poder preexistente, tratando de destruir la enojosa burocracia vinculada por la opinión pública a la izquierda. El laborismo se esclerotizaba, los sindicatos perdían popularidad mientras que el thatcherismo incipiente, teórico, que todavía no se había desgastado en contacto con la realidad, hacía efectiva la filosofía ideológica de la Revolución conservadora.

Con estos mimbres, los laboristas perdieron íntegramente la década de los ochenta. La noche misma de las elecciones de 1979, el programa *The Nation Decides* de la cadena de televisión ITN publicó un sondeo con los siguientes resultados: el 23% de los votantes se había pasado a los conservadores «por la cuestión del orden público» (a pesar de que Callaghan anunció en la campaña una política de «seguridad ante todo», no le creyeron); el 26% había cambiado su voto a conservador por la situación de los precios (había una inflación de dos dígitos); el 22%, por el desorbitado poder de los sindicatos y el 13% por los altos impuestos. Los laboristas tenían un problema estructural de estrategia del que tardaron muchos años en recuperarse. Thatcher, que aborrecía a los laboristas y a los sindicalistas («Curar la enfermedad de Gran Bretaña con el socialismo es como intentar curar la leucemia con sanguijuelas»), se aprovechó bien de ello: el declive del país tenía su causa en la existencia de un «demonio» que no era otro que el socialismo, y como tal había que eliminarlo. Su misión era debilitar el modelo socialista de los laboristas, un socialismo –declaraba al *Financial Times* a finales del año 1985– que iba escorándose hacia la izquierda con el fin de que la gente dependiera cada vez más del Gobierno, desde su educación a su vivienda, con lo que perdería su independencia. «Éste es el socialismo que pretendo eliminar porque en última instancia niega la libertad del individuo». Para ella, el laborismo de Callaghan y de su sucesor Michael Foot (que perdió catastróficamente las elecciones de 1983 por 144 escaños de diferencia, siendo sustituido por Neil Kinnock) no tenía nada que ver con el tradicional y verdadero Partido Laborista de Clement Attlee, Hugh Gaitskell o Aneurin Bevan.

Dos reformas laborales (1980 y 1982) –de las que beben muchas de las que se han aprobado décadas después en la mayoría de los países europeos– y la Ley sobre sindicatos de 1984 debilitaron mucho a las *Trade Unions*. Entre otros aspectos, tal legislación restringió la presencia de los piquetes de huelga en los lugares de trabajo; privó a los sindicalistas de su inmunidad legal sobre actos civiles, haciéndolos responsables de las actividades ilegales; exigió que las movilizaciones estuviesen apoyadas nominalmente por los dirigentes de los sindicatos en una votación previa a la huelga a fin de que el propio sindicato quedase eximido de las acciones legales que se pudieran derivar de los daños causados en los enfrentamientos... El conjunto de ello tuvo efectos desastrosos para las centrales sindicales: la legislación laboral de Thatcher dio a los cargos sindicales la responsabilidad financiera y legal de una amplia gama de actividades (piquetes a gran escala, huelgas de protesta por la actuación gubernamental), aumentó la capacidad de los empresarios para despedir a los huelguistas e incluso a cargos sindicales, eliminando amplios espacios de la inmunidad de la que hasta entonces habían dispuesto. Y lo más significativo, los objetivos prioritarios de los sindicatos (pleno empleo, garantías frente a los despidos, cierta democracia en el mundo de la empresa...) dejaron de serlo para el Gobierno. En aquellos momentos se puso en cuestión algo que más adelante estará en la cabecera de los debates de política económica en Europa: la compatibilidad de las demandas de la clase trabajadora (todavía se aplicaba sin complejos este concepto) y las exigencias de la política presupuestaria, financiera y del mercado de trabajo. Así, esas demandas fueron presentadas muchas veces ante la opinión pública como incompatibles con los objetivos de racionalidad económica y el interés nacional. Ésta fue otra batalla ideológica ganada por el modelo político de Thatcher.

En 1979 comenzó el thatcherismo, una nueva formulación conservadora que fue estableciendo marcadas diferencias entre su retórica y la realidad. Ese año fue testigo de una ruptura comandada por la derecha neoliberal, incrustada entre los *tories,* con las tradiciones consensuadas en la posguerra. En términos muy generales se podría decir que se saltó, sin solución de continuidad, del modelo keynesiano al neoliberalismo, lo que suponía una quiebra muy fuerte y que daría lugar a grandes resistencias sindicales. Ante la esclerotización del laborismo, el thatcherismo comandará la bandera de la nueva derecha, adelantándose en unos meses al ideario que puso en circulación el futuro presidente de Estados Unidos, Ronald Reagan, con el que establecería muchas complicidades.

Los laboristas tuvieron un fallo estratégico que contagiaron a sus congéneres ideológicos de buena parte del mundo, los socialdemócratas: la creencia de que el orden social y económico hegemónico desde la segunda parte de los años cuarenta (economía mixta keynesiana y *welfare*) continuaba conciliando la lealtad de las mayorías y, principalmente, de la clase trabajadora. Pero ese orden, que había solucionado los problemas del pleno empleo y las debilidades de quienes se habían quedado en la cuneta, no supo enfrentarse bien a los nuevos problemas que estaban emergiendo relacionados con la inflación y el bajo crecimiento económico, y dejó de ser mayoritario en el conjunto de las poblaciones.

Así pues, la primera ministra conservadora denunció desde su inicio las actitudes «débiles y perezosas» de quienes buscaban el camino fácil de pedir ayuda al Estado en vez de enfrentarse a los problemas. No en vano a ella se la denominó «la Dama de Hierro» (fueron los rusos los primeros que lo hicieron). Había que crear más riqueza en vez de subir los impuestos o darle a la máquina de producir libras esterlinas, como habían hecho sus antecesores, lo que dejó a Gran Bretaña sin pulso y a sus ciudadanos privados de la dignidad del que lucha sin concesiones por salir adelante. Nada de que los impuestos son la civilización, como se decía hasta entonces, sino que arrebatan a la gente el fruto de su esfuerzo para devolverle luego parte del mismo en forma de limosna. Ella, todo hierro, estaba contra los «sablistas», «vagabundos» y «hippies», contra los «parados fraudulentos», contra las influencias desmoralizadoras –e inmorales– del Estado del Bienestar. He aquí el nuevo conservadurismo.

Desde su etapa en la oposición, Thatcher identificó los seis grandes males contra los que iba a luchar: el exceso de gasto gubernamental; los altos impuestos; el igualitarismo como filosofía de vida; las nacionalizaciones de parte del aparato productivo en sectores estratégicos; la politización sindical; y la cultura antiempresarial instalada, sobre todo, en la juventud. Para ella, no eran males estrictamente británicos; otros países europeos los padecían, pero antes de tratar de influenciar al resto de la Europa continental le correspondía asentar las bases de su filosofía en el Reino Unido, y sólo luego exportarla.

Para acabar con esas disfunciones aplicó sin dudar desde el inicio un plan de choque que no tenía en cuenta los costes de los cambios sociales bruscos. Thatcher decía que no padecía de «culpabilidad burguesa» ante tantos sufrimientos. Eran necesarios. Ese *shock* casi acabó con su experimento. Su gran antagonista era el sistema de derechos sociales que había sido institucionalizado en la sociedad británica (y en buena parte del resto de Europa) después de la Segunda Guerra Mundial, que, según ella, convertía al capitalismo de bienestar en un sistema ineficaz y paniaguado; su objetivo era erradicar la revolución pasiva que había significado la socialdemocracia laborista, de la cual habían sido cómplices los conservadores anteriores al thatcherismo. Su laboratorio de ideas, puesto en práctica y diseñado por su ministro Geoffrey Howe (que acabaría mal con Thatcher), consistía en una cura de caballo con reducciones del gasto público en todos los capítulos relacionados con el *welfare*, debilitamiento del papel de los sindicatos en la sociedad y control del dinero en circulación.

El objetivo prioritario dejó de ser el pleno empleo y pasó a serlo la inflación. Pero los resultados fueron devastadores: provocó tres millones de parados, la inflación se disparó al 22% y, como consecuencia, la popularidad de Thatcher cayó justo en el mismo porcentaje. Los disturbios y las protestas se multiplicaron e hicieron de las calles el escenario de batallas campales con las fuerzas del orden público. Alrededor de tres centenares de los mejores economistas británicos dirigieron una carta a la primera ministra pidiéndole que rectificase una política económica equivocada, dolorosa y que acentuaba la polarización de la sociedad. Thatcher no pestañeó y siguió adelante con su plan de ajuste salvaje.

Sólo la sacó del abismo un general borracho, Leopoldo Galtieri, integrante de la golpista y genocida Junta Militar de Argentina, que dio la orden a su Ejército de invadir las islas Malvinas, de soberanía británica y situadas en el Atlántico Sur, iniciando una guerra en 1982 que sacó a la luz el fervor patriótico británico (nacionalismo británico frente a nacionalismo argentino) y que puso a la sociedad detrás de su primera ministra. Cuando en junio de ese año terminó la guerra con la victoria nítida de Gran Bretaña, Thatcher se sentía más cargada de razón que nunca y, aprovechando su tirón popular, se dispuso a acabar con los siguientes enemigos: los sectores obreros más combativos, los mineros, dando un golpe moral a la fortaleza de las *Trade Unions*, a las que había perseguido desde el inicio de su mandato. Era una cuenta pendiente: el sindicato minero había acabado en la década anterior con el Gobierno conservador de Edward Heath. El conflicto duró un año, durante el cual Thatcher y el líder del sector, Arthur Scargill, estuvieron boxeando sin cesar en el *ring* de la opinión pública. Thatcher tenía el poder del Estado y era un combate desigual en la correlación de fuerzas. Extenuados, vencidos, sin ser objeto de concesión alguna, un año después los mineros tuvieron que volver humillados al trabajo. Jamás se recuperaron. Fue una experiencia durísima para los sindicatos y, al tiempo, la convicción de la Dama de Hierro de que ella era la poseedora de la verdad («Normalmente me hago mi opinión sobre un hombre en diez segundos, y raramente la cambio»).

No movió un músculo ni con los costes sociales de su tratamiento de choque, ni con la derrota de los mineros, ni en el resto de los conflictos laborales que asolaron la primera parte de su mandato, ni con el terrorismo del Ejército Republicano Irlandés (IRA), con el que también tuvo una gravísima confrontación. Un poco antes de la guerra de las Malvinas, un grupo de presos del IRA inició una huelga de hambre (un arma utilizada dos años antes por siete presos del mismo grupo, que duró cincuenta y tres días) para la obtención de cinco puntos reivindicativos: derecho a no vestir uniforme presidiario; derecho a no realizar trabajos obligatorios en la cárcel; derecho de asociación con otros prisioneros y de organizar actos educativos o recreativos; derecho a una visita, una carta y un paquete por semana; y plena restitución de la remisión de condena perdida por las protestas. La huelga comenzó el 1 de marzo de 1981 y terminó el 3 de octubre tras la muerte de diez activistas y muchas secuelas en los demás. Uno de los activistas muertos, Bobby Sands, llegó a ser elegido parlamentario en medio de la huelga de hambre, provocando la atención de los medios de comunicación de referencia de todo el mundo. Thatcher no cedió y obtuvo otra victoria pírrica, pero fue criticada por su intransigencia por una parte muy importante de la opinión pública mundial. Los republicanos nunca la perdonaron («la mayor bastarda que nunca hemos conocido»). Todavía hoy hay monumentos y murales que homenajean a los huelguistas fallecidos en las principales ciudades del Ulster (Belfast, Dublín, Derry...), convertidos en iconos de su causa.

Tres años después, en 1984, el IRA quiso vengarse y puso una bomba de tiempo en el Gran Hotel de Brighton donde se alojaban Thatcher y otros muchos miembros del Partido Conservador que comenzaban al día siguiente su congreso anual. Milagrosamente, la primera ministra escapó (aunque murieron cinco personas). El comunicado del IRA fue muy expresivo: «La señora Thatcher ahora se dará cuenta de que Gran Bretaña no puede ocupar nuestro país, torturar a nuestros prisioneros y disparar a nuestra gente en sus propias calles, y salirse con la suya. Hoy no tuvimos suerte, pero recuerde que sólo necesitamos tenerla una vez. Usted tendrá que tener suerte siempre. Dele paz a Irlanda y no habrá más guerra».

Thatcher tuvo la suerte de su lado hasta el final de su estancia en Downing Street, en 1989, cuando de repente todo le comenzó a ir mal. La tuvo con la división del Partido Laborista, con la guerra de las Malvinas, con la aparición de petróleo en las aguas del mar del Norte, etcétera. Ella no reconocía el «factor suerte» sino el fruto de su trabajo. En medio ganó las elecciones de 1983 y 1987, esta última todavía con una holgada mayoría de 101 escaños de diferencia con los laboristas. Con sesenta y cinco años de edad tuvo que dimitir en 1990, acosada por su propio partido.

¿Quién fue esta mujer que transformó el panorama político e ideológico de una época, y que contagió su ideología desde la insular Gran Bretaña al resto del mundo? Fernando Morán, que fue ministro de Asuntos Exteriores en España y la conoció bien, trató de encontrar en su personalidad y en el contexto de finales de los setenta las explicaciones para su aparición fulgurante en el mundo de la política (a principios de esa década había sido secretaria de Estado de Educación): un líder, escribió Morán en *El País* el 4 de mayo de 1991, es la conjunción de un soporte personal y una necesidad social; en la Gran Bretaña de 1979 hacía falta un líder que 1) fuese tradicional y conservador; 2) no fuese identificado con la clase dirigente, ya más financiera que terrateniente; 3) hablase el lenguaje conservador con una visión popular; 4) fuese inequívocamente nacionalista, no cosmopolita; 5) tuviese un enemigo interior (los sindicatos, los mineros) y exterior (el comunismo). Ésa fue Thatcher.

De familia modesta (hija segunda de un tendero de ultramarinos), fue a una escuela pública y estudió en Oxford gracias a una beca. Con esos antecedentes humildes llegó a dirigir el partido tradicional de la aristocracia británica, tanto de sangre como de dinero. Era licenciada en Químicas y en Derecho Tributario, y una adicta al trabajo. Su oponente ideológico, el presidente socialista francés François Mitterrand, con la maldad que le caracterizaba, dijo de ella: «Tiene el ojo de Calígula y las piernas de Marilyn Monroe». Cualquier fotografía la identifica con un bolso en el que portaba un discurso de Abraham Lincoln, uno de sus ídolos con el que trataba de identificarse, que terminaba con el siguiente alegato:

> No se puede consentir la prosperidad si no se alienta el medro; no se refuerza al débil debilitando al fuerte; no se ayuda a los fuertes destrozando a los grandes hombres; no se promueve la hermandad humana alentando el odio de clases; no se establece una seguridad sólida sobre dinero prestado; no se construye el carácter y el valor quitándole al hombre su iniciativa y su independencia; y no se puede ayudar a los hombres haciendo por ellos lo que podrían y deberían hacer por sí mismos.

Considerada la primera ministra más ideologizada que ha pasado por Downing Street, fue una anticomunista furibunda y, por tanto, archipopular en la Europa del Este de la década de los noventa, cuando los países de ese glacis se sacudieron de lo que su compatriota y correligionario Winston Churchill definió como «Telón de Acero». Templó bien las gaitas con el revisionista Mijaíl Gorbachov y logró ser, en bastantes ocasiones, la mediadora entre su amigo Ronald Reagan y el último líder de la Unión Soviética, lo que acrecentó su leyenda. Logró lo que pocos políticos consiguen: dar nombre a un movimiento, el thatcherismo, que llegaría a confundirse con la propia Revolución conservadora. La definición teórica más exacta del thatcherismo es la de «mercado libre más Estado fuerte». Pero para que el mercado libre pueda imponerse necesita derribar la resistencia de los perdedores del mismo, en un mundo en el que las fuerzas son muy disímiles. Para activar el neoliberalismo se precisa de un Estado autoritario; ya se ha contado cómo durante este largo periodo conservador se limitaba el gasto público en todo tipo de capítulos excepto en defensa nacional y orden público. Un proyecto neoliberal precisaba acabar con el viejo orden socialdemócrata e imponer uno nuevo; al intentar quebrar el sistema de derechos sociales que formaban parte del orden nacido en la posguerra (sanidad, educación, pensiones, seguro de desempleo, socialización de los salarios y de condiciones de trabajo, etcétera), sus beneficiarios vieron cómo un número de derechos sociales obtenidos se veían amenazados (la ciudadanía social).

El concepto de libertad era conjugado con frecuencia por Thatcher: formaba parte de su léxico más querido. Pero se trataba sobre todo de la libertad económica («No hay libertad a menos que haya libertad económica») e individual; por ejemplo, la libertad de no unirse a los sindicatos, la libertad de no hacer huelga, la libertad de comprar la casa propia en el distrito de residencia, la libertad de convertirse en accionista de las grandes empresas estatales, la libertad de hacer dinero, etcétera. Son libertades importantes, pero hay otras libertades políticas y civiles que no reivindicó nunca con la frecuencia y profundidad de las anteriores. Thatcher dio a mucha gente la posibilidad de escalar económicamente (a otros muchos los dejó desprotegidos en medio de la tormenta), pero no la consolidó como ciudadanos. Eran más individuos que ciudadanos. Con algo de suerte, muchos pudieron mejorar su renta disponible y su riqueza individual, pero tuvieron menos capacidad que antes de 1979 para ejercer su influencia en los acontecimientos más importantes. Se perfeccionaban como individuos, pero empeoraban como ciudadanos.

En materia económica, el thatcherismo se caracterizó por el capitalismo popular, las privatizaciones y la desregulación, además de por los recortes del gasto público. El capitalismo popular se inició con la entrega de viviendas sociales y el paso al sector privado de los grandes gigantes públicos en sectores estratégicos, como British Gas o British Telecom. Poseer casa y acciones hizo creer a mucha gente en el capitalismo de propietarios: hubo un momento en que había más propietarios que afiliados a los sindicatos. A principios del periodo thatcherista apenas la mitad de la población era propietaria de la casa en la que habitaba; en 1987, año de un *crash* bursátil muy agudo, dos terceras partes de los británicos ya vivían en casa propia; durante el «invierno del descontento», 13,3 millones de personas estaban afiliadas a un sindicato, pero en 1987 esa cifra se había reducido a 9,7 millones; a finales de los setenta tan sólo el 7% del electorado tenía acciones de alguna empresa, mientras que en ese segundo año de referencia ese porcentaje había ascendido al 29%. La clase media creció diez puntos (del 30% al 40% de la población). En muchos casos, pensionistas y pequeños propietarios compraron y vendieron en poco tiempo, obteniendo buenos beneficios.

Margaret Thatcher convirtió al Reino Unido en una nación de propietarios; la contrapartida fue que muchos se endeudaron hasta las cejas para conseguirlo, lo que generó muchos problemas a las familias, sobre todo en un entorno de tipos de interés crecientes para domeñar la inflación. Devinieron en propietarios de sus viviendas y en propietarios de las grandes empresas públicas privatizadas, a través de la compra de sus acciones. También en propietarios de sus créditos. Las «joyas de la corona» –desde las telecomunicaciones a las líneas aéreas, pasando por el transporte ferroviario, el metro, la industria eléctrica, el agua o el gas– fueron vendidas no por motivos instrumentales (reducir el déficit público), como más tarde se hizo en muchos países, sino por razones ideológicas. Thatcher declaró: «Estamos vendiendo la plata no de las familias, sino a las familias». El Instituto Adam Smith, un *think tank* neoliberal, opinó que se había tratado de la mayor transferencia de propiedad desde el sector público al privado «desde la disolución de los monasterios por Enrique VIII». Más de ochenta empresas de propiedad pública fueron transferidas a 11 millones de británicos. Durante mucho se ha discutido la ortodoxia de esas privatizaciones en términos de transparencia y de competencia.

Otro de los verbos más conjugados por el thatcherismo fue «desregular». El aparato productivo estaba atenazado, según sus profetas, por el burocratismo y la maraña de normas que le impedían dar de sí todo lo que llevaba dentro. Se imponía reducir el número de reglas del juego. De nuevo, la primera ministra aclaró las ideas de los confusos: «Cualquier regulación es una restricción de la libertad; cada regulación tiene un costo».

La operación más gigantesca de desregulación tuvo lugar en la Bolsa de valores de Londres. Dicen los científicos que hace unos 15.000 millones de años una gigantesca explosión señaló el nacimiento del Universo, dando lugar en unos pocos segundos a la formación de galaxias, estrellas y planetas. Con escasa modestia, el thatcherismo financiero denominó «Big Bang» a la desregulación de la Bolsa de Londres, el paso sin apenas transición de un mercado de valores muy reglamentado, con rígidas separaciones entre los distintos departamentos y entre los operadores, a una Bolsa universal en la que apenas existían otros semáforos que los que había puesto el mercado, a través de sus agentes, y aprovechando las incipientes nuevas tecnologías de la información y la comunicación. A partir del 26 de octubre de 1986, el ordenador fue el nuevo rey de la City, desapareciendo la distinción entre operadores por cuenta propia y por cuenta ajena, y con un mercado de bonos integrado y no sometido a reglas distintas al resto de los productos financieros que se intercambiaban.

El mercado se estaba globalizando y devino en continuo. Funcionaba en bucle: 365 días al año, 24 horas al día. La City se convirtió en un imán para la gran banca internacional y relevó a cualquier otro mercado europeo, compitiendo directamente con Wall Street. Como resultado del «Big Bang» se eliminaron las prohibiciones para unificar los bancos de inversión y la banca minorista (muchos años antes de que lo hiciese Bill Clinton en Estados Unidos), creando la banca universal; se operó con la gama más completa de productos financieros, incluso los más oscuros y sofisticados; aparecieron más jugadores, diferentes de los tradicionales agentes de cambio y Bolsa; se suprimió la separación entre los que negociaban acciones y los que asesoraban a los inversores; se quitaron los límites a las comisiones, etcétera. Todo ello dio lugar a más competencia y a una explosión de fusiones y adquisiciones empresariales.

Sin embargo, tanta libertad entre desiguales fue como meter a la zorra en el gallinero. Muchos analistas han situado el origen de la Gran Recesión que asoló el mundo a partir del año 2007 en el «Big Bang» londinense. Productos inentendibles, opacos, escasamente regulados, empaquetados y titulizados mil veces; bancos que utilizaban los depósitos de sus clientes para las inversiones más atrevidas y arriesgadas; desaparición de muchas entidades financieras y creación de otras mucho más grandes y concentradas, demasiado grandes para quebrar. El capitalismo financiero de nuestros días tiene sus raíces en aquella explosión con pocos límites y muchísimo poder. Con el «Big Bang» también cambió la faz de Londres; el mismo día en que arrancó su funcionamiento, un anuncio en el *Financial Times* prometía un nuevo centro financiero a unos cinco kilómetros de la City, donde «te sentirás como en Venecia y trabajarás como en Nueva York». Había nacido Canary Wharf, en la isla de los Perros, zona de los Docklands, un proyecto que había comenzado a remodelarse nada más llegar Thatcher a Downing Street. Una gran operación inmobiliaria. El «Big Bang» aceleró y profundizó el proceso de desregulación económica encaminado a reconducir excedentes financieros a las grandes entidades y a los oligopolios bancarios de la City. Fueron años de recuperación para el gran capital, ayudada por la promoción de la fiebre consumista a través de los créditos.

Se impusieron el capitalismo popular, las privatizaciones y el monetarismo, siguiendo las lecciones de los premios Nobel de Economía Friedrich A. Hayek y Milton Friedman. El Gobierno de Margaret Thatcher fue el primero en la posguerra que hizo del control de la inflación su principal prioridad económica. Para ello se basó sobre todo en el control del flujo de dinero en circulación. La inflación fue su obsesión, pero no pudo con ella: cuando llegó al Gobierno, el índice de precios al consumo ascendía al 11%, más o menos el mismo porcentaje de cuando dimitió. Para domeñar la inflación impuso una política de altos tipos de interés que ayudaron a que el Producto Interior Bruto (PIB) cayese y, sobre todo, que pusieron en peligro su política de un país de propietarios, al endeudar sobremanera a quienes compraron sus viviendas y las acciones con préstamos bancarios. Para ella y sus ministros de Hacienda (Geoffrey Howe y Nigel Lawson sobre todo) no había duda de que la inflación era el resultado de que el sistema movía demasiado dinero, por lo que la cantidad de este producto (la oferta de dinero) –la política monetaria– era el factor determinante para que la economía funcionase bien.

No se puede hacer un análisis cabal del thatcherismo sin desarrollar su relación con la Europa continental y con el proyecto europeo, sobre todo teniendo en cuenta la prioridad atlantista (las relaciones con Estados Unidos) de la que hizo siempre gala su principal líder. En una entrevista realizada en el diario *El País* en mayo de 1989, Margaret Thatcher explicó su concepción de la «cuestión europea»: Sí a una Europa unida, pero «no quiero ver una Europa federal, y estoy convencida de que no es realizable [...] Ni quiero ver una transferencia en bloque del poder soberano de los parlamentos hacia Bruselas. Un fenómeno que se produciría si las propuestas del grupo Delors [el francés Jacques Delors, presidente de la Comisión Europea] sobre unificación económica y monetaria fueran plenamente adoptadas».

Así pues, concebía una Europa exclusivamente como mercado único, a la que trató de arrancarle la aportación que le hacía el Reino Unido en forma de cheque, al grito de «Quiero que me devuelvan mi dinero», tan popular para sus conciudadanos. Entendía la relación con el continente sólo desde su punto de vista, sin intentar ponerse en el del otro; pensaba que si el Reino Unido necesitaba a Europa, los europeos precisaban aún más de los británicos («Ningún otro país ha hecho tanto por Europa durante tantos años como el Reino Unido», dijo). El sociólogo francés Alain Touraine ironizó con que las relaciones de los británicos con Europa eran como las de los católicos con la sexualidad: hacen lo que los demás, pero con algunos años de retraso.

La tozudez de la Dama de Hierro con el viejo continente estaba basada en la idea de una Europa en la que se daban alegremente subvenciones sin responsabilidades claras, un instrumento de tutela y no de liberación del individuo. Algo muy parecido a lo que en 2016 dio lugar al Brexit. Otro gran sociólogo, Ralf Dahrendorf, que trabajó muchos años en la London School of Economics, afirmaba rotundo que Thatcher sólo conocía dos motivaciones humanas: la fuerza desde arriba, desde el Estado, y la motivación económica de los individuos; no vislumbraba la posibilidad de que entre estos vectores pudiera existir la disposición de actuar con una cierta solidaridad, sentido del deber o buena voluntad. A este rasgo distintivo del thatcherismo había que añadir uno idiosincrásico de quien proporcionó el nombre a esta corriente ideológica: a Thatcher no le gustaba Europa, o al menos esta Europa; los alemanes le parecían inquietantes, no tenía aprecio por los franceses y no se fiaba de los italianos. «A lo largo de mi vida», dijo en la Cámara de los Comunes, «todos nuestros problemas han venido de la Europa continental y todas las soluciones han llegado de las naciones angloparlantes, a lo largo y ancho del mundo». Conclusión: mirar hacia los americanos, máxime si éstos estaban liderados por su amigo y correligionario Ronald Reagan.

Después de tres elecciones ganadas, en 1989 llegó el principio de su fin. Y el apuñalamiento vino, paradojas de la historia, de manos de sus propios compañeros de partido. El pretexto fue el intento de puesta en marcha del llamado *poll-tax*, un impuesto para pagar los gastos municipales que todos los adultos, cualquiera que fuese su fortuna, debían pagar en idéntica cantidad. Thatcher, una cruzada de la liga antiimpuestos, cayó por la instauración de una tasa de tipo lineal. Pero para entonces todo se estaba torciendo. El thatcherismo no se renovaba desde hacía casi una década y los costes de su aplicación en el seno de la sociedad cada vez eran más tangibles, en términos de polarización, falta de cohesión y desigualdad. La economía daba muestras de fatiga, la inflación volvía a subir, así como los tipos de interés. Los sondeos comenzaron a volverse en contra de la Dama de Hierro. En noviembre de 1990 Thatcher dimitió de su cargo de primera ministra no sin antes declarar, orgullosa: «Hace once años rescatamos al Reino Unido del desastroso estado al que lo había reducido el socialismo». Su caída fue un espectáculo de dagas escondidas entre los ropajes, por multitud de Brutos. Fue sustituida por el mediocre John Major, pero su nombre quedó siempre asociado a una filosofía económica y a un estilo de gobernar que impregnaría a partir de entonces el proyecto conservador en el mundo.

Los efectos más dañinos del thatcherismo se han manifestado durante muchos años en la sociedad que dejó. Favoreció sobre todo los intereses privados mientras el Estado se retiraba o dejaba de crecer, desprotegiendo a los más débiles. Thatcher sufría de aporofobia. La «libertad de elegir», que copió de Milton y Rose Friedman, fue sólo para algunos, no para todos. Emergieron los *yuppies* como grupo social, instalados en la City, y con ellos el culto al dinero. El reverso fueron los recortes de las ayudas sociales y la degradación de los servicios públicos. La economía y el consumo vivieron años de vino y rosas para una parte de la población, al tiempo que se multiplicaban los *homeless* en las calles y numerosas profesiones (médicos, jueces, enfermeras, abogados, maestros...) sufrían los efectos de una «racionalización» (liberalización) de esos oficios, que trajo consigo la precarización. La sociedad se dividió más explícitamente que nunca entre ganadores y perdedores. Ganaron aquéllos que tenían un puesto de trabajo, que se hicieron propietarios de viviendas y acciones sin necesidad de endeudarse (porque disponían de ahorros), lo que significó una ampliación muy notable de su patrimonio; y gran parte del sur del país y la City. Perdieron el norte de Gran Bretaña, donde estaban instaladas las principales industrias de chimenea que dejaron de funcionar, los sindicatos, los gobiernos locales acogotados en sus finanzas, las industrias nacionalizadas en la posguerra y, sobre todo, los usuarios de los servicios de asistencia social. Conforme fue pasando el tiempo, el segundo grupo se fue ampliando. Era una sociedad más polarizada y dual que nunca.

Esta dinámica puso de moda el «tanto ganas, tanto vales». Dividió al país en dos campos profundamente hostiles, con una comercialización de todos los ámbitos de la vida; una imaginaria frontera separaba a los *gentlemen* con dinero de una *working class* desbordada a su vez por una *underclass* (otros la llamaron «la infraclase») de jóvenes parados, inmigrantes mal integrados y de todas las categorías sociales y regionales de pobres. Thatcher dejó crecer esa realidad y declaró con cinismo: «Quiero eliminar totalmente las diferencias de clases. Marks & Spencer han triunfado sobre Marx y Engels». Para ella la prosperidad colectiva debía inducir a la caridad privada, nada de la universalización de los servicios sociales públicos. La revolución conservadora de Margaret Thatcher dejó el cuerpo social británico exhausto y dividido. El líder laborista Neil Kinnock declaró: «Este Gobierno necesita otro Dickens para describir la situación en algunas ciudades del país». Entre los valores económicos y los sociales eligió los primeros, y no dejó espacio alguno para los últimos.

Ya retirada de la política tuvo protagonismo en otro acontecimiento que agrietó aún más su memoria, y tuvo que ver con la presencia del general Augusto Pinochet en Londres, a finales de 1998, perseguido por la justicia internacional a través de una orden de detención del juez español Baltasar Garzón por delitos de genocidio, terrorismo internacional, torturas y desaparición de personas cometidos durante su dictadura. Thatcher declaró entonces que Pinochet «es el único preso político de Gran Bretaña». Ella conocía bien el proceso chileno que condujo al golpe de Estado contra Salvador Allende en 1973. En 1976, tres años antes de ser nombrada primera ministra, Milton Friedman (de quien Thatcher era una fervorosa seguidora) llegaba a Londres tras entrevistarse con Pinochet y hacía una analogía inquietante al declarar que Gran Bretaña estaba «yendo por el mismo camino que Chile y, me temo, se dirige al mismo final». El razonamiento subyacente del fundador de la Escuela de Chicago y Premio Nobel de Economía era que el porcentaje de gasto estatal existente en la Gran Bretaña laborista no era compatible con la libertad. En Chile, la Unidad Popular (UP) llegó a un gasto público del 40%. Una vez rebasado ese umbral, la libertad, según Friedman, sólo pudo restaurarse con el Ejército, los escuadrones de la muerte y los calabozos. En el Reino Unido la libertad tenía unos márgenes mayores de gasto público, pero el fin que se divisaba era el mismo, predijo siniestramente. Sólo una acción deflacionista rápida y un tratamiento de choque podría evitar el pronóstico de Friedman. Thatcher aprendió aquella lección. Años más tarde, otro de sus aliados intelectuales más sólidos, el ultraliberal Friedrich A. Hayek, la apuntaló con estas palabras: la primera ministra había reducido la inflación demasiado lentamente, «no se le permitió que lo hiciera con la suficiente rapidez. Es políticamente factible sobrevivir incluso con el 20% de desempleo durante seis meses, pero no es políticamente factible sobrevivir al 10% de inflación durante tres años».

En septiembre de 1998 Pinochet viajó a Londres con uno de sus nietos. Iba a operarse de una hernia discal. Unos días después, el juez Garzón dictó su orden de detención. A finales de octubre Pinochet fue trasladado a un exclusivo hospital psiquiátrico al norte de Londres bajo custodia policial mientras se sumaban denuncias de familiares de sus víctimas, quienes comparecieron ante la Cámara de los Lores. A la petición de extradición del Gobierno español se sumaron otras del Gobierno suizo y del Gobierno francés. Finalmente, después de una larga batalla legal, el ministro del Interior del Gabinete de Tony Blair, el laborista Jack Straw, decidió liberar a Pinochet el 2 de marzo de 2000 con el argumento de que no estaba en condiciones físicas de ser juzgado (en cuanto llegó a Santiago de Chile saltó de la silla de ruedas y se puso a andar mientras era recibido por el comandante en jefe del Ejército).

En ese periodo de internamiento londinense, Pinochet recibió protección y cariño por parte de Margaret Thatcher, que multiplicó los tactos de codos y las tazas de té con el dictador. En el congreso del Partido Conservador, en el año 1999, afirmó que la persecución a Pinochet se debía a «una venganza de la izquierda internacional por la derrota del comunismo, por el hecho de que Pinochet salvara a Chile y salvara a América Latina». Thatcher y Pinochet no sólo estaban unidos por sus intereses –el apoyo de Chile a Gran Bretaña en la guerra de las Malvinas– sino por sus simpatías por un sistema económico neoliberal que había tenido hasta entonces sus momentos más puros en la historia bajo la dictadura militar chilena, con los *Chicago Boys* autóctonos gobernando la economía. Mercado libre y Estado fuerte.

El periódico *El Mercurio*, de la capital chilena, contiene en su hemeroteca la fantástica historia de Pinochet cayéndose del caballo y convirtiéndose a la religión ultraliberal... en la economía: «Éste es un viaje sin retorno del modelo económico [...] Agradezco al destino la oportunidad que me dio de entender con mayor claridad la economía libre o liberal». En el Chile de Pinochet (o en la Argentina de Jorge Rafael Videla) la fórmula fue una férrea dictadura política acompañada de una privatización casi absoluta de la economía y la desaparición de cualquier síntoma de protección social. Lo que los economistas de la Escuela de Chicago de Milton Friedman soñaron, pero no pudieron experimentar en su grado más alto en la Gran Bretaña de la señora Thatcher o en los Estados Unidos de Ronald Reagan, lo pusieron en práctica en el Chile militar, sin sindicatos ni sociedad civil organizada. Sobre todo ello no hubo ni una palabra de condena de la líder de la Revolución conservadora.

REAGAN, EL KEYNESIANO BASTARDO

Se ve a un cazador que hace retroceder a un oso. El cazador es un antiguo actor de películas de serie B que hace cuatro años ha llegado a la Casa Blanca, Ronald Reagan, y que ahora aspira a repetir en un segundo mandato. Es el año 1984. Se trata de un anuncio electoral. El oso es, probablemente, la Unión Soviética. «Hay un oso en el bosque», dice una voz en *off* mientras en la pantalla aparece un gigantesco plantígrado que da miedo, moviéndose entre los árboles. Sigue la voz: «Para algunas personas el oso es fácil de ver. Otras, no lo ven. Hay quien cree que el oso está domesticado. Otros, que es peligroso. Nadie puede saber quién tiene razón. Pero ¿no sería inteligente ser fuerte ante el oso si el animal existe?». Sigue la imagen del cazador, rifle al hombro, que aparece ante el oso y le hace retroceder. A continuación aparece en la pantalla un simple mensaje con el lema: «Presidente Reagan. Preparado para la paz».

Año y medio largo después de la instalación de Margaret Thatcher en el poder llegó a la Casa Blanca su alma gemela. La una, con más formación que el otro, más intuitivo. Ambos condicionarán la marcha del planeta y harán hegemónica en el mundo de la política, la economía y las ideas la Revolución conservadora, que casi cuarenta años después continúa entre nosotros con distintos ropajes. El planeta no será igual después de los mandatos de Thatcher y Reagan. Su influencia fue enorme. Para lo bueno y para lo malo serán dos personajes centrales del siglo XX.

Reagan también supuso un giro en la política seguida por sus antecesores desde los años treinta, todos los cuales, en una u otra medida, siguieron la estela del triunfador de la Segunda Guerra Mundial y la Gran Depresión, Franklin Delano Roosevelt. Reagan rompió con Roosevelt. Los anteriores presidentes, demócratas o republicanos, practicaron –sin reivindicarlo– lo que Richard Nixon declaró sin complejos en una ocasión: «Todos somos keynesianos». Reagan era lo contrario: odiaba las intervenciones del Estado en la economía, aunque hizo muchas excepciones con el sector de la defensa nacional. Cuando a finales de la década de los ochenta abandonó la Casa Blanca, dejó al país con un enorme déficit público motivado por el gigantesco incremento del gasto en armamento. Esta práctica fue calificada como «keynesianismo bastardo», siguiendo la estela del concepto puesto en circulación años antes por la discípula favorita de John Maynard Keynes, la británica Joan Robinson. La revolución conservadora que inició Reagan, que continuó George W. Bush y que ha rematado por el momento, con sus peculiaridades y contradicciones, Donald Trump será uno de los cambios más profundos desde el *New Deal* rooseveltiano.

El presidente-vaquero (se le comparaba con el personaje que aparecía en el clásico anuncio de Marlboro) cumplía todas las exigencias con las que se definía un conservador estadounidense: creía en Dios, detestaba el relativismo moral, asumía la prioridad del éxito individual sobre cualquier finalidad colectiva, veneraba la patria y sobre todo, amaba a Estados Unidos por encima de todas las cosas. El lema «América primero», con el que Trump ganó las elecciones presidenciales en noviembre de 2016, no era original. Los preferidos de Reagan se le parecían mucho: «América vuelve a existir» y «El sueño americano no tiene fronteras», y reflejaban el momento psicológico del país. Frente a la mediocridad ambiental existente en tiempos de su antecesor, el demócrata Jimmy Carter, Reagan trajo consigo un optimismo desbordante, ayudado de la suerte: el día en que tomó posesión de la Casa Blanca fueron liberados los 52 rehenes que permanecían secuestrados por el ayatolá Jomeini en la embajada de Estados Unidos en Teherán desde hacía más de un año. Reagan era un presidente mucho mayor que Carter, el más viejo en la historia del país: comenzó su mandato con sesenta y nueve años, la edad en la que muchos ciudadanos llevan ya tiempo jubilados, y se retiró a los setenta y siete. Mostró que no siempre es cierto el hecho de que el optimismo está vinculado directamente a la juventud. Ronald Reagan juró su cargo a principios de los ochenta tras un periodo histórico de al menos tres lustros plagados de humillaciones y frustraciones para el pueblo americano, como fueron la derrota de Vietnam, el escándalo del Watergate por el que tuvo que dimitir un presidente (Richard Nixon), los embargos de petróleo de los países árabes, los rehenes de Irán...

demasiado para una población que entiende que su país es el escogido de Dios.

Reagan ganó las elecciones encarnando el sueño americano, una creencia profunda –aunque empíricamente poco contrastada– en la igualdad de oportunidades de los individuos, en el progreso continuo y en la bondad fundamental del hombre frente a un Estado presentado como un Moloch. El sueño americano se presentaba como una ideología perteneciente al territorio de lo conservador, a la que Reagan contribuyó tan sólo con esbozos de trazo grueso, pero que popularizaron unos intelectuales orgánicos que desplazaron las ideas de los intelectuales liberales (en sentido americano) que durante décadas habían ocupado las principales tribunas, medios de comunicación, cátedras universitarias, laboratorios de pensamiento, aparatos del Estado, organismos multilaterales, etcétera. Con Reagan y Thatcher otros intelectuales conservadores, distintos de los anteriores, se convirtieron en dominantes en la vida pública americana y británica y, por contagio, en la de otros muchos países. Intelectuales que estaban esperando su oportunidad, que se hicieron decisivos en la transmisión de ideología, y que en muchos casos supieron saltar el tradicional foso que separa a los creadores del saber y a los transmisores de este mismo saber. En su libro canónico *La economía desenmascarada,* el economista australiano Steve Keen, que se define como poskeynesiano, cuenta cómo se hicieron hegemónicos esos intelectuales conservadores, sobre todo en el territorio de la economía, aquél en el que el reaganismo y la Revolución conservadora se hicieron más potentes.

Aparte de las dos guerras mundiales, que fueron fenómenos directamente políticos con consecuencias económicas telúricas, hubo durante el siglo XX dos disrupciones de naturaleza prioritariamente económica que cambiaron el sentido de las cosas. La primera fue la Gran Depresión; de ella se salió a través de una conflagración bélica, pero con un Estado del Bienestar como una de las principales lecciones aprendidas con el fin de no volver a cometer los mismos errores que llevaron a la catástrofe, y con un aparato de teorización muy potente, que fue el keynesianismo. Durante varias décadas, el keynesianismo dio jaque a los postulados de la economía clásica. Poco a poco, a través de la síntesis keynesiano-neoclásica, aquél se fue desnaturalizando de sus raíces, pero los medios de comunicación y los aparatos ideológicos siguieron considerando la política económica que se aplicó hasta mediados de la década de los setenta del siglo pasado como keynesianismo puro o bastardo.

Con motivo de las dos crisis del petróleo (1973 y 1979) tuvo lugar la segunda disrupción económica de la centuria, según el esquema de Keen: lo que se denominó «estanflación», una mezcla de desempleo muy alto, falta de crecimiento económico y subidas muy apreciables de los precios. Un círculo infernal. Se acusó al keynesianismo declinante de no saber hacer frente a esta mezcla de desequilibrios, y fue sustituido por una ortodoxia económica neoliberal, aún más enérgica que aquélla contra la que se había protestado en la década de los treinta. La mayor fortaleza de la «economía neoclásica», como se vino en llamar a esa ortodoxia económica, fue llegar acompañada por «los guardias de la porra» de la Revolución conservadora política de Thatcher y Reagan, con la que era perfectamente coherente. Neoclasicismo económico y neoliberalismo político, el ungüento de la serpiente, la fórmula imbatible desde los años ochenta del siglo pasado.

Esta combinación –Revolución conservadora y economía neoclásica– arrasó los restos del naufragio keynesiano. Su máxima fue no dejar heridos en el campo de batalla. Quizá la parte más asombrosa de *La economía desenmascarada* sea aquélla en la que Keen describe los procedimientos de la penetración de la nueva ortodoxia en la docencia –libros de texto, profesorado, cátedras–, servicios de estudio, medios de comunicación, programas de investigación, Fondo Monetario Internacional (FMI), Banco Mundial o la Organización para la Cooperación y el Desarrollo Económicos (OCDE)... En algunos de esos lugares lograron resistir pequeños reductos progresistas, sesentayochistas, poskeynesianos, socialdemócratas o neomarxistas, como la aldea gala de Astérix, a los que no pudieron expulsar del todo. Pero la purga fue generalizada: presencia en los periódicos, las radios y las televisiones, manuales de enseñanza, selecciones de las materias de estudio (y de los contenidos de las mismas) que se abordaban en las facultades universitarias, intentos permanentes de cooptación de los díscolos para atraerlos al seno del pensamiento único neoliberal-neoconservador (*neolib-neocon*), etcétera. En su estudio sobre *La revolución conservadora americana*, el intelectual francés Guy Sorman afirma que una nueva raza de intelectuales de derechas aportaron a los valores conservadores unos títulos de nobleza y unas virtudes ideológicas por lo general reservadas a las ideas de izquierdas en las anteriores décadas. La respuesta conservadora a los problemas de la gente ya no era la reivindicación del Estado-providencia, como habían hecho incluso los conservadores europeos después de la guerra; todo lo más la compasión, la moral, la religión, la familia o el gusto por el riesgo... y siempre las propias fuerzas. Se puso de moda el concepto de «ayúdate a ti mismo» ya que el crecimiento económico sacaría a los ciudadanos del pozo: no esperes la ayuda pública porque hará de ti un vago. El individualismo volvió a ser glorificado como el motor del progreso y la génesis de la (auto)satisfacción. Quien, por las circunstancias que fuese, personales o colectivas, se quedase en el camino debía contar con que el Estado, con su manto protector, ya no cubriría sus necesidades. Estaba mal visto. Esa persona era tenida por apestada, por débil. En enero de 1988 –ya está al final de su segundo mandato y conoce los límites de su acción–, Reagan hace unas declaraciones a la cadena de televisión ABC en las que dice: «Muchos de los vagabundos lo son por su propia elección. Prefieren dormir sobre las rejas de ventilación del metro o sobre el césped que ir a uno de esos refugios que existen». Ser *lumpen* estaba, según la versión del presidente, en la propia naturaleza de los que no querían incorporarse al centro del sistema. La insensibilidad social fue un rasgo del reaganismo, una difuminación de lo público y la exaltación de lo privado que propició que la juventud estadounidense de ese tiempo fuese la más conservadora desde los años cincuenta, en la era Eisenhower.

Ello dio lugar también a un cambio en las caras de los principales representantes privados de la economía de la época: los Rockefeller, Ford, Mellon, las grandes sagas generacionales del capitalismo americano, se vieron sustituidos por los representantes del enriquecimiento rápido, costara lo que costase. Fueron los años de tipos como Henry Kravis, Michael Milken, Ivan Boesky o un joven llamado Donald Trump, de fortunas rápidas y mucho más relacionadas con la especulación que con la producción. Uno de ellos, Boesky, fue imitado por Michael Douglas en la célebre película *Wall Street*, de 1987, en la que su protagonista, Gordon Gekko, proclamaba que «la codicia es buena» y que todo era posible en América. Como el propio Boesky, Gekko acabó dando con sus huesos en la cárcel por sus abusos financieros, relacionados sobre todo con la información privilegiada. Boesky iba de escuela de negocios en escuela de negocios dando conferencias y transmitiendo a los jóvenes cachorros del capitalismo financiero los valores del emprendedor sin límites, héroe del reaganismo. En la segunda parte de la película (*Wall Street 2. El dinero nunca duerme*), de 2010, un Gordon Gekko envejecido sale de la cárcel y publica un libro con su experiencia; en la presentación del mismo, ante centenares de estudiantes universitarios, recuerda: «Me criticaron porque dije que “la codicia es buena”; ahora es legal». La de Reagan fue la era de *my generation*, la generación del yo, en la que el egoísmo social estaba bien visto. Desde entonces, aunque este ideal se haya atenuado, no ha dejado de ser hegemónico en muchas partes del planeta: se había olvidado el idealismo colectivo que surgió de Mayo del 68. La Revolución conservadora se hacía dominante al tomar fuerza en el corazón del imperio: Estados Unidos.

Dominante, pero no todo lo hegemónica que pretendían sus halcones e intelectuales. Fue una época en la que primaba el antiintelectualismo del que hacía continuamente gala el presidente americano, imitado por muchos epígonos: una solución sencilla para cada problema complejo. Aquéllos querían avanzar más y más rápidamente, siguiendo el consejo de Milton Friedman: lo que no se hace al principio no se hace nunca, porque llegan las resistencias. David Stockman, el que fuera director de la Oficina del Presupuesto de la Casa Blanca y uno de los gurús del programa económico de Reagan, escribió en sus muy interesantes memorias que la Revolución conservadora fracasó porque no tuvo en cuenta la realidad del sistema político estadounidense y, sobre todo, porque Reagan no era un auténtico revolucionario: «Demostró ser demasiado amable y sentimental para acabar abruptamente con el cordón umbilical de dependencia que va de Washington a cada rincón de la nación. Sólo un canciller de hierro lo habría conseguido y Reagan no lo era».

Pese a ese ambiente antiintelectual hubo ideas que se hicieron centrales, como las propuestas monetaristas de la Escuela de Chicago de Milton Friedman, y las de la denominada Mayoría Moral (la extrema derecha política combinada con el integrismo religioso): en contra del aborto, de las parejas homosexuales, contra la pornografía, a favor del activismo religioso, la autodefensa (armas) como respuesta a la violencia, etcétera. Aunque para ganar las elecciones Reagan se apoyó en esta Mayoría Moral, dirigida por un tal Jerry Falwell, tuvo la inteligencia de no vincularse del todo a su extremismo. Aun así, 38 estados de la Unión habían restablecido la pena de muerte al final de 1982, después de haberla abolido.

Reagan dio muestras de talento y de pragmatismo al apoderarse de las ideas nuevas, deglutirlas, compartirlas, popularizarlas en términos generales, sin entrar en grandes profundidades ni matices. Ello contribuyó a dotar de coherencia a sus propias ideas intuitivas, a veces primitivistas y basadas en esquemas binarios: capitalismo es democracia y modernidad; socialismo es pobreza, dominación y arcaísmo. Se apoyó mucho en la Fundación Heritage, uno de los *think tanks* más influyentes del pensamiento conservador estadounidense. Fundada en 1973, en ella han dado conferencias Reagan, Thatcher o George W. Bush. El objetivo de esta fundación es promover la difusión de los principios de libertad individual, gobierno limitado, libertad de empresa, defensa nacional fuerte y los valores norteamericanos tradicionales. Poco antes de llegar Reagan a la Casa Blanca, la fundación publicó una *Guía para el liderazgo* que recogía múltiples propuestas para una gestión política conservadora; esa guía se constituyó en uno de los libros de cabecera de los componentes de la Administración conservadora, que llegó a adoptar más de un millar de las propuestas incluidas en aquélla.

Fueron los años más fecundos ante la opinión pública de intelectuales como Irving Kristol (director de la revista *Public Interest)*; Norman Podhoretz (director de la revista *Commentary*), o el economista Michael Novak, que escribió en *El espíritu del capitalismo democrático:* «Con el nacimiento del capitalismo, un sueño mundial de justicia ha entrado en el mundo. Cada nación, sin excepción, ha sido llamada a desarrollar sus propios recursos. Los hombres ya no tienen que responder con la resignación pasiva a la pobreza, al hambre, a la desesperanza. El capitalismo democrático ha descubierto su secreto». O el también economista George Gilder, que consiguió hacer de su manual *Riqueza y pobreza* un *best-seller* en el que superaba el planteamiento de los autores conservadores de las ocho últimas décadas, románticos o tradicionalistas, ilustrados o irracionalistas, religiosos o ateos, que habían enfocado la defensa del capitalismo sin atreverse a ensalzar la ambición, el espíritu de empresa y el afán de lucro. Como Reagan, el economista criticaba el impacto «devastador» de los programas de los liberales americanos (partidarios de la intervención del Gobierno en la economía hasta donde parezca necesario, y de una legislación de apoyo a las clases menos dotadas). El comienzo de su libro, titulado «Cantos fúnebres por el triunfo», es suficientemente representativo de lo que persigue Gilder:

> El acontecimiento más importante de la reciente historia de las ideas es la muerte del sueño socialista [que en algunas partes del texto se identifica con los ideales de Mayo del 68]. Los sueños mueren siempre cuando se hacen realidad, y cincuenta años de realidad socialista, en todo tipo de formas parciales y plenas, dejan poco espacio para fantasías idealistas. En Estados Unidos el socialismo reina principalmente en las aulas y los salones parroquiales, en las reuniones de intelectuales izquierdistas apartados de la realidad de un mundo exterior en el que los ideales socialistas se han marchitado [...] A este acontecimiento le sigue en importancia en los últimos años la incapacidad del capitalismo para obtener el triunfo que en consonancia le corresponde. Porque en las universidades y consejos, gobiernos e iglesias, donde surgen los aires y movimientos nebulosos, pero identificables, de la nueva opinión, los logros manifiestos de la libre empresa siguen pareciendo menos atractivos que las promesas incumplidas del socialismo. Si el socialismo ha muerto y se halla en cierto sentido intelectualmente en bancarrota, moralmente difunto como dicen, ¿por qué el sueño capitalista parece pender de un hilo a punto de caer en el mismo basurero de la historia? [...] Es curioso que ese celebrado grupo de intelectuales neoconservadores, anunciados como salvadores de la libre empresa, hablen de la naturaleza y del futuro del capitalismo en el mismo lenguaje doliente utilizado por algunos de los escarmentados, pero todavía rampantes abogados del «socialismo». Entretanto, los intelectuales de la vieja derecha han solido rehuir el desafío que supone reconciliar sus ideas filosóficas con las económicas, y están dispuestos a confiarnos su creencia de que el capitalismo está en decadencia [...] Es importante que los conservadores pongan esa misma pasión en negar que el capitalismo sea un fracaso histórico y moral.

Las sustanciales coincidencias expuestas por Gilder y la política de Reagan llevaron al semanario *Newsweek* a decir que quien desease conocer a fondo el pensamiento económico del presidente y los fines a los que llevaba no tenía más que leer *Riqueza y pobreza*. Y el citado David Stockman llegó a valorar el libro como «lo mejor que se ha escrito en los últimos quince años en materia de crecimiento económico». No fue extraño que el iletrado Reagan quedara prendado de esa prosa parecida a sus ideas. Gilder resume en el siguiente decálogo las tesis de la Revolución conservadora que encarna el presidente y que él sustenta:

–1) La mentalidad distribucionista ataca al corazón mismo del capitalismo. Su efecto profundo es cambiar la regla de oro del capitalismo (la prosperidad de los demás acaba con la prosperidad propia), pervertir la relación natural entre ricos y pobres al presentar al sistema como un juego de suma cero en el que lo que gana uno lo pierde el otro.

–2) Los capitalistas son personas deseosas de comprender y actuar, de dominar algo y transformarlo, de resolver rompecabezas y aprovechar la solución, de descifrar un sector que le rodea y aplicar sus resultados al bien común. Los capitalistas son inventores y exploradores, promotores y solventadores de problemas. Se toman trabajos infinitos y actúan con rapidez cuando llega el momento.

–3) Hay que permitir a los empresarios que retraigan riqueza por la razón práctica de que sólo ellos, colectivamente, pueden saber dónde debe ir esa riqueza.

–4) En la medida en que el capitalista se alía con el Gobierno o utiliza otros métodos de fuerza en su afán de predeterminar los resultados pasa a ser «simplemente otro tipo de socialista, a veces llamado fascista, en vez de un inversor que hace sus contribuciones con la esperanza de que otros las encontrarán deseables y trabajarán con ahínco para conseguirlo».

–5) Nadie puede desempeñar con igual eficiencia el papel de los ricos en la asunción de riesgos. Los beneficios del capitalismo siguen dependiendo de los capitalistas. En un capitalismo que funciona, los ricos tienen un toque anti-Midas que transforma la liquidez timorata y los ahorros sin empleo en fábricas y edificios de oficinas, que convierte el oro en bienes, puestos de trabajo y arte.

–6) La auténtica pobreza es menos una cuestión de ingresos que de estado de ánimo. Las limosnas del Gobierno destrozan a la mayoría de quienes llegan a depender de ellas.

–7) El único camino seguro para salir de la pobreza es el que pasa por el trabajo, la familia y la fe. Después del trabajo, el segundo principio de la movilidad ascendente es la conservación del matrimonio monógamo y la familia. Lo que se necesita no son tanto mitos como creencias religiosas que, a pesar de su supuesta irracionalidad, son portadoras, en su profundidad simbólica, de la mayor fuerza de las verdades pragmáticas e históricas. Nada prevalecerá contra el hombre libre que tiene fe en el futuro y se compromete con él.

–8) Los programas igualitarios son capaces de destruir familias y comunidades, llevándose en impuestos las ganancias de los que triunfan, y penalizando la ambición y la productividad, pero no fomentando la movilidad ascendente entre grupos carentes de una fuerte cultura comunitaria y familiar.

–9) La asistencia social perjudica a quienes la reciben, desmoralizándolos y reduciéndolos a seres dependientes, adictivos, que pueden arruinar sus vidas. Incluso las familias más indigentes estarán mejor bajo un sistema de libre empresa e inversión que acogidas a un subsidio exclusivamente compasivo que no pide nada a cambio.

–10) El Estado del Bienestar, esa actividad aseguradora de los sectores público y privado (desviar, difundir, igualar, ocultar, suavizar, evadir, relegar y colectivizar los riesgos y costes reales del cambio económico) insensibiliza la economía. El subsidio de desempleo promueve el desempleo; el seguro de incapacidad fomenta la conversión de pequeños males en incapacidad temporal, y de las incapacidades parciales en totales y permanentes; los cheques de la Seguridad Social pueden eliminar la preocupación por los viejos y acabar con los lazos entre generaciones...

Es difícil encontrar mejor representación escrita de los valores hegemónicos de una época, y del pensamiento de

Ronald Reagan, que el decálogo de Gilder. Estos cantos a una versión casi religiosa y darwinista del capitalismo vinieron acompañados de muchos excesos. La tarta se hizo más grande, pero sólo se distribuyó en sentido inverso al de la justicia social. Fue una etapa sacudida por los excesos de Wall Street y por las fortunas multimillonarias anudadas en las operaciones de fusiones y adquisiciones (Chevron con Gulf, Texaco con Getty Oil, General Electric con Radio Corporation of America...). La Administración Reagan inició el camino de una economía casino, tremendamente financiarizada, que se multiplicó por mil hasta nuestros días, siempre acompañada de los valores reaccionarios de la Revolución conservadora. Ello conllevaba, paralelamente, la erosión de la capacidad industrial tradicional y de su competitividad, y el abandono de la vanguardia de la industria electrónica en beneficio de los países asiáticos. El ejemplo más conocido de ello fue la decadencia de la industria del automóvil. Al llegar Reagan a la Casa Blanca, la industria de Detroit estaba en bancarrota: Chrysler había perdido 1.710 millones de dólares en el año 1980; Ford, 1.500 millones; General Motors, 763 millones; y American Motors (que luego desapareció), 197 millones. A pesar de sus continuos llamamientos a la libertad empresarial, todas sobrevivieron mediante esquemas proteccionistas frente a Japón, o mediante ayudas directas de la Administración americana, especialmente Chrysler (créditos, recortes de impuestos, etcétera). El libre comercio tenía sus excepciones cuando afectaba a los intereses del *establishment* empresarial. En estos años se extendieron también las prácticas remuneradoras individuales para los altos ejecutivos en forma de ingresos extraordinarios como bonus, pagos en especie garantizados por contratos blindados, *stock options,* que multiplicaron las desigualdades entre la cúspide y la base de la sociedad.

Las ideas de Gilder explican la naturaleza reivindicativa del reaganismo tanto respecto a sus oponentes ideológicos como en cuanto a la vieja derecha conservadora. Significan una ruptura, pero Reagan no fue un fanático en su aplicación. Guy Sorman le describe como un antiestatalista que no redujo el Estado, un militarista que no hizo la guerra, un moralista que no desaprobó el aborto. Entre la derecha moralista y la derecha mercantilista escogió la segunda y se cuidó de no orillarse demasiado ante los postulados de la Mayoría Moral, a fin de garantizarse una mayoría política estable y no perder el centro. Con el presidente vaquero, como con la Dama de Hierro, hubo siempre una buena distancia entre la retórica y la realidad: a pesar de que en el plano ideológico estaba muy concernido con la ideología de extrema derecha de la Mayoría Moral, en el plano de la práctica política la esquivó en aras de ocupar el espacio de la derecha económica y de que la primera no fuese un impedimento para la segunda.

En política exterior abandonó en muchas ocasiones los postulados de la corte de intransigentes que le acompañaban. Sus dos acciones más agresivas fueron la invasión de la minúscula isla caribeña de Granada y la advertencia al líder libio Muamar el Gadafi, con el derribo en el golfo de Sidra de dos de sus aviones por parte de cazabombarderos estadounidenses. También quiso acabar con el comunismo centroamericano eliminando a los sandinistas del poder y especialmente a Daniel Ortega, al que denominó «dictador con gafas de diseño»: «Queremos que los nicaragüenses tengan una oportunidad de vivir en democracia», declaró, tras haber aguantado Estados Unidos sin inmutarse cuatro décadas de sangrienta dictadura somocista. No lo consiguió a pesar de embarcarse en una guerra mercenaria que le costó el escándalo más grave de su presidencia: el llamado *Irangate,* desarrollado entre los años 1985 y 1986, en mitad de su mandato. Estados Unidos vendió armas al Gobierno iraní cuando éste se hallaba inmerso en la guerra con Irak; con el dinero obtenido (alrededor de 47 millones de dólares) financió a la oposición nicaragüense. El hombre que gestionó esa operación fue Oliver North, uno de los más obsesivos y fanáticos seguidores de la Revolución conservadora, a quien Reagan consideraba «un héroe». La permanente tensión de la Administración Reagan con la Unión Soviética tuvo un cariz mucho más significativo. El último presidente americano de la Guerra Fría realizó un increíble e inesperado tránsito desde el anticomunismo a declararse amigo del líder soviético Mijaíl Gorbachov (que había hecho su particular travesía del desierto), con el que se entrevistó en cinco ocasiones. Reagan se había graduado en un anticomunismo primario y visceral en las luchas sindicales de Hollywood en los años cuarenta, como dirigente del Sindicato de Actores. Cooperó en la investigación del Comité del Congreso sobre Actividades Antiamericanas, ayudando al desenmascaramiento de los rojos de la meca del cine (aunque no delató a personas concretas).

Aprovechó el retraso económico y la esclerosis política de la URSS para darle a ésta el último golpe. Abrazó a Gorbachov en la Plaza Roja de Moscú, abriendo con ello la posibilidad de un mundo diferente. «Me sentía como si estuviese en una película histórica de Cecil B. DeMille», declaró Reagan para explicar sus sensaciones al lado del mausoleo de Lenin en mayo de 1987. Del «imperio diabólico» al aliado con dificultades, ningún presidente de Estados Unidos había acudido nunca a una cumbre con un dirigente de la URSS en una posición de tanta fortaleza desde el punto de vista interno, como cuando vio a Gorbachov en 1985 en Ginebra, cuatro años antes del derrumbamiento definitivo del imperio soviético. Por primera vez desde que Stalin se entrevistó con Roosevelt en Yalta un presidente americano era más viejo que el líder de la URSS (setenta y cuatro años frente a cincuenta y cuatro). Dos años después, en 1987, ambos mandatarios firmaron el Tratado de eliminación de misiles de medio alcance en Europa, acabando por primera vez en la historia con una categoría completa de armas atómicas. La Iniciativa de Defensa Estratégica, conocida popularmente como la Guerra de las Galaxias o *Star Wars*, en alusión a la popular película de George Lucas, fue la puntilla que sacudió la Guerra Fría al hacer consciente a Gorbachov de que la URSS no estaba en condiciones de hacer un esfuerzo bélico equiparable en las condiciones económicas en las que el país estaba, rompiéndose así la estrategia de disuasión nuclear entre ambas potencias que había funcionado hasta entonces en una suerte de igualdad teórica. La Iniciativa de Defensa Estratégica fue el sistema propuesto por Reagan en 1983 para utilizar sistemas de tierra y en el espacio con el fin de defender a Estados Unidos de hipotéticos ataques nucleares con misiles balísticos intercontinentales. Fue la época del mayor rearme de la historia del país.

Reagan trató de encontrar algún tipo de consenso con sus oponentes demócratas en política interior, sobre todo en lo relacionado con los valores; en el terreno económico fue otra cosa e impuso como una apisonadora la *reaganomics*. En sus dos mandatos no se restableció la plegaria en los colegios, ni se ilegalizó el aborto. No dejó que los ultras que tanto le habían ayudado a llegar al poder le dictaran la agenda de la Casa Blanca. En cambio, hizo todo lo posible por anegar el poder judicial de jueces conservadores que pasaban la prueba de fuego de su conservadurismo (incluido el Tribunal Supremo), y luchó contra la discriminación positiva que facilitaba la presencia de las minorías. El presidente más conservador del siglo XX fue una combinación de pragmatismo y fundamentalismo, dependiendo siempre de la correlación de fuerzas existente.

Es conveniente subrayar los rasgos fundamentales de la biografía personal de Reagan para entender mejor su evolución ideológica y su ideario ante los asuntos centrales de la vida. Nacido en Tampico, un pequeñísimo pueblo de apenas mil habitantes en el estado de Illinois, en la América profunda y rural, el que fue uno de los presidentes más populares de la historia de Estados Unidos se crió en pequeñas localidades del Medio Oeste. Todos sus biógrafos subrayan que tenía recuerdos felices de su infancia, a la que comparaba con la de los maravillosos personajes de Mark Twain, Tom Sawyer y Huckleberry Finn, cuyas aventuras se desarrollaban a orillas del río Misisipi; su visión del mundo reflejaba el ambiente de esas pequeñas localidades rurales, con los valores tradicionales del americano medio conservador, el hogar, la familia, el patriotismo, la bandera, la autodefensa...

De allí saltó al Hollywood de la edad dorada del cine, donde permaneció varias décadas. Rodó más de medio centenar de películas, haciendo en casi todas ellas el papel de chico bueno que lucha por las causas justas: ágil, vaquero, deportista. Esos fotogramas se repitieron en la presidencia de Estados Unidos: en los descansos de su actividad oficial, Reagan se dejaba fotografiar cortando leña, paseando a caballo con ropas de *cowboy*, haciendo deporte... Cultivaba las imágenes al aire libre. Se definió en una entrevista como el «Errol Flynn de las películas de serie B». La cuestión es cómo un actor mediocre de Hollywood llegó a la Casa Blanca y, más todavía, a identificar su persona con la de una revolución, la conservadora. En su etapa cinematográfica pasó de un extremo al otro: en un principio se le vinculó con las ideas de los liberales americanos y su líder político era Roosevelt, pero cuando abandonó los estudios de cine se convirtió en uno de los conferenciantes favoritos de la empresa General Electric, y defendía una visión extrema de la libre empresa, sin ningún tipo de intervencionismo. El resto es más conocido: gobernador de California, lo que le sirvió de trampolín hacia la presidencia del país. Sobrevivió al atentado de un loco, que logró dispararle, y a una operación de cáncer. Era medio sordo del oído derecho.

Es resaltable que los tres presidentes americanos que hasta ahora han representado más las ideas de la Revolución conservadora (Reagan, Bush II y Trump) sean personajes que han hecho gala de antiintelectualismo. Reagan apenas leía, ni siquiera los informes que le preparaban, ni se sabía los datos que le daban sus asesores antes de cada intervención; su *top* de lectura eran las *Selecciones del Reader's Digest*. Y sin embargo, a pesar de esa autolimitación y de que no era un gran trabajador, fue un extraordinario comunicador, conectaba con la ciudadanía y especialmente con los jóvenes, ya que les había convencido de que había futuro para ellos. La revista *Time* le calificó de «intelectualmente perezoso», y escribió de él: «No extrae sus principales ideas de los papeles impresos. En este sentido es muy norteamericano, un hombre natural cuya inteligencia no reposa en lo aprendido en los libros sino en el instinto adecuado a cada momento. Prefiere la anécdota a la categoría. No quiere saber nada de los detalles y prefiere las generalidades».

No importó ese desconocimiento, a veces total, de las grandes complejidades de la economía, de los aspectos estratégicos o de la escena internacional. El vaquero bis del anuncio de Marlboro se convirtió en el presidente más popular desde el general Dwight D. Eisenhower, y todavía se le sigue recordando con añoranza en determinados segmentos de la población americana. Se le perdonaban los errores que cometía. Nada más llegar a la Casa Blanca acudió a un programa radiofónico; creyendo que el micrófono estaba cerrado, hizo la prueba con el siguiente comentario: «Queridos compatriotas, os he hablado en distintas ocasiones acerca de los problemas económicos y de las oportunidades que la nación tiene ante sí. Ahora estoy en condiciones de deciros que esto es un lío del demonio». A continuación se dirigió a los técnicos y les dijo: «Me imagino que aún no estamos conectados, ¿no?». Pero lo oyó todo el mundo, que lo calificó como una gracia más de un presidente que capitalizaba su bonhomía y todo tipo de eslóganes patrióticos tipo «América ha vuelto», «Americano, ha vuelto a amanecer», etcétera.

Esta bonhomía no se correspondió con el puño de hierro a la hora de aplicar un programa duro en la economía y en los servicios sociales. Aquí no hubo consensos ni cesiones. Su Revolución conservadora estaba en contra de las enseñanzas del darwinismo en las escuelas, pero a favor de aplicarlo en el terreno de la economía; el parado no era una de las víctimas expiatorias de un sistema injusto y que debe ser modificado, sino la víctima provisional de la naturaleza de las cosas. Para el reaganismo, el poder económico no se dirigía al intelectual que se complace en transmitir el saber, sino al hombre que se entrega a ese poder económico y lo pone a prueba con su propia riqueza y trabajo. La imagen empática que se desprendía de un Reagan simplista se emborronaba si uno era víctima de ese darwinismo y de la ley del más fuerte.

Cuando llegó a la Casa Blanca a principios de los años ochenta, la situación era muy mala: 14% de inflación, 10% de paro en un país que estaba acostumbrado al pleno empleo, precio del dinero (tipos de interés) del 21%, el dólar por los suelos, etcétera. A ello se añadía una cierta depresión psicológica de la población. En uno de sus primeros discursos, Reagan reconoció esa situación y declaró: «La nación está ante una calamidad económica de grandes proporciones. La peor desde la Gran Depresión. Ha llegado el momento de dar el giro». Lo consiguió en parte, aunque los perniciosos efectos sociales de su revolución aún no han cesado. Pero al menos logró matizar esa sensación de decadencia histórica del imperio, que duraba ya varios lustros, y que era preciso revertir.

Resumiendo: del mismo modo que la acción de Reagan en el terreno económico dejó mucho que desear en cuanto al reparto del bienestar, fue capaz de levantar el estado de ánimo ciudadano en las dos legislaturas que estuvo en la Casa Blanca. Esto es lo que no se olvida: una nación orgullosa de sí misma. Primero, porque estuvo acompañado de la suerte, lo que le diferenciaba de su cenizo predecesor, el demócrata Jimmy Carter: no sólo por la liberación inmediata de los rehenes de Irán, sino porque el precio del petróleo –del que Estados Unidos era entonces muy dependiente–, que había arruinado cualquier posibilidad de recuperación en los años anteriores, comenzó a bajar. El pueblo americano recuperó el tono vital, lo que era tanto más relevante por cuanto coincidía en el tiempo con una época de pesimismo europeo caracterizado por la esclerosis de su economía (estancamiento, paro, inflación y retraso tecnológico muy evidente). La comparación le fue muy favorable. El reaganismo, con todas sus contradicciones e injusticias, supuso el final de una etapa caracterizada por la humillación exterior y una especie de sadomasoquismo interior. El pueblo recuperó la libido política. Hubo al menos dos eventos muy significativos, que ayudaron: los Juegos Olímpicos de Los Ángeles, en 1984, y el bicentenario de la Estatua de la Libertad, dos años después. Ambos acontecimientos fueron una hemorragia de ese patriotismo reaganiano tan idiosincrásico: Estados Unidos era, de nuevo, una potencia ganadora.

Desde el inicio, Reagan aplicó una nueva política basada en tres proposiciones y una negación. Las primeras fueron la reducción del tamaño del Estado, estrangulándolo con una disminución de los ingresos; el desarrollo de la economía de mercado sin interferencias públicas; y el aumento del poderío militar, dejando atrás a la Unión Soviética. Se trataba de restablecer las condiciones de rentabilidad de las inversiones mediante la imposición de la moderación salarial, lo cual conllevaba una disminución del poder sindical en el seno de la empresa. Un ejemplo fue el despido, en agosto de 1981, de 11.000 controladores, cuando llevaban cinco días de huelga, y la contratación de una plantilla nueva. Los controladores pedían un aumento de sueldo, la reducción de la jornada laboral y mejores pensiones. El Gobierno logró resucitar el sistema de transporte aéreo, en plena huelga, echando mano de los controladores militares y de los esquiroles. Se aplicaron millonarias sanciones contra los sindicatos y la Casa Blanca impuso la prohibición de volver a contratar a los controladores huelguistas.

Otras recomendaciones ejecutivas llegadas de la Casa Blanca fueron la de menos burocracia administrativa, sobre todo en la legislación social y medioambiental, y medidas fiscales favorables al capital y a las empresas; incremento de los gastos de defensa mientras se recortaba el gasto público dedicado a la protección social; aumento de la productividad sobre la base de la reconversión industrial de los sectores de chimenea y renovación tecnológica; y la libertad de movimiento de capitales, la libertad de empresa y medidas favorables a aquéllas de mayor tamaño. Éstos son los ejes centrales de lo que un poco más adelante se denominaría *reaganomics*.

El eje negativo es corolario de lo anterior: la destrucción de los restos del *New Deal* puesto en práctica por el presidente Roosevelt para sacar al país de la Gran Depresión, y de los programas de la Gran Sociedad de Lyndon B. Johnson contra la pobreza y las debilidades de la tercera edad (Medicare y Medicaid).

Para ganar sus primeras elecciones, Reagan se incorporó a los movimientos contra los impuestos, con los que se sentía muy cómodo. Antes de que ocupase el poder existía en Estados Unidos una corriente ideológica organizada que mantenía que la mayoría de los contribuyentes pagaba más impuestos que el equivalente de los servicios públicos que recibía. En un entorno en el que la solidaridad era un principio subsidiario frente al individualismo feroz, y en el que primaba el principio teórico de que cada cual aguantase su vela, el movimiento antiimpuestos aumentó su popularidad e influencia. Reagan se apuntó a él. Los Comités de Acción Política, que en buena parte representaban a la comunidad de negocios, argumentaban que las subidas de impuestos estaban motivadas no por las exigencias de la población de una mayor protección para los momentos de debilidad, sino por los gastos de un Gobierno federal abusivo y constantemente fuera de control. Los desarraigados que se aprovechaban de algunos de los programas que fueron implementados en décadas anteriores eran considerados culpables de su desarraigo y estigmatizados por ello.

La más famosa de las revueltas impositivas de finales de los años setenta tuvo lugar en la California de la que Reagan había sido gobernador. Allí, un tal Howard Jarvis, que entonces tuvo sus quince minutos de gloria, lideró la llamada Proposición 13, que reducía los impuestos a la propiedad de la vivienda en casi un 60%, mediante un referéndum en el que participaron dos tercios del censo californiano. Fue en junio de 1978. El presidente Carter, vergonzante, declaró que Jarvis expresaba por sí solo la pérdida de confianza de los ciudadanos estadounidenses en su Gobierno. Como en el caso de Reagan, el antiestatalismo de Jarvis (odio al Gobierno, los políticos, los medios de comunicación de masas, los maestros...) estaba teñido de un antiintelectualismo primario: no había lugar para el Estado en el sueño americano; Estados Unidos es una creación permanente de los individuos, no un producto del poder de Washington; fueron los estados de base los que mediante un contrato firmado entre ellos crearon la federación de origen, de 13 estados, a la que se fueron adhiriendo libremente los demás a lo largo de los siglos XIX y XX. Presentaba todo ello como lo opuesto a Europa, en donde los estados se constituyeron alrededor del poder central. Parte de las clases medias de las que Jarvis dijo hacerse portavoz (extendiendo su protesta a otros estados) entendía que los grandes aumentos del gasto público se debían a grupos sociales que no creían en el sueño americano: funcionarios improductivos, maestros liberales (los maestros han sido una verdadera obsesión de los conservadores, en todas partes), beneficiarios de la Seguridad Social con pensiones públicas y ayudas a los indigentes... Jarvis –y Reagan, que tuvo la intuición de aprovechar esta corriente antiimpositiva para aumentar su popularidad al prometer erradicar «el despilfarro, el fraude y los abusos del Gobierno haciendo posible una desgravación general»– ejercieron una especie de populismo antigravámenes que tendría graves consecuencias en la economía americana, multiplicando el déficit y la deuda pública. Con ello lograron alterar la política social en términos inversos a los del progreso, con una radicalización de la expresión de la sociedad de clases, de la sociedad dual, mediante una polarización social (y étnica) cada vez más acentuada en términos de desigualdad: los ricos pagaban menos impuestos, los pobres tenían menos protección social y la industria del armamento se hacía de oro con la multiplicación exponencial de los gastos militares.

Reagan, ya está dicho, no fue un gran lector. Muy probablemente nunca estudió los textos de los tres principales científicos sociales en los que se sustentó su filosofía económica: Milton Friedman, creador de la Escuela de Chicago; y los teóricos de la Escuela Austriaca de Economía, Friedrich A. Hayek y Ludwig von Mises, que pasaron largas etapas en

Estados Unidos. Sus doctrinas fueron reiteradas constantemente por los apólogos del reaganismo. De Friedman ya se han avanzado suficientes aspectos en el capítulo dedicado al thatcherismo. Reproduzcamos simplemente aquí la durísima opinión que sobre él tenía otro Premio Nobel de Economía, Paul Krugman:

> Hay una diferencia entre el rigor de su obra como economista profesional y la lógica más laxa y a veces cuestionable de sus pronunciamientos como intelectual público. Mientras que la obra teórica de Friedman es universalmente admirada por los economistas profesionales, hay muchas más ambivalencias respecto a sus pronunciamientos políticos y, en especial, respecto a su trabajo divulgativo. Y debe decirse que hay serias dudas sobre la honradez intelectual cuando se dirige a la masa de ciudadanos.

Tanto Mises (*Gobierno omnipotente en nombre del Estado*) como Hayek (*Camino de servidumbre*, *Los fundamentos de la libertad*, *La fatal arrogancia*) subrayaron que las intervenciones gubernamentales en la economía son perjudiciales para la eficacia de la economía de mercado y, más allá, para la democracia. Hicieron una defensa cerrada del liberalismo económico y una crítica acerada de la economía planificada y del socialismo, que fueron inmediatamente «compradas», sin matices, por Reagan y sus epígonos: sin propiedad privada se crea una dependencia tan grande del Estado que convierte a los ciudadanos en esclavos. El ataque a la propiedad privada era un tigre de papel; nadie cuestionaba la propiedad privada.

Para cambiar el estado de postración de la economía y su corolario, el pesimismo de la nación, Reagan y su equipo pusieron en circulación una política económica a la que se denominó *reaganomics* (un apócope de Reagan y economía), que mezclaba ideas provenientes de los economistas citados, de la Escuela de Chicago a la que representaban, y de la economía de la oferta (*supply-side economics*). Para alcanzar el crecimiento eran más eficaces las medidas que aumentaban la oferta agregada mediante una reducción de barreras para las empresas que ofertaban bienes y servicios, tales como la reducción de impuestos y la flexibilidad mediante una desregulación casi total, que el estímulo de la demanda; según el periodista conservador Jude Wanniski, que bautizó las tesis de los *supply-siders*, los consumidores terminarían por beneficiarse de una mayor oferta de bienestar y servicios a precios más bajos. Aunque ambas escuelas –la de los monetaristas y la de los partidarios de la economía de la oferta– tenían contradicciones secundarias entre sí sobre la prioridad que había que conceder a la moneda en la política económica, coincidían básicamente en la misma concepción de la economía y de las causas políticas de la crisis.

La *reaganomics* era un intento de volver a un modelo estricto de capitalismo del *laissez-faire,* y de practicar los ajustes derivados de la antigua incapacidad política de aplicar dicho modelo con todas sus consecuencias. Las líneas maestras de la *reaganomics* devinieron en una especie de decálogo de alcance universal para *neocons-neolibs* de todo el mundo: equilibrio presupuestario, de tal manera que los Presupuestos del Estado dejasen de ser el principal instrumento contracíclico de la política económica; absoluta prioridad de la política monetaria para luchar contra la inflación. El objetivo número uno de esa política era el control sobre la cantidad de dinero como fórmula para unos precios estables; la reducción de los impuestos a las empresas y a los grandes contribuyentes por ser ellos los principales protagonistas de una mayor inversión y consumo; el incremento geométrico de los gastos de defensa para hacer de Estados Unidos la única superpotencia militar del mundo, evitando las tentaciones soviéticas de emulación y asustando a las potencias regionales o a pequeños países díscolos; la desregulación generalizada de los sectores productivos, especialmente de las finanzas, etcétera.

La realidad fue más compleja. Los ocho años de Reagan conllevaron reducciones de los impuestos a los ciudadanos más pudientes y a las empresas más poderosas, y mantenimiento o subidas a las clases medias y desfavorecidas, y a las pequeñas y medianas empresas. El balance fue una reducción de los ingresos públicos al mismo tiempo que se aumentaban exponencialmente los gastos militares y se reducían los gastos sociales. El vector dominante de este experimento de ingeniería social quebraba el primer punto de la *reaganomics*: el equilibrio presupuestario. El déficit público se descontroló y se financió con enormes cantidades de deuda pública. Fue una especie de keynesianismo invertido. El balance de la *reaganomics* no fue tanto, como habían teorizado sus predicadores, un esfuerzo para reducir el papel del Estado en la economía, sino para reorientar su función asistencial y de protección, y ponerlo al servicio del mercado. En definitiva, un nuevo trato, un nuevo contrato.

Como en el caso de Margaret Thatcher, la *reaganomics* contenía dos elementos ideológicos complementarios que la definen: la privatización del Estado y la desregulación. Los partidarios de la Revolución conservadora que trajo Reagan pensaban que cada empleo privatizado era un puesto de trabajo arrebatado a las garras de la odiada burocracia de Washington; cada dólar externalizado significaba un dólar menos controlado por las burocracias sindicales que iba al buche de las empresas y de los comités empresariales de acción pública. La privatización empezaba en la función pública y seguía por todo lo demás, sin excepciones ni siquiera en el sector de la defensa o de la seguridad. El omnipotente mercado desplazaba a la sociedad.

La desregulación era el otro santo y seña de un proyecto conservador que contribuía a despolitizar la economía y la sociedad. ¿Por qué? Primero porque gran parte de la regulación provenía del enemigo ideológico, dado que había sido el resultado de luchas económicas y sociales en las que habían vencido los más débiles, que no eran precisamente sus principales clientes; y segundo, porque gran parte de las agendas reguladoras (salud, vivienda, finanzas...) habían promovido, a la vez, el desarrollo de movimientos económicos y sociales que tendían a aumentar el poder de los reguladores. Un círculo dialéctico. La desregulación –o la autorregulación– significa el desplazamiento del poder económico desde los cuerpos reguladores, aparentemente independientes mientras no se produzca lo que se denomina «captura del regulador» al gran capital (cuando una agencia reguladora, creada para defender el interés general, actúa a favor de intereses particulares en el sector sobre el cual está encargada de regular). Las políticas de Reagan trataron de «despolitizar» los problemas económicos mediante la pauta de retrotraerlos al sector privado con sus propias normas.

Entre los mecanismos utilizados para cambiar las reglas del juego estaba el de inventar nuevas teorías económicas que desprestigiasen las anteriores y que se reivindicasen como científicas. Una de ellas, en el caso de los impuestos, fue la llamada «curva de Laffer», aplicada con la fe del carbonero. El profesor Arthur Laffer convenció a Reagan de que, a partir de un determinado momento, cuantos menos impuestos existiesen más aumentaría la recaudación. La curva de Laffer se remonta al año 1974, en la época en la que el presidente Gerald Ford se aprestó a subir el impuesto sobre la renta para hacer frente a la crisis fiscal del Estado. Existe una versión, con apariencia de aproximarse a la realidad, que afirma que Arthur Laffer, catedrático casi desconocido de una escuela de negocios de segunda fila, se entrevistó con los dos principales miembros del Gabinete de la Presidencia de Estados Unidos, Donald Rumsfeld y Dick Cheney (atención a estos nombres; pronto volverán a nuestra historia y como actores principales) y el editorialista de *The Wall Street Journal* (el periódico que más defendió la *reaganomics*) Jude Wanniski (el que bautizó la economía de oferta). Lo cuenta el sociólogo italiano Marco Revelli, y lo pone en boca del propio Laffer: «Mientras comentábamos la propuesta de aumento de los impuestos del presidente Ford, conocida con el nombre de WIN (*Whip Inflation Now*) ["derrotemos a la inflación", cuyo acrónimo significa "ganar"], supuestamente yo agarré mi servilleta y un bolígrafo y tracé sobre ella una curva para ilustrar la relación inversa entre los tipos impositivos y los ingresos fiscales». Wanniski la bautizó como «la curva de Laffer».

La curva de Laffer es una curva en forma de campana inclinada lateralmente, en la que se relaciona la dinámica de los tipos del impuesto sobre la renta (en el eje vertical) con la cuota de los ingresos fiscales (en el eje horizontal) conforme a una secuencia que refleja un aumento de los ingresos proporcional al aumento de tipos hasta un tope donde se maximiza la recaudación, y más allá del cual los ingresos empiezan a decrecer hasta llegar a cero, en correspondencia con una carga fiscal del 100%.

Según Joseph Stiglitz, el presidente Reagan, convencido gracias a aquella «teoría garabateada en un papel» de que Estados Unidos se encontraba al principio de su mandato, en 1989, holgadamente en el cuadrante situado a la derecha del «punto de equilibrio», recortó de una forma drástica los impuestos de los sectores más ricos, rebajando el tipo máximo del impuesto sobre la renta del 70% (para rentas superiores a los 108.000 dólares) hasta el 28% para todo aquél que tuviera unos ingresos de 18.000 dólares o más, mientras que en el caso del impuesto de sociedades el recorte fue del 48% al 38%. Una política redistributiva a la inversa que se extendería en el largo plazo hasta convertirse en estructural, basada en una teoría muy banal.

Los economistas, liberales o no, de tradición científica acogieron con desprecio la curva de Laffer y la denunciaron como una operación político-ideológica tendente a rebajar los impuestos de los más ricos. Pero el debate, en lo que fue una victoria más del reaganismo, se escapó pronto de los circuitos académicos y científicos para llegar a la opinión pública más amplia, cautivada por la simplicidad de lo que defendía Laffer y acunada por la rebelión fiscal que llegaba de California.

Fruto de los excesos desreguladores en el marco de los cuales se desarrollaba la economía americana, en los años ochenta tuvieron lugar dos acontecimientos económicos que marcarían un futuro de volatilidad que aún hoy no ha terminado: la crisis de la deuda externa y el *crash* bursátil de 1987. La herencia del sistema de Bretton Woods (el orden económico y financiero del mundo después de la Segunda Guerra Mundial) no fue sólo la edad dorada del capitalismo y del capitalismo de bienestar (fuerte crecimiento económico, creación del Estado del Bienestar, escasa volatilidad de los mercados), sino la ausencia de grandes crisis durante un cuarto de siglo. La inestabilidad no volverá al mundo hasta los años setenta, cuando el sistema pactado se hace pedazos. A principios de la década de los setenta se generó una fuerte especulación contra el dólar, producto de un espectacular déficit de la balanza de pagos americana (motivado en buena parte por los costes de la guerra de Vietnam). En agosto de 1971, el presidente republicano Richard Nixon puso fin al patrón-oro (el dólar como divisa internacional, sostenida por una cantidad determinada de oro) y al esquema monetario de Bretton Woods, al anunciar una nueva política económica: abandono de la paridad pactada entre el dólar y el oro, rebaja de los tipos de interés para estimular la coyuntura, control de precios y salarios, medidas proteccionistas como una tasa a las importaciones, etcétera. Dos años después comenzaron las dos guerras del petróleo, que hicieron subir los precios del crudo exponencialmente.

En la transición entre la etapa anterior y la nueva, durante la década de los ochenta del siglo pasado estalló una burbuja de deuda externa en muchos países, fundamentalmente latinoamericanos. Todo comenzó en 1980. Un presidente de la Reserva Federal (Banco Central de Estados Unidos), Paul Volcker, se mostraba obsesionado por la inflación –que había llegado a los dos dígitos como consecuencia del déficit público y del segundo *shock* petrolero– y para reducirla subió fuertemente los tipos de interés (en algún momento llegaron al entorno del 20%). Ello dio lugar a tres tipos de reacciones: en primer lugar, la del resto de las naciones ricas, que también incrementaron el precio del dinero con el fin de evitar la fuga de capitales hacia Estados Unidos; en segundo lugar, se dispararon los pagos de los créditos que las naciones endeudadas estaban obligadas a devolver; y en tercer lugar, la política de Volcker acabó con la inflación pero provocó una fortísima recesión en el mundo desarrollado, fundamentalmente en Estados Unidos y en los países de la Comunidad Europea.

Paradójicamente, los republicanos, que habían ganado las elecciones al presidente Carter aprovechándose de los efectos de la recesión en las familias estadounidenses y de su estado de pesimismo, aplicaron nada más llegar a la Casa Blanca un plan basado al tiempo en el incremento del gasto militar y la disminución de impuestos a las capas más pudientes. El resultado interno fue, como hemos visto, la animación de la coyuntura económica, acompañada de un crecimiento espectacular del déficit y la deuda pública. El ambiente de bonanza en Estados Unidos hizo que las entidades financieras trasladasen parte de su volumen de negocio a esta zona del mundo y lo redujesen en los países en vías de desarrollo, fuertemente endeudados, por lo que éstos comenzaron a tener problemas a la hora de refinanciar sus créditos.

El primer país que suspendió pagos fue México, en agosto de 1982, aquejado de una fuerte subida de los tipos de interés acompañada de una incesante fuga de capitales hacia otras partes del mundo, fundamentalmente Estados Unidos. México era el «vecino distante», por lo que las consecuencias de su *default* alarmaron inmediatamente a la Administración Reagan y al Fondo Monetario Internacional, que intentaron armar un paquete de rescate a cambio del tradicional programa de ajuste del FMI. Sin embargo, el presidente mexicano, José López Portillo, se envolvió en la bandera del nacionalismo y no aceptó las condiciones impuestas por el FMI. De la noche a la mañana devaluó el peso y nacionalizó la banca comercial. A partir de ese momento, el contagio se extendió al resto de la región y a otras zonas del planeta en un ensayo de crisis global.

El valor de la deuda externa con problemas de pago ascendía a alrededor de medio billón de dólares, de los cuales más de dos terceras partes correspondían a los países de

América Latina. Ello suponía un problema que afectaba a la supervivencia misma de una parte importante de la banca internacional, que podía arrastrar al resto: el valor de la deuda externa de los países en desarrollo que los bancos poseían en sus carteras era igual, y en muchos casos superior, al propio capital contable de estos bancos. Según el historiador económico Carlos Marichal, en tres bancos neoyorquinos tan destacados como Citibank (cuyo presidente llevó el mayor peso de las negociaciones con los países latinoamericanos), Bank of America o Chase Manhattan Bank esa deuda ascendía respectivamente al 174%, 158% y 154% de su capital contable. Si los países poseedores de esa deuda suspendían los pagos de la misma, los bancos entrarían técnicamente en bancarrota.

Por ello, desde el año 1982 se iniciaron distintas rondas de negociaciones (Plan Baker, Plan Brady) con el objeto de mantener vivo el servicio de la deuda. Se aplicaron esquemas de fuerza y poder, creando un cártel de bancos internacionales apoyados por el Tesoro americano y el FMI que exigía a cada país un convenio caso por caso. Para la banca fue un mecanismo atractivo por el cual se permitía vender la deuda a otros grupos de inversores (que contaban con la seguridad de que no tendrían problemas al asegurarse el aval de Estados Unidos) y liberar sus carteras del gran peso de la deuda impagada. A los países endeudados no les fue igual de bien. Por una parte, se vieron obligados a hacer fortísimos ajustes fiscales que condujeron a la recesión y a la pérdida de bienestar de sus ciudadanos. Además, se dispararon los precios. Fueron los años de la hiperinflación (subidas de precios de dos, tres o cuatro dígitos) latinoamericana. Recesión e hiperinflación era la peor combinación posible. Como en la República de Weimar en los años treinta del siglo pasado, en algunos países latinoamericanos cuadrillas de trabajadores pasaban cada hora por los almacenes y las tiendas sustituyendo el precio de los artículos por otro notablemente superior. La «década perdida» latinoamericana coincidió en gran parte con la era Reagan en Estados Unidos.

El segundo acontecimiento económico que distorsionó los dos mandatos de Reagan en la Casa Blanca fue el *crash* bursátil del 19 de octubre de 1987, cuando el presidente ya era un «pato cojo» (se acababa su tiempo en la Casa Blanca y no podía ser reelegido una vez más). Ese día, la Bolsa de Nueva York vio disminuir su valor casi una cuarta parte del total (el 22,6%). Los inversores redujeron su riqueza en más de 550.000 millones de dólares. Se vendieron más de 600 millones de acciones en una sola jornada. Tan sólo en diciembre de 1914, con motivo del estallido de la Primera Guerra Mundial, el índice Dow Jones se había hundido más: un 24,39% en un día. Ni siquiera se había producido una devaluación semejante durante el *crash* de 1929.

El «lunes negro» fue un cisne negro, en la terminología de Nassim Taleb. Un cisne negro es, en ciencias sociales, un suceso improbable cuyas consecuencias son muy importantes, una tormenta en medio de un cielo estrellado y sin nubarrones que desencadena un huracán, pero debido a la acción del hombre. Un cisne negro tiene tres características: es una rareza porque nada puede apuntar de forma convincente a esa posibilidad, porque produce un impacto tremendo y porque la naturaleza humana hace que se inventen las explicaciones *después* del hecho, con lo que se vuelve interpretable y predecible. Apenas nadie vio venir el cisne negro del 19 de octubre de 1987.

En esas circunstancias, Reagan se dirigió a la nación sin ningún elemento de autocrítica a su política económica: «Hay que mantener el rumbo. No creo que nadie deba espantarse porque todos los indicadores son sólidos». Alan Greenspan, que había sido nombrado pocas semanas antes presidente del Sistema de Reserva Federal (la Fed) sustituyendo a Volcker, comenta en sus memorias que las palabras de Reagan tenían la intención de tranquilizar, pero que a la vista de los acontecimientos «recordaban peligrosamente a la declaración de Herbert Hoover tras el "viernes negro" [de 1929] cuando dijo que la economía era "sólida y próspera"».

Teniendo en cuenta precisamente las lecciones de 1929 –cuando la Fed falló estrepitosamente por no intervenir a tiempo, siguiendo los postulados ideológicos del *laissez-faire*– la acción de Greenspan se centró en dos aspectos: primero, evitar el cierre de Wall Street como fruto del pánico («un estado caótico en que las empresas y los bancos dejan de realizar los pagos que se deben entre ellos y la economía se para en seco»); y segundo, actuar como prestamista de última instancia proveyendo a los agentes de toda la liquidez necesaria. El comunicado de la Fed fue muy tajante y corto, sin ambigüedad alguna: «La Reserva Federal, en cumplimiento de sus responsabilidades como banco central de la nación, ha afirmado hoy su disposición a actuar como fuente de liquidez para apoyar el sistema económico y financiero».

Al salirle bien la jugada, Greenspan, que estuvo en la Fed casi dos décadas (hasta 2006), creyó que todas las crisis tenían una solución relativamente fácil. En sus memorias escribe que «con la excepción de algunos espasmos financieros como el de octubre de 1987 o la insidiosa crisis de 1997-1998, los mercados parecen capaces de ajustarse sin grandes sobresaltos de una hora a la siguiente, de un día al otro, como si estuvieran guiados por una mano invisible internacional». Por ello, cuando estalla la Gran Recesión en el año 2007, un año después quiebra Lehman Brothers y todo el sistema financiero se descontrola como no había sucedido desde la Gran Depresión, el mismo Greenspan (al que sus numerosos discípulos por todas partes llamaban «el maestro») confiesa estar en un «estado de conmoción e incredulidad» porque «todo el edificio intelectual se ha hundido». Greenspan, cuya personalidad es la de un ególatra según quienes le conocieron y sufrieron, al menos tuvo en esta ocasión la humildad de reconocer lo infundado de sus seguridades científicas.

Desde el punto de vista macroeconómico, la *reaganomics* tuvo aspectos positivos y negativos. Entre los primeros figura que en ese periodo Estados Unidos vivió la etapa más larga de crecimiento económico de todo el siglo (sólo comparable con la que años después se reprodujo con Bill Clinton, en los tiempos de la «nueva economía»), con lo que ello supuso en términos de creación de empleo y de multiplicación de los beneficios empresariales, ayudados por la liberalización de la economía y la reforma fiscal a su favor. Es indudable que la Administración Reagan devolvió la confianza perdida a los inversores nacionales e internacionales; el dinero del exterior fluyó al país de forma masiva en busca de negocios fáciles y rápidos, instrumentados por los altos tipos de interés.

En el debe de este balance hay bastantes capítulos. El primero de ellos se mide en términos de pobreza y desigualdad. La Revolución conservadora se caracteriza por sus aspectos estructuralmente regresivos. El país alegre y confiado que dejó Reagan a su sucesor, George H. W. Bush, abandonó a mucha gente en la cuneta, en este caso no sólo a personas pertenecientes a las minorías negras o hispanas, sino también entre las clases bajas angloblancas. Más estadounidenses que nunca quedaron bajo el umbral de pobreza (alrededor de 35 millones de personas) y el sector desheredado vio reducidos sus ingresos un 10% en esos ocho años. Mientras, el 10% de la población más rica incrementó sus ingresos y su riqueza una media del 27%; y el 1% de la cúspide, un 72%. Los sociólogos hablan de la aparición en esos años de una nueva subclase en los guetos urbanos, mediante el abandono de los centros de las grandes urbes donde nunca se había vivido peor o con más violencia, en beneficio de la suburbanización del país.

Pero los efectos negativos de la política de Reagan se notaron también en el terreno en el que teóricamente debía haber sido más eficaz, el de la macroeconomía: fortísimo endeudamiento; déficit público descontrolado por esa combinación de mucho gasto militar y menos impuestos; déficit comercial por unas importaciones superiores a las exportaciones; y grandes oscilaciones del dólar que llevaron a la intervención de los países más importantes del mundo. El 22 de septiembre de 1985, a mitad del mandato de Reagan, el G-5 (Estados Unidos, Alemania, Francia, Gran Bretaña y Japón), reunido en el hotel Plaza de Nueva York, pactó lo que se llamó el «Acuerdo del Plaza»: un programa conjunto para devaluar el dólar en relación al marco alemán y al yen japonés (entre 1980 y 1985, el dólar americano se había apreciado casi un 50% frente a las principales monedas mundiales). La reunión de los ministros de Economía y los gobernadores de los bancos centrales de estos países ayudó a reducir el déficit comercial americano y mostró la voluntad de los principales gobiernos de intervenir en los mercados de divisas para alcanzar sus objetivos macroeconómicos. Una nueva excepción al teórico capitalismo de *laissez-faire* que patrocinaba la Revolución conservadora y que se parecía a un queso *gruyère* en el que cada agujero significaba una intervención pública. Más que de no intervenir, se trataba de hacerlo sólo a favor de sus intereses.

La valoración de los demócratas americanos y de los partidos progresistas de todo el mundo de la Revolución conservadora de Reagan fue muy crítica, sobre todo en lo referente a la política social y a la falta de coherencia de sus postulados macroeconómicos. Sin embargo, a partir de la década de los ochenta una gran parte de su ideario (privatizaciones, desregulación, prioridad en la lucha contra la inflación, debilitamiento del poder sindical, reducción del gasto social...) fue asumido, sin reconocerlo o incluso negándolo, por los partidos socialdemócratas, sobre todo por aquéllos que se acogieron a la etiqueta de «tercera vía», que consideraban las ideas de la socialdemocracia tradicional como venerables pero propias de otros tiempos. La vulgata neoliberal prendió en gobiernos laboristas, partidos social-liberales y en los países del antiguo comunismo, en Europa del Este. El reaganismo había conseguido, tras ocho años en el poder, una gran victoria: que los demócratas defendieran con vergüenza al Gran Gobierno capaz de actuar como ingeniero social. Lo público, lo estatal, se encogió en beneficio del individuo y de lo privado.

Gilder y el resto de los economistas del *establishment* reaganita hicieron una apología de la *reaganomics* y le proporcionaron una cierta sustancia teórica; los socialdemócratas consideraron la Revolución conservadora como su oponente número uno para el siglo XXI, pero al mismo tiempo se abandonaron a ella. ¿Qué opinaron los conservadores más puristas de la era Reagan, que empezaron con él y fueron abandonándolo poco a poco por no ser suficientemente ambicioso ni rápido en la toma de decisiones? Se dispone de un documento excepcional para conocer esa opinión. Son las memorias citadas de David Stockman, niño prodigio de la Administración republicana, congresista del Partido Republicano, director de la Oficina del Presupuesto de la Casa Blanca en los primeros años de la presidencia de Reagan (y por lo tanto uno de los arquitectos de la *reaganomics*), que ha dedicado parte de su vida posterior a la política a escribir una y otra vez contra quienes supuestamente defendían un «gobierno reducido» y presupuestos equilibrados, que arrojaron por la borda las creencias con las que ganaron las elecciones y decían comulgar, corrompiendo a un país con sus intervenciones en la economía y en las finanzas. En *El triunfo de la política. Por qué fracasó la Revolución de Reagan*, Stockman crucifica a los conservadores pragmáticos por haber desaprovechado una ocasión que difícilmente se volverá a repetir. Sus principales puntos de vista son los siguientes:

–La revolución económica de Reagan estaba condenada al fracaso desde el principio y el intento concluyó con la acumulación de una deuda pública masiva que provocó cataclismos económicos.

–La ignorancia de Reagan y la incompetencia de sus asesores (que enseñaron al presidente y al país una forma de administrar) crearon un goteo inagotable de frustraciones. Reagan era un político de consenso y no un ideólogo. No estaba preparado ni quería hacer una revolución. Sólo tenía una visión conservadora. No era un radical y no disponía de un programa concreto para dislocar y traumatizar a la sociedad americana, que es lo que se debería haber hecho.

–La revolución fracasada consistía en «un asalto contra el Estado del Bienestar», única forma de comprender la masiva reducción impositiva. «Sólo hicimos lo fácil, el gigantesco recorte de impuestos, la parte de la doctrina que suponía dar algo al electorado, no quitarle algo». El presidente se negó luego a ser radical en los recortes presupuestarios. Había que haber eliminado por completo las deducciones a los agricultores y a las empresas, y acabar con la Seguridad Social para los pobres capaces de trabajar, y no dar a los jubilados más dinero del que habían contribuido. «Sólo un canciller de hierro lo habría hecho y Reagan no estaba por esa labor. Era demasiado blando y sentimental».

–«Como ideólogo radical en la cúspide del poder», dice Stockman de sí mismo, «no pensé cómo me juzgaría la historia en el futuro y me dediqué a incubar trucos a corto plazo para enmascarar la realidad de que el agujero presupuestario sólo podría ser cerrado por un dictador». Ya en 1984, la Casa Blanca se había convertido en el país de las hadas, siendo la economía un rehén de una política fiscal temeraria e inestable basada en una política de gastos elevados y una doctrina de bajos impuestos.

–La verdadera Revolución conservadora nunca tuvo una oportunidad. Desafió a todas las aplastantes fuerzas, intereses e impulsos de la democracia americana, pero el gobierno de controles y equilibrios, las tres ramas del poder, dos cámaras representativas y un poder infinitamente repartido era conservador, no radical. Se abrazaba con fuerza a la historia anterior. Iba hacia el futuro paso a paso. No se podía salvar a la revolución dándose de bruces contra el suelo.

Stockman actúa como una especie de inquisidor desde la derecha que abre un auto de fe contra Reagan y sus conservadores, denunciando los errores cometidos contra los sagrados principios de la revolución del libre mercado, sin dejar de señalar a los responsables de esa traición. Con Reagan se había perdido una oportunidad. Habría que esperar a otro momento óptimo. Esa coyuntura llegó cuando George W. Bush (Bush II) aterrizó en la Casa Blanca en el año 2001.

5
La primera revolución del siglo XXI

EL COMUNISMO POR LA VENTANA

Pasó mucho tiempo. La tribu de los topos se hizo invisible casi un cuarto de siglo, lo que no significa que no siguiese existiendo y trabajando. Los mensajes de Mayo del 68 se fueron asimilando en la normalidad, en muchos casos aceptados ya por el corazón del sistema. Cayó el Muro de Berlín, lo que hizo perder el miedo a las fuerzas de la reacción, que vieron la posibilidad de volver al *statu quo* anterior con relativa facilidad, sin demasiados traumas. Los postulados de la Revolución conservadora se hicieron hegemónicos, casi únicos. Asfixiantes.

La desaparición del Muro de Berlín y todo lo que conllevaba reivindicaban en un primer momento las posiciones ideológicas de los que creían en el fin de la historia. No más sistemas alternativos, ni siquiera más discusiones entre un capitalismo de rostro humano y un capitalismo puro. ¿Para qué hacer concesiones si no había enemigo con el potencial suficiente para disputar la hegemonía? La victoria de la democracia de mercado como único modelo posible. Y, de paso, la globalización como marco de referencia de esa época marcada por el final de un siglo y el principio de otro milenio.

Los primeros síntomas de rebeldía surgieron como fogonazos en un cielo estrellado. La globalización se instaló como un asunto económico, como la interdependencia económica creciente del conjunto de los países del mundo aprovechando las nuevas tecnologías digitales. Pero era mucho más que economía. El historiador francés Fernand Braudel ya había advertido contra el economicismo: «La historia económica del mundo», escribió, «es la historia entera del mundo pero vista desde un solo observatorio: el observatorio económico. Elegir este observatorio es privilegiar de antemano una forma de explicación unilateral y peligrosa».

La globalización que llegaba era un proceso por el cual las políticas nacionales tenían cada vez menor importancia y las políticas internacionales, aquéllas que se deciden más lejos de los ciudadanos, cada vez más. Ello significó la emergencia de un problema político de primer orden: el primer efecto de la globalización sería más político que económico y se vinculó a la esencia del sistema en el que la mayor parte del mundo aspira a vivir, la democracia, la sociedad de las libertades políticas, civiles y sociales. Independientemente de los beneficios consumistas del proceso mundializador, se apreciaba un alejamiento de la ciudadanía respecto de las principales decisiones que se toman en su nombre, lo que significaba debilidad de la democracia, falta de calidad de la misma.

Los ciudadanos dejaban de sentirse representados por quienes tomaban las decisiones últimas, por quienes se reunían entre sí para marcar las tendencias, los vericuetos por los que iba a discurrir la humanidad. Lo principal del marco de referencia no era lo instrumental, lo que favorece o lo que perjudica, a quiénes mejora y a quiénes empeora. Lo principal era que la globalización distancia de la participación, anestesia de lo público, de lo colectivo. Ello es lo que vieron quienes, cada vez con mayor frecuencia y en mayor cantidad, empezaron a manifestarse contra la globalización realmente existente en todo tipo de reuniones. A los movimientos antiglobalización que se iban formando les daba igual una cumbre de la Organización Mundial del Comercio (OMC) que del Fondo Monetario Internacional (FMI) o del Banco Mundial (BM); una cumbre del Eurogrupo (ministros de Economía de los países que tienen el euro como moneda común) o del Consejo Europeo (los jefes de Gobierno y de

Estado de la Unión Europea); tanto les importaba un club privado de singular influencia como el Foro Económico Mundial de Davos (empresarios y banqueros con sus intelectuales orgánicos), que el G7 (los mandatarios políticos de los siete países más ricos del mundo).

A ese movimiento denominado con escasos matices «antiglobalización» todas esas asambleas y convocatorias le parecían naturalmente sospechosas por «ademocráticas»: sustituían la voluntad de la mayoría de los ciudadanos en aspectos que afectaban a todo el planeta. Unos pocos se atribuían la opinión y las decisiones de todos. En la última parte del siglo XX se multiplicaban los organismos ademocráticos (contramayoritarios, los denominan otros), aquéllos que tienen mucha autonomía (y hasta independencia) de los poderes públicos y son irresponsables ante ellos. Los organismos contramayoritarios no carecen de legitimidad democrática ya que sus componentes son nombrados en última instancia por poderes democráticamente elegidos y ejercen funciones atribuidas por el legislador en el marco de la ley, pero esos miembros no están sometidos en el ejercicio de sus funciones a instrucción o directriz alguna, ni son libremente removibles por pérdida de confianza por los poderes políticos que los han designado.

Ello era consecuencia del recelo ante la esfera de lo político. El caso más citado es el de los bancos centrales, que tienen un fuerte grado de independencia de los gobiernos. Si el poder de estas instituciones ademocráticas sobre los súbditos de la globalización se vuelve absoluto (sin control real), la institución se sitúa por encima de la ley y en esa medida se diferencia y se separa de la sociedad civil, que somos todos. La multiplicación de instituciones ademocráticas procede del recelo ante la voluntad de los ciudadanos y de la necesidad de protegerse de la democracia. Ésta alimenta muchos temores en determinadas élites, como el de la presión constante de la mayoría de los ciudadanos para exigir la redistribución de la renta y la riqueza. El financiero americano de origen húngaro George Soros, uno de los que más se ha aprovechado de la globalización financiera, declaró en román paladino: «Los mercados votan cada día, obligan a los gobiernos a adoptar medidas ciertamente impopulares, pero imprescindibles. Son los mercados quienes tienen sentido de Estado».

No se debe ser adanista. El último proceso globalizador tenía características distintas a las existentes en otros tiempos, pero bastantes factores comunes. No se trataba de la primera experiencia globalizadora de la historia. Los libros están repletos de acontecimientos que remiten a hechos globalizadores. ¿Qué otra cosa fue, por ejemplo, el descubrimiento de América? En realidad, la historia de la humanidad es, con abundantes picos de sierra, la historia de la globalización, en la que los hombres se van acercando unos a otros a través de su economía, su cultura, sus costumbres, de la política incluso. Globalizaron los fenicios comerciando por el Mediterráneo, o los venecianos, o los misioneros que llegaron a Japón. Desde la última parte del siglo XIX ha habido dos oleadas globalizadoras muy intensas, quebradas por las guerras mundiales y por la Gran Depresión. La primera comenzó en la última parte del siglo XIX, coincidiendo con la Comuna de París, y acabó con la Gran Guerra en el año 1914. En casi medio siglo se avanzó mucho en la integración mundial del dinero, las mercancías y las personas.

Se aprende más de cómo fue aquella globalización leyendo a un novelista que a un ensayista. En *El mundo de ayer. Memorias de un europeo*, el austriaco Stefan Zweig describe con mucha brillantez la globalización de principios del siglo XX:

> Antes de 1914 la Tierra era de todos. Todo el mundo iba donde quería y permanecía allí todo el tiempo que quería. No existían permisos ni autorizaciones; me divierte la sorpresa de los jóvenes cada vez que les cuento que antes de 1914 viajé a la India y a América sin pasaporte y que en realidad jamás en mi vida había visto uno. La gente subía y bajaba de los trenes y de los barcos sin preguntar ni ser preguntados, no tenía que rellenar ni uno del centenar de papeles que exigen hoy en día. No exis-

tían salvoconductos ni visados ni ninguno de esos fastidios; las mismas fronteras que hoy aduaneros, policías y gendarmes han convertido en una alambrada, a causa de la desconfianza patológica de todos hacia todos, no representaban más que las líneas simbólicas que se cruzaban con la misma despreocupación que el meridiano de Greenwich. Fue después de la guerra cuando el nacionalsocialismo comenzó a trastornar el mundo y el primer fenómeno visible de esta epidemia fue la xenofobia: el odio o, por lo menos, el temor al extraño. En todas partes la gente se defendía de los extranjeros, en todas partes los excluía. Todas las humillaciones que se habían inventado antaño sólo para los criminales ahora se infligían a todos los viajeros, antes y durante el viaje: tenían que hacerse retratar de la derecha y la izquierda, de cara y de perfil, cortarse el pelo de modo que se les vieran las orejas, dejar las huellas dactilares, primero las del pulgar, luego las de todos los demás dedos; además era necesario presentar certificados de toda clase: de salud, vacunación y buena conducta, cartas de recomendación, invitaciones y direcciones de parientes, garantías morales y económicas, rellenar formularios y firmar tres o cuatro copias, y con que faltara uno de ese montón de papeles, uno estaba perdido.

Karl Marx y Friedrich Engels se equivocaron en muchas de sus profecías históricas, pero hicieron un análisis extraordinario de lo que más de siglo y medio después sería el capitalismo global. En 1848, con la publicación del *Manifiesto comunista* describieron lo que luego se denominó «globalización»:

El descubrimiento de América y la circunnavegación de África crearon un nuevo terreno para la burguesía ascendente. Los mercados de las Indias Orientales y de China, la colonización de América, el intercambio con las colonias, el incremento de los medios de cambio y de las mercancías en general procuraron al comercio, a la navegación y a la industria un auge desconocido hasta entonces, y con ello una rápida evolución del elemento revolucionario en la sociedad feudal en descomposición

> [...] La necesidad de dar cada vez mayor y más extensa salida a sus productos lanza a la burguesía de una punta a otra del planeta. Tiene que anidar por doquier, tiene que crear conexiones por doquier [...] En su dominio de clase, que apenas cuenta con un siglo de existencia, la burguesía ha creado fuerzas productivas más masivas y colosales que todas las generaciones pasadas juntas. Sometimiento de las fuerzas de la naturaleza, maquinaria, aplicación de la química a la industria y a la agricultura, navegación a vapor, ferrocarriles, telégrafos eléctricos, roturación de continentes enteros, aperturas de los ríos a la navegación, poblaciones enteras como surgidas de la tierra. ¿Qué siglo anterior pudo sospechar siquiera que tales fuerzas productivas dormitaran en el seno del trabajo social?

Las dos grandes guerras encerraron de nuevo a los países y a las personas en sí mismas. Crecieron los nacionalismos como vectores que tiraban en dirección opuesta a la mundialización. El periodo que lleva desde 1914 a finales de los años cuarenta fue un gran paréntesis entre dos oleadas de globalización. La actual comenzó en la década de los cincuenta del siglo XX y ha tenido su esplendor desde la caída del Muro de Berlín en 1989 al menos hasta ahora. Aumentaron espectacularmente los intercambios entre las naciones: bienes, servicios, movimientos de personas y de capitales se han incrementado –aunque a distinto ritmo– en términos desconocidos hasta entonces. Esta globalización tiene características distintas a las anteriores: se asienta en una revolución tecnológica (lo digital, la era de internet) y afecta, más que a cualquier otro sector, al de las finanzas. Existe una libertad absoluta del movimiento del dinero a través de las fronteras, una libertad relativa de los movimientos de bienes y servicios entre las naciones, y una libertad cada vez más restringida de los movimientos de personas.

Contra la realidad descompensada e injusta de esta globalización surgieron los movimientos críticos con ella, y las revueltas. Como en otros casos, sus protagonistas fueron fundamentalmente los jóvenes. En agosto de 2001, después de que en Génova se originase una manifestación multitudinaria de ese movimiento, que fue reprimida por las fuerzas de orden público y en la que murió el joven Carlo Giuliani (el primer mártir de los antiglobalización), el entonces primer ministro italiano Silvio Berlusconi declaró que detrás de esas revueltas estaba el comunismo. ¿Cómo era posible que resucitase la paranoia anticomunista de la derecha? Era seguro que detrás de los movimientos altermundistas había militantes y simpatizantes comunistas, pero también gente de muchas otras ideologías y sensibilidades, y con distintos objetivos. Era un movimiento transversal. Darle al comunismo el carácter dominante del movimiento era hacerle un favor, además de ser una gran mentira. Estas manifestaciones eran tan heterogéneas como la propia globalización.

El escritor liberal Mario Vargas Llosa, en un artículo titulado «¿Una nueva revolución?», reflexionaba:

> ¿Qué puede haber en común entre los ecologistas que piden políticas más radicales en la protección del medio ambiente y los iracundos del Bloque Negro que devastan los comercios e incendian automóviles? ¿Qué entre los prehistóricos estalinistas y los antediluvianos ultranacionalistas? ¿O entre las pacíficas e idealistas ONG a las que moviliza el deseo de que los países ricos condonen la deuda de los países pobres, o aumenten la ayuda para la lucha contra el sida, y los grupúsculos y bandas de extrema derecha y extrema izquierda, tipo ETA, que concurren a estas demostraciones por razones de autopromoción?

El Premio Nobel de Literatura, que no suele destacar por la complejidad de sus análisis políticos, tantas veces unidireccionales, binarios (incluso entre los antiglobalización los había buenos y malos), concluía paternalista:

> Es verdad que, en el movimiento, hay mucha generosidad e ilusión de muchachas y muchachos avergonzados de vivir en sociedades prósperas en un mundo lleno de hambrientos; pero también lo es que, entre los miles y miles de manifestantes, hay

> un buen número de frívolos hijitos de papá, aburridos de la vida, que han ido allí sólo en busca de experiencias fuertes, a practicar un inédito deporte de riesgo. Es sin duda cierto que este archipiélago de contradicciones comparte una vaga animadversión al sistema democrático al que, por ignorancia, moda, sectarismo ideológico o necedad, hace responsable de todos los males que padece la humanidad. Con este linfático sentimiento de malestar o rebeldía se pueden impulsar grandes espectáculos colectivos, pero no elaborar una propuesta seria y realista para cambiar el mundo.

Una docena de años después, Vargas Llosa repetiría este conjunto de tópicos desenfocados al analizar el fenómeno de los indignados. Siempre en defensa del *statu quo*. En el texto del escritor se unen las dos críticas fundamentales que la derecha política hizo a los altermundistas: que eran una rendición al marxismo en un momento en que éste padecía serias dificultades para sobrevivir y que no proporcionaba alternativas, sino sólo críticas a lo ya existente.

Los aparentemente globofóbicos constituían un movimiento muy joven, no sólo por la edad de sus componentes sino por el escaso tiempo de formación del mismo. Era un movimiento heterogéneo formado por organizaciones no gubernamentales, colectivos varios y ciudadanos particulares que se oponían, los más de una manera cívica y unos pocos utilizando métodos violentos, a una forma de entender la globalización como sinónimo de neoliberalismo. Esta heterogeneidad, similar a la de la mayor parte de movimientos sociales y políticos en sus albores, provocaba que algunos de los auténticos globofóbicos que había en su interior se planteasen la propia realidad de la globalización y prefirieran el autarquismo de antaño. Otros evocaban la tradicional polémica entre reforma y revolución en el seno de los grupos contestatarios Por ejemplo, uno de los líderes más «anti» de ese movimiento, el anarquista primitivista norteamericano John Zerzan, declaraba:

> Los reformistas [dentro del movimiento antiglobalización] dicen que hay cosas que no funcionan, pero nunca dicen que es el sistema el que no funciona. Yo creo que necesitamos algo más que reformas. Pero debemos poner sobre la mesa lo que pensamos y queremos. Si la reforma nos parece suficiente, vayamos a por ella. Pero asumamos que ello requiere algo más que buenos propósitos. Las buenas ideas de nada sirven sin acción. O luchas, o te callas. Ya no es tiempo de quejas [...] En un país donde el derecho al dinero y a la propiedad pasa por encima de cualquier otro derecho, [apedrear escaparates] es sólo una forma de señalar y defenderse de los que ejercen la verdadera violencia: las multinacionales y la tecnología, que degradan nuestra comida, nuestras aguas y nuestros hábitats; todos los que anteponen su avaricia sobre la vida de millones de personas en el mundo.

En general, el movimiento altermundista estuvo compuesto de forma mayoritaria por ciudadanos de los países ricos, del norte geopolítico (aunque no sólo, como se mostró en la masiva asamblea alternativa de Porto Alegre, Brasil, en enero de 2001), que defendían los derechos y las oportunidades de los países del sur y denunciaban las dos marchas a las que circulaba el mundo: mientras una pequeña parte del planeta había entrado en la «nueva economía» (aquélla que se basaba en el dominio de internet y en la sociedad del conocimiento), había otra zona inmensa que apenas se había acercado entonces a la Revolución industrial, que aún no tenía agua potable, teléfonos, infraestructuras para desarrollarse. En muchas de sus intervenciones públicas, los altermundistas recordaban a las manifestaciones, también heterogéneas, a veces incoherentes, también compulsivas, también salpicadas de antinomias entre reformistas y rupturistas, de Mayo del 68. En el artículo citado, Vargas Llosa profetiza que al movimiento altermundista, «por su naturaleza caótica, contradictoria, confusa y carente de realismo» le ocurrirá algo semejante a Mayo del 68 en Francia, con el que tiene algo de parecido:

lo que hay en él de crítica social válida y de iniciativas realizables será absorbido y canalizado, «y por lo demás, el estruendo y los estragos de las grandes gestas callejeras perderá toda actualidad y quedará sólo como un estimulante material para sociólogos e historiadores».

Ecologistas, sindicalistas, proteccionistas, izquierda alternativa, izquierda tradicional, marxistas, anarquistas, jóvenes sin apellido ideológico, ONG de muy distinta razón social, humanitaristas, nihilistas... formaban parte de ese movimiento heterogéneo que la opinión pública dominante llamó «antiglobalización» y que la mayor parte de sus componentes hubiera preferido definir como «altermundialista» o «a favor de una globalización alternativa». Al revés que en Mayo del 68, en este caso habían desaparecido del primer plano las ideologías tradicionales de la izquierda (socialistas, comunistas, anarquistas) y todos los comunismos alternativos (trotskistas, maoístas, luxemburguistas...). El Movimiento para la Justicia Global, Jubileo 2000 (que trabajaba por la condonación de la deuda externa de los países más pobres), el Foro Social Mundial, Oxfam Intermón, la Asociación por la Tasación de las Transacciones Financieras y por la Acción Ciudadana (ATTAC), personalidades individuales como el agricultor francés José Bové, el periodista Ignacio Ramonet, la ensayista Naomi Klein, los ideólogos norteamericanos Lori Wallach o Ralph Nader (candidato a la presidencia de Estados Unidos), el cantante y líder del grupo U2, Bono; el citado anarquista John Zerzan, la Premio Nobel de la Paz por coordinar la campaña internacional para la prohibición de las minas antipersona, Jody Williams; la ecologista india Vandana Shiva, escritores como José Saramago, etcétera, fueron, sin ánimo de exhaustividad, algunas de las caras públicas del altermundismo.

Estos globofóbicos gritaban cuatro *noes* que se superponían dependiendo de la coyuntura:

–«No» a las recetas del Fondo Monetario Internacional (FMI) y del Banco Mundial (BM) que perjudican a los más pobres.

–«No» a la contaminación, motivada por un modelo de desarrollo incontrolado.

–«No» al pago de la deuda externa (considerada en muchos casos como deuda odiosa e ilegítima), que impedía crecer a los países afectados por los créditos.

–«No» a la opacidad y falta de transparencia de los organismos multilaterales como, por ejemplo, la Organización Mundial del Comercio (OMC).

Entre las demandas positivas del movimiento estaba la condonación de la deuda externa de los países menos avanzados, la regulación de los flujos de capitales, el derecho a la salud de los pueblos frente a los gigantescos beneficios de las multinacionales farmacéuticas; una renta básica de ciudadanía a la cual tendrían derecho todas las personas por el mero hecho de existir, no para existir; la internacionalización de la justicia, de tal manera que fuese imposible la impunidad de las dictaduras y tipificase los delitos económicos que están detrás de la mayoría de las guerras, la existencia de los paraísos fiscales... Todo ello se reunía en un gran eslogan: «¡Vivimos en una sociedad, no en una economía!».

Tan numerosos y tan diferentes actores tenían que llevar irremediablemente a múltiples contradicciones y, en ocasiones, a la inoperancia. Uno de los terrenos en el que hubo más controversia fue en el de los métodos de lucha contra las multinacionales y los organismos multilaterales que las amparaban en sus intereses. Había quienes, en el campo del altermundismo, consideraban justa y conveniente la utilización de la violencia reactiva, la autodefensa o incluso la lucha armada como estrategia. Por ideología (la idea de que la violencia es la partera de la historia y de las revoluciones: no hay cambios *reales* si éstos no son violentos; si son pacíficos, son cambios *formales*) o como respuesta a la reacción de la Policía en las concentraciones de miles de personas gritando contra la globalización, bajo la consigna de «¡Otro mundo es posible!». Eran los teóricos de la violencia estructural del sistema, a la que sólo cabía oponerse con otra violencia reactiva, en la que la correlación de fuerzas a favor del primero no fuese tan grande que condujese a irremediables derrotas.

Además, había otro círculo vicioso que vinculaba espuriamente a los violentos y a los medios de comunicación (todavía no funcionaban las redes sociales que han multiplicado por millones ese vínculo): «Como sólo nos hacéis caso cuanto mayores son las algaradas», decían los primeros a los últimos, «hay que multiplicarlas para que el mundo sepa que ha nacido un nuevo movimiento, que va adquiriendo fuerza y que no se rendirá. Cuando hemos ido con nuestros estudios y nuestras propuestas a las puertas de los parlamentos y de las sedes de los partidos políticos, nos han despreciado, ni siquiera nos han recibido o las han archivado a beneficio de inventario».

Sin embargo, la parte mayoritaria del movimiento altermundista estaba convencida de que identificarlo con la violencia era una forma de acabar con él o de convertirlo en un experimento minoritario, de vanguardias, lo que no estaba entre sus fines. Los globofóbicos consiguieron en un corto periodo de tiempo generar la simpatía de mucha gente e introducir en la agenda política de los que mandaban y de los que influían –aunque en muchas ocasiones sólo de modo retórico– los problemas reales de la globalización: su parcialidad, el desarrollo insostenible, la desigualdad, la pobreza, el paro, la brecha digital, la exclusión, su falta de gobernanza, etcétera. Si la violencia se ponía por delante del debate público, en vez de tratar de polemizar con los jefes de Gobierno, con los ministros de Economía o de Asuntos Exteriores, con los directivos del FMI, BM, OMC, con los empresarios de las multinacionales o con los banqueros, el protagonismo lo adquirirían los guardias de la porra.

Susan George, una de las líderes intelectuales del movimiento (autora entre otros muchos libros de un *best-seller* en el seno del mismo, titulado *El informe Lugano*, cuyo argumento se resume en que parte de la élite capitalista encarga a un grupo de sabios un estudio cuyo contenido debía servir a los primeros para seguir mandando), elaboró cinco argumentos en contra de la violencia:

–Hace inevitablemente el juego al adversario, incluso cuando la Policía es responsable del inicio de las hostilidades. Los políticos y los medios de comunicación no hablan entonces más que de la violencia. Las ideas, las razones y las propuestas quedan escondidas.

–Cualquiera que piense que rompiendo escaparates, haciendo estallar cócteles molotov y atacando a la Policía «amenaza al capitalismo» no tiene pensamiento político. Es un necio.

–No se puede construir un movimiento amplio y popular sobre la base de la violencia. La gente no irá a las manifestaciones ni a los seminarios de estudio sobre la globalización si teme ser golpeada.

–No es nada democrático. Hay grupos que no están nunca en los trabajos preparatorios, que no hacen nada en la política de cada día, pero que aparecen en las manifestaciones como flores venenosas para romper cualquier acuerdo que haya sido negociado por los demás.

–Dentro de los globofóbicos se insulta a los que rechazan y condenan la violencia, tratándolos de reformistas; pero no es nada revolucionario dividir al movimiento social y rechazar aliados potenciales, no es nada revolucionario generar las simpatías de la población hacia los adversarios, hacia los que aparecen como mantenedores del orden. No es nada revolucionario, a la luz de la historia, oponerse a medidas de mejora parciales, esperando el gran día –que nunca llega– del asalto al Palacio de Invierno.

No es cierto que el movimiento altermundista careciera de alternativas y tan sólo criticase lo instituido. Al menos dos de ellas están, tres lustros después, en el corazón del debate político mundial: la tasa Tobin y la renta básica de ciudadanía. En aquel momento, la bisectriz de dos siglos, todos los días del año se cambiaban dos billones de dólares como media en los mercados de divisas. Había –y hay– escasísimas regulaciones en el mundo para los capitales que entran y salen de los países sistemáticamente, cambiando la vida (a veces para bien, otras para mal) de sus habitantes sin que éstos puedan intervenir en esos cambios. La tasa Tobin es una forma de regular la independencia del dinero respecto a cualquier circunstancia. Una forma humilde, nada revolucionaria ni violenta, aunque las formidables resistencias de los *lobbies* financieros a la misma la hagan parecer como tal. La tasa Tobin sería algo parecido a un impuesto nuevo y universal que se habría de crear con el objeto de gravar las operaciones de dinero en los mercados de cambio. Con dos fines: hacerlos un poco menos volátiles y más previsibles, y sobre todo obtener recursos económicos para la comunidad internacional que sufre con esos movimientos y aplicarlos para mejorar las condiciones de vida de los ciudadanos (o más recientemente, para financiar la lucha contra el cambio climático).

Este impuesto toma su nombre de James Tobin, un Premio Nobel de Economía de matriz keynesiana que en el año 1978 propuso gravar los beneficios logrados con los movimientos de dinero en los mercados de cambio. Tobin pensaba en un impuesto muy pequeño, entre el 0,01% y el 0,025% del capital invertido, y no pasó de ser un ejercicio teórico. Dos décadas después, cuando nadie se acordaba de ella, la tasa Tobin fue desempolvada; a finales de la década de los noventa, una violenta crisis financiera arrasó las economías de dos zonas emergentes tan importantes como el sureste asiático y América Latina. En su curso, las monedas de diversos países asiáticos y latinoamericanos se depreciaron, vencidas por la especulación. Cuando Tobin planteó su famoso impuesto, a finales de la década de los setenta, las condiciones eran muy distintas y el economista trataba de dar respuesta a los problemas de aquella década: crisis del petróleo, caída del valor del dólar, etcétera. La lógica del impuesto ideado por Tobin era la siguiente: la expansión de los movimientos del dinero hace que los tipos de cambio de las monedas varíen mucho, por lo que gravando estos movimientos con un impuesto se reduciría la inestabilidad, limitando al mismo tiempo las actividades de los especuladores. En definitiva, pretendía «echar un poco de arena en los engranajes bien aceitados de la especulación financiera».

En efecto, Tobin intentaba reducir la especulación. Pero los antiglobalización buscaban otra finalidad con la tasa Tobin: recaudar fondos que condujesen a limitar los problemas de pobreza en el mundo. Cuando comenzó la Gran Recesión, en el año 2007, unos y otros volvieron a acordarse de esa tasa, aunque una década después todavía no se ha aprobado (demasiadas resistencias del poderoso sector financiero mundial...). Al final de la década de los noventa, un Tobin ya octogenario, testigo de aquella crisis financiera, concedió una entrevista al diario francés *Le Monde* en la que todavía se mostraba partidario, en una coyuntura intensa de globalización financiera, de aplicar el impuesto que llevaba su nombre: cada país aplicaría el impuesto sobre las dos transacciones efectuadas en su territorio (de ida en una moneda y de vuelta en otra) que sería percibido por sus autoridades tributarias. Quienes deseasen efectuar un número apreciable de transacciones de cambio todos los días, o todas las semanas, deberían abonar el impuesto muchas veces. Por consiguiente, su mera existencia los disuadiría. Pero el sabio Tobin era realista sobre las posibilidades de aplicación: creía que la comunidad financiera boicotearía la idea: «A la gente no le gusta pagar impuestos. Piensa que se trata de una interferencia en las leyes de los mercados». Así estamos hoy. La idea de Tobin llegó al movimiento antiglobalización, que la actualizó y logró que fuese discutida en el seno del sistema. Algún día la veremos instalada.

También lo hizo la renta básica de ciudadanía (RBC), que está en discusión en todas partes debido a situaciones como la de que, a nivel mundial, se empieza a destruir más empleo del que se crea debido a la revolución tecnológica y a la acelerada robotización, que sustituyen miles de puestos de trabajo, no sólo manuales sino intelectuales. ¿De qué van a vivir los desempleados si, además, no pueden cotizar los años suficientes a la Seguridad Social para cobrar sus pensiones públicas? La RBC es definida por sus defensores como una especie de derecho previo a cualquier otro de tipo material. Aunque existen diversas variantes de RBC (subsidio universal garantizado, renta mínima de supervivencia, dividendo social, ingreso garantizado, paga escoba...), no son lo mismo. La RBC es, en esencia, un ingreso pagado por el Estado a cada ciudadano de una sociedad, por el mero hecho de serlo, con las siguientes características: se cobra incluso si el ciudadano no quiere trabajar, sin tener en cuenta si es rico o pobre, sin importar con quién vive o a quién sustenta, con independencia de la parte del país en la que viva. Es un ingreso incondicional, algo con lo que cualquiera puede contar con toda seguridad a pesar de su modestia, lo que le proporciona un cierto fundamento material en el que puede descansar su vida, y al que se pueden añadir –más a más– otros ingresos procedentes del trabajo o del ahorro, del mercado o del propio Estado.

La RBC es tratada como un derecho ciudadano, no como resultado de la beneficencia, de la caridad o de la solidaridad. Es individual, no familiar, universal, otorgada en tanto que ciudadano y no como trabajador real o potencial. No depende de otros posibles ingresos, evitando así la «trampa de la pobreza» que penaliza la aceptación de cualquier actividad remunerada con la pérdida de la prestación. Es, pues, distinta en su naturaleza de los óbolos que se conceden a los pobres de solemnidad o a los parados de larga duración que no encuentran un puesto de trabajo y que han dejado de cobrar el seguro de desempleo. Su práctica supondría, según sus defensores, una independencia económica mayor para los ciudadanos desfavorecidos. Su filosofía es eliminar esa especie de «economía del *apartheid*», que se extiende por el mundo conforme lo hacen el paro o sus principales manifestaciones, la pobreza o la exclusión. Ignacio Ramonet ha escrito que «su instauración se basa en la idea de que la capacidad productiva de una sociedad es el resultado de todo el saber científico y técnico acumulado por las generaciones anteriores [...]. Los frutos de ese patrimonio común han de revertir en el conjunto de individuos bajo la fórmula de una renta básica incondicional». Y el filósofo Fernando Savater indicaba que «la posibilidad de una RBC entendida como un derecho social para todos, y no como mero subsidio ante la adversidad, es uno de los ideales que pueden movilizar en los próximos años tanto las conciencias éticas como los proyectos políticos».

Uno de los economistas que más han apostado por la RBC es el profesor de la Universidad de Barcelona Daniel Raventós. Éste resume los problemas que, en opinión de los defensores de la RBC, se solucionarían con su implantación:

–1) Evitaría a las personas tener que elegir entre una renta y un empleo. Al encontrar un trabajo, cada persona obtendría beneficios desde el primer euro de su salario, en vez de ver, como ocurre hoy, cómo desaparece su subsidio. Éste perdería su carácter socialmente estigmatizador, ya que dejaría de estar sometido a cualquier tipo de condición (número de miembros de la familia, edad, recursos, búsqueda de empleo o de formación, etcétera).

–2) Al convertirse en una renta garantizada permitiría que todo del mundo pudiera contar con una cantidad regular de dinero, aunque fuera modesta, y por tanto hacer proyectos, tener una mayor movilidad y, eventualmente, reunir un capital.

–3) Por último, la simplificación administrativa sería notable, tanto por la ampliación de los derechos como del control. Éste es un aspecto nada despreciable, no sólo por el bienestar de los beneficiarios –la complicación del sistema ha creado una especie de «carrera de asistido social» que resulta ser su verdadero trabajo–, sino también en materia de costes.

No todos los expertos altermundistas estuvieron a favor de una idea-fuerza como la RBC. O por principio (el yerno de Marx, Paul Lafargue, que teorizó sobre el derecho a la pereza, estaría muy satisfecho con ella) o instrumentalmente (las dificultades de aplicarla en un solo país, por los movimientos migratorios que generaría). También fuera del movimiento altermundista, incluso entre los sindicatos de clase, hay quienes rebaten los efectos positivos para el conjunto de la sociedad de una RBC. Para que esta fórmula se instalase entre nosotros habría que combatir dos premisas previas. La primera, un prejuicio: el de que quien no trabaje no coma, lo cual supone negar la condición universal de que todo trabajo debe ser remunerado. La segunda, la viabilidad económica; ello depende de la cantidad que haya que pagar a cada ciudadano y de los recursos disponibles. La RBC está pensada tanto para los países ricos como para los pobres, por lo que sería diferente en unos y otros. Los recursos no surgen de la nada. Habrían de salir de un incremento de los ingresos, de la redistribución del gasto público o de una combinación de ambos factores. Entre los altermundistas también hubo quienes vincularon la tasa Tobin con la RBC: utilizar el dinero obtenido por el impuesto a la movilidad de capitales especulativos para dotar de fondos a la renta básica de ciudadanía.

SEATTLE, EL DESPERTAR

Si la metonimia de Mayo del 68 fue París, Seattle (Estados Unidos) lo fue para el movimiento antiglobalización. En esta ciudad obtuvo su mayor éxito y su mayor visibilidad: a finales de 1999, decenas de miles de manifestantes lograron colapsar la asamblea de la Organización Mundial del Comercio (OMC) y dar a conocer al mundo entero sus reivindicaciones. Simpatizantes de muy variados perfiles, la mayoría jóvenes, a los que se unieron sindicalistas y miembros de diversas organizaciones medioambientales, gente de muchas partes del mundo acudió masivamente al extremo noroeste de Estados Unidos a poner en cuestión la opacidad de la organización multilateral más reciente, la OMC.

En su libro-reportaje titulado *Jaque a la globalización*, la periodista Pepa Roma pone en boca de un activista las siguientes palabras: «Si quisieron llevar la reunión de la OMC al lugar más apartado y tranquilo de Estados Unidos, se equivocaron. No tuvieron en cuenta que Seattle está en el estado vecino a Oregón, el más progresista y combativo de toda Norteamérica». Oregón fue el primer estado que despenalizó el consumo de marihuana, el primero que legalizó la eutanasia activa por referéndum en 1977, el primero en el reciclaje de envases, etcétera. Vecino de California, su conciencia ciudadana debía mucho a las comunidades hippies que se asentaron allí tras la diáspora de los que habían participado en la contracultura de San Francisco, a finales de los sesenta y principios de los setenta del siglo pasado. Los profesores que empezaban a encontrarse incómodos en un Berkeley que perdía sentido crítico después de ser uno de los centros de las protestas sesentayochistas se desplazaron a la Universidad de Oregón, en la ciudad de Eugene, más abierta y popular, con las obras de Karl Marx, Antonio Gramsci, Herbert Marcuse, Mao Zedong y Georg Lukács debajo del brazo; y tras ellos, muchos estudiantes extranjeros que descubrieron que la Universidad de Oregon era más activa y más barata.

Los manifestantes de final de siglo se coordinaron de manera horizontal y descentralizada, aprovechando la existencia de un internet todavía en su adolescencia pero muy efectivo para estos menesteres organizativos y convocantes. Tenían claro quiénes eran sus enemigos: la mercantilización de la sociedad, las multinacionales que la imponen, los organismos multinacionales que son los palafreneros de los anteriores, etcétera. Se beneficiaban de la globalización como consumidores, pero entendían que perdían posibilidades de participación como ciudadanos. Y, plenamente conscientes, se sentían antes ciudadanos que consumidores. Estaban contra los acuerdos comerciales que se iban firmando, a veces casi clandestinamente, porque entendían que los principales beneficiarios de los mismos eran las empresas multinacionales y no la gente. La mayor parte de esos acuerdos acusaban una casi total falta de transparencia, que impedía la posibilidad de un debate público. Sólo cuando daban lugar a una tensión entre las partes se descubría lo que había en su interior.

El ejemplo de ello fue un acuerdo que el último año del siglo pasado se presentaba como imprescindible para la mejora de las vidas de los ciudadanos y que, tras Seattle, desapareció del mapa y nunca se ha vuelto a hablar de él: el Acuerdo Multilateral sobre Inversiones (AMI). Su contenido apenas se conocía, sólo las declaraciones de algunos empresarios multinacionales y de los altos funcionarios de la OMC y de la Organización para la Cooperación y el Desarrollo Económicos (OCDE) apreciaban su bondad: enriquecería la vida cotidiana. No se habían concitado debates oficiales sobre el AMI. No existían explicaciones sobre sus artículos y cláusulas. Apenas se había desarrollado en los medios de comunicación salvo en los muy especializados en economía, casi siempre a su favor, o en los muy militantes, en su contra. Y sin embargo se estaba negociando desde 1995: cuatro largos años en la clandestinidad. No se había dado apenas publicidad al hecho de que el Parlamento Europeo lo hubiese rechazado, pedido a los parlamentos nacionales que no lo aprobasen en su actual redacción y denunciado por la forma secreta en la que se habían llevado a cabo las negociaciones. El entonces director general de la OMC, Renato Ruggiero, lo había definido como «la Constitución de una economía mundial unificada», y un líder socialista francés, por el contrario, como «una forma de sóviet económico mundial animado por los dirigentes de los grandes grupos multinacionales y excluido del control de las naciones». Además de la intriga, la sospecha sobre sus intenciones.

El AMI era un proyecto de acuerdo, negociado en el seno de la OCDE, que buscaba la apertura total de los mercados para las inversiones de los países de la organización, con igualdad de trato entre nacionales y extranjeros. Una especie de liberalización uniforme de todo tipo de inversiones, como la que ya existía en el seno de la OMC para los bienes y los servicios. En resumen, el AMI prohibía que los gobiernos restringiesen, condicionasen o discriminasen a los inversores internacionales; es decir, que ejerciesen control alguno sobre las inversiones que llegaban a un país. Por ejemplo, un Gobierno ya no podría poner como requisito para instalarse en su territorio la obligación de crear un determinado número de puestos de trabajo; tampoco habría limitaciones para los extranjeros a la compra de empresas públicas en proceso de privatización, aunque éstas tuviesen carácter estratégico; no sería posible la discriminación positiva hacia los inversores nacionales. El AMI facilitaba a las empresas acudir a los tribunales internacionales para demandar al Gobierno que hubiese incumplido estas normas y pedir indemnizaciones por los daños reales o los beneficios potenciales no obtenidos (el lucro cesante). Dejaba caduca por la puerta de atrás, por tanto, la Carta de los Derechos y Deberes Económicos de los Estados de la Organización de las Naciones Unidas (ONU), que indica que «cada nación tiene el derecho inalienable de regular las inversiones extranjeras y ejercer su control sobre esas inversiones».

Durante muchos meses, las escasas reacciones al AMI fueron de dos tipos: las de los que, rotundos, afirmaban que se trataba de un golpe de Estado de las multinacionales, que instauraban un paraíso para ellas en el que el voto ciudadano sería irrelevante; y las de los que, como mal menor, buscaban excepciones al acuerdo. Éstas últimas tenían como protagonistas a algunos países europeos y a Canadá, que entendían que el AMI conducía a liberalizaciones uniformes en sectores tan sensibles como el audiovisual y la propiedad intelectual, símbolos de la diversidad y de las tradiciones culturales; el AMI sería un intento más de acabar con la excepción cultural europea. Los críticos también se rebelaban ante la posibilidad de que su aplicación conllevase la reducción irremediable del Estado del Bienestar y de la protección al medio ambiente (nivelación a la baja). Pero hacían también otra enmienda a la totalidad: que una revolución como la que suponía el AMI hubiese merecido un debate público amplio, no una aprobación vergonzante y semisecreta.

La manifestación antiglobalización de Seattle acabó con el AMI para siempre.

Seattle no fue el principio de nada, pero allí confluyó todo. Antes de Seattle había habido otras muchas manifestaciones de protesta, pero habían pasado más o menos desapercibidas. En Seattle –y luego en Praga y en Génova– se identificó con precisión al oponente del movimiento altermundista en forma de «gobierno económico mundial de las multinacionales, del que la OMC, el FMI, el BM, la Casa Blanca y sus socios en los países ricos eran los primeros agentes o pilares». La conferencia ministerial de la OMC en Seattle fue un fracaso gracias, en buena parte, a la organización y a la práctica política de los activistas, que pusieron encima de la mesa un relato globalizador alternativo al oficial.

La OMC tenía como principal objetivo en Seattle, más allá del AMI, abrir una nueva ronda de negociación para la liberalización del comercio mundial. En sí mismo era un principio loable, ya que desde la posguerra el comercio había multiplicado 14 veces su valor mientras que la economía se había expandido sólo por seis. La ronda que se abrió, denominada Ronda del Milenio, era la novena y trataría de dar continuidad a la labor del Acuerdo General sobre Aranceles Aduaneros y Comercio (GATT), antecedente de la OMC. El GATT se negoció en Ginebra en el año 1947 y se puso en marcha inmediatamente después, incorporando los principios comerciales clave: la no discriminación en el comercio, la reducción negociada de los aranceles y la disminución gradual de otras barreras comerciales. En el seno del GATT se celebraron algunas de las rondas negociadoras más conocidas, como la Ronda Dillon, la Ronda Kennedy, la Ronda Tokio o la Ronda Uruguay, que había sido la última y que duró siete años y medio. En 1995, el GATT, un acuerdo como su nombre indica, fue sustituido por la OMC, una institución con reglas de funcionamiento, que dictaba sentencias en caso de litigio entre países.

Para desesperación de los fundamentalistas del libre comercio, la reunión de Seattle no pasó a la historia por sus contenidos sino por la trascendental victoria de los altermundistas, que causó conmoción. David había ganado a Goliat. Su fracaso también reflejaba las disensiones a todas las bandas entre los países pertenecientes a la OMC, organizados por zonas de intereses. La contradicción más peregrina es la que se dio entre la Unión Europea (UE) y su órgano de representación, la Comisión Europea, al ceder el comisario europeo de Comercio, Pascal Lamy, a discutir en el seno de la organización sobre los alimentos transgénicos, postura que abanderaba Estados Unidos y que los miembros de la UE (entonces 15 países) no querían introducir en aquel escenario.

Seattle ha pasado a la historia porque la presencia de decenas de miles de manifestantes representantes de las ONG más heterogéneas y provenientes de todas partes del mundo permitió levantar, aunque fuese de modo coyuntural, el velo del oscurantismo sobre la OMC. Mientras que para unos Seattle era la representación de los poderosos frente a las víctimas de la globalización, que se habían sublevado, para los defensores del libre comercio las ONG que allí hicieron acto de presencia y se manifestaron no se representaban más que a sí mismas, eran rebeldes sin causa (el libre comercio siempre era bueno) y en diversos momentos se comportaron como hordas violentas. «Se ha transformado la red internacional de ONG en una egoísta camarilla de elitistas. Como las burocracias en todas partes, una notoria embajada de excéntricos caracteriza el trabajo de muchas ONG», escribía una publicación internacional no muy progresista.

La presencia de los altermundistas en Seattle y su descontento pusieron de relieve ante la opinión pública mundial la necesidad de que las reglas que se pactasen, también para el comercio, fuesen transparentes y no se aprobasen en perjuicio del más débil en una negociación oscura. La credibilidad del árbitro de estas reglas, la OMC, fue cuestionada. De los 135 países que componían la organización, más de tres cuartas partes eran países en vías de desarrollo, y la mayor parte de ellos fueron excluidos de la selectiva ronda de consultas previas en Ginebra. No fue sólo el presidente Bill

Clinton el que, con mucho oportunismo, se dio cuenta de lo que estaba sucediendo. En su intervención, el entonces vicepresidente del Gobierno español, Rodrigo Rato, reafirmó «la necesidad de que la sociedad perciba con claridad los mecanismos de actuación de la OMC como institución básica de defensa de los principios del libre comercio [...] Constituye una obligación explicar cuáles son los mecanismos, medios y capacidades de la OMC y cuáles son sus límites para no generar expectativas inadecuadas».

El fracaso de Seattle también sirvió de excusa para los neoliberales: era un argumento más para acabar con la OMC (eliminar al árbitro) y dejar que las leyes que rigiesen fuesen las del mercado. *Laissez faire, laissez passer.* Y había otro grupo, muy cercano al anterior, que habiendo pretendido que pasasen como comerciales (como económicos) aspectos de la vida pública que en primera instancia no lo son (la sanidad, la educación...) se opondrían a que la OMC se reformase porque, en ese ambiente, supondría politizarla.

Casi veinte años después de Seattle, la OMC sigue siendo una organización casi clandestina, de la que apenas se sabe cuándo se reúne, quién la dirige y qué temas está desarrollando. En estos aspectos está por debajo de las cuotas de transparencia de, por ejemplo, el FMI o el BM, cuyas asambleas generales son cubiertas por los medios de comunicación de todas partes. La presencia en la Casa Blanca de Donald Trump, un conocido proteccionista, no ayuda a situarla en la primera fila de la atención pública.

Esta oleada juvenil de resistencia tuvo su eclosión cuatro años después, con las masivas manifestaciones en el mundo contra la guerra de Irak, en las que participaron ciudadanos de todas las edades y todas las condiciones sociales. Tras Seattle, ciudades como Praga, Washington, Londres, Davos, Goteburgo, Génova o Barcelona fueron escenarios en los que estuvieron presentes los protestatarios altermundistas. El ministro de Asuntos Exteriores de la todopoderosa Alemania, Joschka Fischer, del partido de Los Verdes y antiguo *soixante-huitard*, declaró antes de la manifestación genovesa: «Si hubiera tenido veinte años, yo también hubiera ido a Génova». Como sucedió con muchos de los lemas y de los asuntos de Mayo del 68, la necesidad de una globalización alternativa, de una globalización gobernada, de una globalización equilibrada, pasó a formar parte de la cultura general y hasta de la civilización. Hoy nadie duda de que a la globalización hay que ponerle semáforos, para que se pueda pasar cuando estén en verde, dudemos cuando el color sea el ámbar y nos detengamos decididamente cuando se encienda el rojo. La gobernanza de la globalización fue defendida, por ejemplo, por el francés Jacques Delors, presidente de la Comisión Europea en la década incluida entre los años 1985 y 1995. Muchas otras personas, organizaciones no gubernamentales e instituciones se adhirieron posteriormente a la idea de Delors, que fue pionera. Partía ésta del hecho de que si las finanzas y los discursos (como el del «Consenso de Washington», una visión liberal de la política económica) se habían mundializado, sus modos de regulación y de control político por los ciudadanos no lo habían hecho. No había una verdadera coordinación de las políticas generales, ni de las políticas económicas, ni de las políticas sociales. Funcionaba un capitalismo mundial, un discurso económico mundial, pero no una administración de todos, para todos. Delors propuso la creación de una especie de Consejo de Seguridad Económica, en el seno de la ONU, cuyo objetivo sería tan ambicioso como asegurar la paz y la estabilidad de la política y de la economía del planeta. Una vez aceptada la irreversibilidad de la globalización, se trataba de globalizar el progreso. Sabiendo que si este desenlace no se consigue el futuro puede ser un horizonte de barbarie y de dominación. Delors declaró que era necesario ese tipo de consejo, que «establezca las bases del sistema económico de la era de la globalización, para el que todavía no se ha encontrado una solución satisfactoria». Este Consejo de Seguridad Económica debería tener funciones análogas a las del Consejo de Seguridad de las Naciones Unidas (que regula los conflictos bélicos del planeta), con el fin de ayudar a democratizar el funcionamiento de la economía y de la política mundiales. En él estarían representadas todas las zonas del planeta; no podría ser una especie de G7 ampliado, porque no lo toleraría el resto de los países del mundo y no funcionaría.

En el año 2002, unos editores tuvieron la buena idea de juntar a la intelectual crítica Susan George, ya citada, y al periodista de referencia del *Financial Times*, Martin Wolf, para que polemizasen entre sí sobre «la globalización liberal». Esa discusión fue editada en forma de libro. Sus conclusiones resumen bastante bien dos posturas que sigue habiendo sobre el proceso globalizador abierto por el hombre:

> –*Susan George*: En vista de que las posiciones se endurecen y de que los gobiernos que yo considero irresponsables no comprenden la necesidad de un gravamen internacional [la tasa Tobin] y de un proceso de redistribución, hay que empujarles un poco. Soy, sin embargo, optimista ante la rápida implantación y la estructuración de este movimiento, que aproxima a gente tan variada como los sindicalistas coreanos, la del movimiento de los sin tierra en Brasil, a los movimientos feministas y ecologistas. Vemos trabajar juntas a toda clase de personas que no se conocían hace cinco años. Mi temor, no obstante, es que los gobiernos, ya sean de derechas o de izquierdas, permanezcan totalmente inertes y completamente cómplices de un proceso que ha favorecido a los mercados financieros y a las empresas trasnacionales en detrimento de cualquier otra forma de actividad humana. Los miembros del movimiento no poseemos una capacidad ilimitada de cambiar todo esto; somos todos voluntarios y en raras ocasiones cobramos nuestra aportación [...] La cuestión política fundamental cambia; durante siglos se fundaba en la jerarquía: el lugar que uno ocupaba en la escala social, a quién podía impartir órdenes, de quién podía recibirlas. Tras la Segunda Guerra Mundial, la cuestión fundamental ha pasado a ser la del reparto del pastel: quién iba a llevarse qué parte de ese pastel en expansión constante. Hoy en día, la pregunta mundial es más bien la siguiente: quién tiene

derecho a sobrevivir y quién no. Corremos el riesgo de responder a ella de la manera más aterradora si no emprendemos cambios políticos radicales, si no se recuerda enérgicamente que la gente y sus necesidades esenciales son infinitamente más importantes que la acumulación de bienes y los beneficios de algunos privilegiados.
–*Martin Wolf*: Vivimos en un mundo que tiene, sin lugar a dudas, problemas muy graves. Pero se han producido mejoras extraordinarias si se considera un periodo de tiempo bastante largo: es evidente que en el norte, por ejemplo, el nivel de vida es infinitamente superior al que era hace cincuenta, cien o doscientos años; pero que en el sur también ha aumentado, con una esperanza de vida que casi se ha duplicado en el curso de las dos últimas generaciones. Las pruebas de que disponemos muestran que, por término medio, todo el mundo parece beneficiarse poco o mucho de este proceso de crecimiento. Pero la integración económica internacional sigue siendo un instrumento importante de dicho desarrollo. El poder político de las multinacionales existe, es algo innegable, pero se exagera mucho con excesiva frecuencia. Los estados las han invitado a instalarse en sus países porque esas multinacionales proporcionan cosas de valor en materia de bienes y de servicios, de conocimientos técnicos, de tecnología y de formación. Nunca antes, en la historia de la humanidad, tantos países y un porcentaje tan alto de la población mundial han sido dirigidos por gobiernos democráticos. La economía de mercado y la democracia van cogidas de la mano. No es, por tanto, fortuito que la era de la liberalización haya sido también la de la democracia.

Ése era el estado de la cuestión entonces. Pero de nuevo llegaron los *neocons* al poder y cambiaron las reglas del juego con el objetivo de desequilibrar la balanza y situar el mayor peso en el lugar opuesto al de los movimientos antiglobalización, y que éstos quedasen suspendidos en el aire.

6

Segunda fase de la Revolución conservadora: la restauración

LA CONTRARREVOLUCIÓN PERMANENTE

Los años ochenta del siglo pasado fueron testigos de una formidable avalancha ideológica contrarrevolucionaria. Ya lo hemos visto: en 1979 Margaret Thatcher y en 1980 Ronald Reagan confluyeron en el poder con una ideología muy semejante. Y con ellos sus intereses, sus equipos, sus ideólogos..., toda una forma de pensar y hacer política que llegaba con voluntad de permanecer, con continuidad, no simplemente para instalarse en el poder durante los mandatos legislativos que les correspondiesen, y luego vuelta a empezar. La Revolución conservadora no quería marchas atrás sino instalarse en el largo plazo y, si era posible, para siempre.

Esa Revolución conservadora era un revulsivo para volver a un capitalismo del *laissez-faire* con los menos frenos posibles. Sus ideólogos (economistas, politólogos, filósofos y sociólogos) entendían que el capitalismo de bienestar, hegemónico en el mundo occidental desde el final de la Segunda Guerra Mundial, había sido demasiado redistributivo a través de los impuestos y del sistema de protección social y, como consecuencia de ello, se había convertido en ineficaz y no daba respuesta a los problemas nuevos que surgían por doquier. Se había constituido en una rémora para el crecimiento y para la acumulación de beneficios; en definitiva, en una perversión del auténtico capitalismo. El contraataque de los conservadores –bautizados inmediatamente por sus oponentes como neoliberales– tenía dos etapas: la primera, reducir la presencia del Estado en la economía, cambiando el *welfare* universal por la compasión hacia los más desfavorecidos, y liquidar el sector empresarial público a través de las privatizaciones, de forma que la mayor parte de los ciudadanos se convirtiesen en propietarios (de viviendas, de acciones, etcétera); esto es, sustituir el capitalismo de bienestar por el capitalismo popular. La segunda etapa se concentraría en recuperar los valores del capitalismo más tradicional, sepultando las veleidades progresistas que tanto daño habían hecho desde 1968.

Con la llegada sorpresiva a la Casa Blanca en 1993 de un presidente de gran carisma, el demócrata Bill Clinton (su antecesor, George H. W. Bush estuvo sólo una legislatura), muchos de los intelectuales y tecnócratas conservadores que habían acompañado a Richard Nixon, Ronald Reagan o Bush I en sus administraciones tuvieron que retirarse a sus cuarteles de invierno en la empresa privada, la universidad o en los laboratorios de ideas que ellos habían contribuido a fundar. Se consideraba una retirada excepcional, por poco tiempo. En noviembre de 1994 el Partido Republicano (el *Great Old Party*) obtuvo la mayoría tanto en la Cámara de Representantes como en el Senado. Disponiendo del poder legislativo comenzó su reconquista del poder ejecutivo, que habían perdido contra todo pronóstico al contar más para los ciudadanos la recesión que vivió el país («¡Es la economía, estúpido!») que la triunfal primera guerra del Golfo, con su comandante en jefe, el republicano Bush I. Desde hacía cuarenta años no se producía tal doble mayoría en las dos cámaras del Congreso. Uno de sus artífices fue un personaje llamado Newt Gingrich, representante de Georgia, que a partir de entonces se convertiría en presidente de la Cámara de Representantes. Es interesante la influencia de Gingrich, otro antiintelectual, muchas veces más cercano a las paparruchas y a los buhoneros de las ideas que a la alta política o a la alta intelectualidad. Él mismo se definía del siguiente modo:

> Se ha intentado encasillarme, pero resulta bastante difícil porque yo no encajo bien en las casillas. La mejor descripción que

> se ha hecho de mí es que soy un conservador futurista. Desde hace mucho tiempo soy amigo de Alvin y Heidi Toffler, autores de *El shock del futuro* y *La tercera ola*. Creo que es útil pensar en el siglo XXI. Por otra parte, creo que la doctrina concreta más poderosa para el liderazgo de los seres humanos y para su oportunidad de perseguir la felicidad son *El Federalista* de Alexander Hamilton, James Madison y John Jay, *La democracia en América* de Alexis de Tocqueville, la *Declaración de Independencia* y la *Constitución*. Recomiendo también a todos los congresistas que se compren *El ejecutivo eficaz* de Peter Drucker, estudien los conceptos de calidad de William Edwards Deming y echen un vistazo a los trabajos que Alvin Toffler ha hecho para la nueva Fundación Progreso y Libertad. Sugiero también que se sumerjan en los Padres Fundadores...

En febrero de 1994 nació, por iniciativa de Gingrich, uno de los documentos centrales de los conservadores americanos, el «Contrato con América». Un fin de semana nevado, de la reunión de un grupo de los republicanos más conservadores en la Casa de los Republicanos de Salisbury (Maryland) salió una directriz: asegurar que los ciudadanos pudiesen entender con claridad lo que el Partido Republicano apoyaba y se proponía si alguna vez tenía la oportunidad de controlar de nuevo el proceso legislativo federal. Incluía cinco principios:

–Libertad individual
–Oportunidades económicas
–Gobierno limitado
–Responsabilidad personal
–Seguridad dentro y fuera del hogar

El «Contrato con América» se hizo público el 27 de septiembre de 1994 y fue firmado por 367 candidatos a las cámaras legislativas. El 4 de enero de 1995, cuando el 104 Congreso de los Estados Unidos hizo el juramento de apoyo y defensa de la Constitución, la nueva mayoría republicana comenzó a poner en marcha el contrato «signado y sellado con el pueblo norteamericano». Ese contrato era un compromiso sin letra pequeña «en esta era de evasión y escapismo oficiales [...]. Como Lincoln, nuestro primer presidente republicano, intentamos actuar "con firmeza en lo recto, tal como Dios nos haga ver lo recto"». El «Contrato con América» se comprometía a introducir en la Constitución, en menos de cien días, una enmienda que estableciese la estabilidad presupuestaria, e iniciar políticas contra la criminalidad, para la protección de la infancia, mejoras fiscales a las familias, refuerzo de la defensa nacional, limitación de mandatos políticos, una auditoría privada del Congreso «comprensiva de derroches, fraudes o abusos» y políticas contra el aborto, etcétera. Éste es el antecedente más cercano de la segunda etapa de la Revolución conservadora, más sociológica, más programática, que trataba de obtener un uso genérico del calificativo de «neoconservador». El intelectual Irving Kristol, considerado el fundador del neoconservadurismo, escribe en sus memorias:

> Michael Harrington, crítico socialista, fue el primero que aplicó el término *neoconservador*, refiriéndolo a aquellos que, como yo, habían comenzado a alejarse de un liberalismo que perdía sustento moral y político. Realmente asombra que haya podido obtener una identidad política nueva gracias a ese derrotero. Los términos ideológicos clave utilizados en el debate político moderno fueron inventados o popularizados por la izquierda –*liberal, conservador,* y *reaccionario,* e incluso *izquierda y derecha*– con lo cual es extremadamente difícil para los que no están en la izquierda forjarse una adecuada definición de sí mismos. Tendrían que inventar un vocabulario político completamente nuevo. En consecuencia, parece que la única vía posible es aferrar el rótulo, mostrarlo como si fuera propio y empezar a andar en él.

Kristol señala que a fines de la década de los sesenta y durante la de los setenta emergió en Estados Unidos el neoconservadurismo como una tendencia intelectual diferenciada. Lo «neo» de este conservadurismo es su liberación de cierta nostalgia del pasado y la índole de la autoconciencia y autocerteza ideológica de sus componentes –muchos de los cuales provienen de la izquierda radical–, e incluso su audacia y capacidad de innovación intelectual, cualidades que hasta ese momento se consideraban propiedad legítima y exclusiva de la izquierda. Y remata:

> El neoconservadurismo busca definir, refinar y representar el espíritu del populismo burgués [...], es decir, pretende suministrar un nuevo vigor intelectual a la ortodoxia burguesa norteamericana y dispersar la mezcla de humores gnósticos que, durante más de un siglo, ha sofocado nuestras creencias políticas [...] Nuestros intelectuales pueden sentirse alienados en la ortodoxia representada por *the American way of life*; pueden sentirse a disgusto en el mundo creado por ese modo de vida. El pueblo norteamericano, en su abrumadora mayoría, no se siente ni tan alienado ni tan a disgusto. Por su parte, el neoconservadurismo se autoimpuso el designio de explicar al pueblo norteamericano por qué está en lo cierto, y a los intelectuales por qué están equivocados.

Hacer de lo conservador lo hegemónico, después de unas décadas en las que las reivindicaciones más centrales y más estables de Mayo del 68, en su extensión más amplia, se habían instalado como cultura general en las sociedades occidentales (un sentido laico de la vida, el feminismo, la ecología; la utopía factible de que el ciudadano, por el hecho de serlo, debía estar protegido desde la cuna a la tumba; un grado superior de igualitarismo y socialización a través de la escuela pública, el desequilibrio a favor de la libertad entre el clásico binomio entre ésta y la seguridad, etcétera).

El pensador norteamericano Norman Birnbaum discute el término «revolucionario» aplicado a los neoconservadores; entiende que el concepto de «lo revolucionario» se ha devaluado profundamente en el lenguaje político contemporáneo. Parece haber revolucionarios por todas partes, incluso bajo ese disfraz tan improbable de rígidos defensores del libre mercado:

> El hecho de que los oponentes al Estado del Bienestar se autodenominen 'revolucionarios' es, tal vez, una muestra de cuán cabalmente –incluso en su versión minimalista estadounidense– se ha convertido en el modelo dominante en la política occidental moderna. Surgido de la corriente moderada o secularizada del socialismo, el Estado del Bienestar es en sí cualquier cosa menos una estructura revolucionaria, aunque en sus orígenes representase un firme rechazo a la brutalidad del mercado. ¿Por qué sus antagonistas más elocuentes, que afirman representar un orden social más natural y sublime, se autodenominan 'revolucionarios'?

La señora Thatcher se veía a sí misma como una revolucionaria que estaba iniciando un levantamiento contra quienes tuvieron el poder hasta finales de la década de los setenta del siglo pasado en la Administración del Estado, la educación, la cultura o la política (casi todos *soixante-huitards*). Desde su punto de vista ahí se incluían las fuerzas organizadas de lo que quedaba del movimiento obrero (los sindicalistas). Su revolución, como la de Reagan en Estados Unidos, reconocía que su meta era la restauración: buscaba restaurar el *ethos* natural socavado por el progresismo secular.

Durante los años centrales de la Revolución conservadora, sus postulados se hicieron tan asfixiantes en su dominación que devinieron en lo que se llamó «pensamiento único», una tendencia ideológica consistente en una mezcla de conservadurismo político y moral y de liberalismo económico. El pensamiento único interpretaba la realidad social en clave economicista, identificaba la democracia con el mercado, convertía la solidaridad en subsidiaria del valor superior de la eficacia, y reducía al ciudadano a mero recurso humano. Fue la ideología que pregonaba el final de las ideologías y el fin de la historia; la ideología dominante, que se presentaba a sí misma como natural y ahistórica, y que, como tal, se exhibía como indiscutible y como entorno en el que no podían participar más que los expertos, los técnicos, por lo que de paso eliminaba un problema de gobernabilidad de quienes exigían intervenir en los asuntos públicos.

El pensamiento único llegó a ser lo políticamente correcto. A pesar de su base económica sería un error reducirlo a términos estrictamente económicos, de intendencia, pues intentó ser la representación global de una realidad que defendía, en sustancia, que el mercado es el que gobierna y el Gobierno quien administra lo que dice el mercado. Política pura. El pensamiento único era la traslación, en el cambio de milenio, de la *Weltanschauung* de la Revolución conservadora de los años ochenta. Durante unos años, la presencia de ese pensamiento único fue abrumadora: en los gobiernos tanto conservadores como socialdemócratas; en la elaboración de los informes técnicos de cualquier organismo multilateral tal como el Fondo Monetario Internacional (FMI), la Organización para la Cooperación y el Desarrollo Económicos (OCDE) o el Banco Mundial (BM); en los servicios de estudio de los bancos centrales o privados, de las patronales o de las grandes empresas; en los departamentos universitarios; en los laboratorios de ideas; o en la mayor parte de los medios de comunicación más influyentes en la opinión pública occidental.

El pensamiento único (el concepto fue utilizado en el siglo XIX por Honoré de Balzac, quien acusó a los críticos de *La comedia humana* de utilizar, en general, idénticos argumentos, «una especie de pensamiento único de la crítica») fue, también, la mitología dominante, y las mitologías nacen no sólo para explicar (y legitimar) los orígenes más o menos sagrados de lo que ocurre, sino para fundamentar los distintos pensamientos absolutistas. Muchos defensores del pensamiento único en el ámbito académico –que no se reconocerían públicamente como tales a pesar de su función– osaron compararlo con el orden natural de las cosas: era la única política económica posible, el único orden social posible, la única razón posible y, en definitiva, la primera y única instancia de lo posible. El intelectual francés Sami Naïr escribió:

> En realidad, estamos asistiendo al advenimiento de una auténtica conciencia de clase a nivel internacional, no del proletariado –que jamás ha existido– sino de las élites dirigentes del proceso de mundialización: agrupaciones financieras, *ecofines*, grupos políticos dirigentes, fabricantes de opinión pública en los grandes medios de comunicación, etcétera, que tienen en común una convicción y un reflejo casi pauloviano. La convicción es la de que la dictadura de los mercados financieros *moderniza* las sociedades y crea riqueza; el reflejo pauloviano, la aplicación de la fórmula TINA en el momento en que se emite cualquier crítica contra el sistema. TINA, es decir, *There is no alternative!* Éste es el cemento armado ideológico que une a las élites mundializadas de hoy.

Durante los «felices noventa» (el calificativo es de Joseph Stiglitz), los preceptos de la Revolución conservadora –Estado en retirada y conservadurismo social y político– siguieron siendo dominantes, aunque quedaron atenuados por las circunstancias. En puridad ya no puede hablarse de pensamiento único, pues intentan abrirse paso otras fórmulas de pensar. En esa década desaparece el «socialismo realmente existente» (el comunismo real) como sistema alternativo y como consecuencia de la caída del Muro de Berlín y del Telón de Acero, y la globalización se acelera como marco de referencia de nuestra época. Una globalización, también, «realmente existente», pues la historia muestra que hay distintos tipos de globalización. Ésta que se pone en práctica es definida por el historiador liberal Niall Ferguson del siguiente modo: «Globalización política es la palabra de moda para el imperialismo, la imposición de los propios valores e instituciones a los demás. Da lo mismo cómo lo disfraces, qué retórica utilices, en la práctica no es muy distinto de lo que Gran Bretaña hizo en los siglos XVIII y XIX». Ferguson se está refiriendo, naturalmente, a los valores e instituciones de Estados Unidos.

Las circunstancias que palian la hegemonía asfixiante de la Revolución conservadora son de tres tipos. La primera, la instrumental: recurrencia de una serie de crisis financieras que impiden tener una coyuntura limpia y sin demasiados picos de sierra. Estas crisis se focalizan inicialmente en lo local y a continuación se contagian y se hacen globales: explosión del Sistema Monetario Europeo en 1992; México en diciembre de 1994 y enero de 1995, con la devaluación del peso y el «efecto tequila» sobre el resto del planeta; Asia en 1997, con otro mito caído, el de «los tigres y los dragones asiáticos»; Rusia en 1998, con la suspensión de pagos de su deuda; América Latina en 1998 y 1999; Argentina nuevamente en 2001; Estados Unidos ese mismo año, con recesión económica y la explosión de la primera burbuja tecnológica y de las bolsas de valores; primera coyuntura de enfriamiento global de la economía (Estados Unidos, Japón y Europa a la vez) desde la crisis del petróleo en la primera mitad de los años setenta. Finalmente (*last but not least*), la Gran Recesión que se inicia en 2007 y 2008.

La segunda circunstancia: la ausencia de los republicanos de la Casa Blanca después de los dos periodos legislativos de Reagan y del único periodo de George Bush I. Aunque el Partido Demócrata, con Clinton a la cabeza, no es rupturista con sus antecesores, sí incide en otros valores y es más multilateralista en sus expresiones económicas y en política exterior. Estos tiempos permiten una mayor disidencia en el pensamiento y en las aplicaciones prácticas de la política económica.

Fruto de esa pequeña grieta disidente es el tercer tipo de circunstancia que limita el poder hegemónico de los postulados conservadores: la emergencia del movimiento altermundista y la extensión de una opinión pública crítica con los postulados *neocons*. Los altermundistas se manifiestan a favor de una globalización alternativa que incorpore valores políticos, una globalización de los derechos humanos, ecológicos, una justicia global, etcétera, y ponen blanco sobre negro lo ya conocido: que si el keynesianismo no fue capaz de reducir la crisis fiscal del Estado y combatir con eficacia la inflación, el neoliberalismo que forma parte troncal de la Revolución conservadora había fracasado estrepitosamente en la distribución de los beneficios y las cargas, y por alterar, en sentido negativo, el reparto de la renta y la riqueza en el mundo.

Durante la década de los noventa (en esencia, los dos mandatos de Clinton en la Casa Blanca) los principales teóricos de lo neoconservador volvieron a sus palacios privados de invierno donde siguieron preparando su revancha y su vuelta al sector público. Desde allí observaron con envidia el fulgor de la «nueva economía», ese proceso de crecimiento espectacular de la productividad a través de la utilización masiva de las tecnologías de la información y la comunicación, relacionadas con la expansión de internet y lo digital. En la era de la «nueva economía», identificada casi de modo natural con la época de Clinton, la economía americana tuvo el crecimiento más profundo y continuado de las últimas décadas. Cuando esa expansión estaba a punto de ser centenaria en el número de meses continuos de crecimiento económico, el semanario *Business Week* llamó «nueva economía» a lo que estaba ocurriendo. Había nacido con una extraordinaria fuerza mediática otro paradigma que, además, se asentaba en bases como el pleno empleo, la ausencia de inflación, el superávit presupuestario y tipos de interés bajos. Lo único que no contemplaba era la distribución de los dividendos de la bonanza económica. Otra vez. Naturalmente, la «nueva economía», que predicaba el final de los ciclos económicos, era una ensoñación más.

Mientras esto ocurría, los teóricos del conservadurismo afilaban sus flechas, tensaban sus arcos y actualizaban sus herramientas analíticas desde la *reaganomics* hacia la «nueva economía» y el nuevo siglo. Esos teóricos de la Revolución conservadora de la última parte del siglo XX se trasmutarán en los neoconservadores (*neocons*) de la primera década del siglo XXI. Coincidiendo con la nueva centuria y el nuevo milenio, y en unas elecciones muy accidentadas, el republicano George W. Bush, hijo de George H. W. Bush, llegó a la Casa Blanca. Estados Unidos parecía una monarquía: Bush II había vencido a Al Gore, vicepresidente de Clinton, a pesar de haber obtenido menos votos que él.

Los primeros tiempos de Bush II –un hombre que no había salido nunca de Estados Unidos, excepto para su viaje de estudios– resultaron exentos de grandeza. Llegó al poder con un programa típicamente *neocon-neolib,* con aristas preocupantes por su unilateralismo: renuncia al Protocolo de Kioto para limitar las emisiones venenosas al espacio (que había firmado Clinton); no aceptación del Programa contra las minas antipersonas para acabar con esta arma de destrucción masiva entre civiles; deslegitimación de la Corte Penal Internacional, germen de la globalización jurídica bajo el objetivo de terminar con los crímenes de lesa humanidad; etcétera. Un programa netamente derechista, pero sin la épica del reaganismo o el thatcherismo. En los primeros meses de mandato republicano, aunque todavía no fuese visible para la mayoría de los ciudadanos, Estados Unidos había entrado en una recesión económica, demostrándose que aquella teoría de que la «nueva economía» acababa con los ciclos económicos (auge y caída), y que la revolución tecnológica llevaría a un mundo en permanente progreso, era un mito sin base empírica. Ello no era atribuible a Bush y a los *neocons*, sino herencia de Clinton, pero el apellido Bush ha tenido siempre poca suerte con las recesiones. Bush I fue vencido por Clinton, pese a haber ganado la primera guerra del Golfo, por el advenimiento de una corta recesión que no soportaron los americanos; y Bush II se instaló en la Casa Blanca tras una etapa de gran prosperidad, cuando el estancamiento de la economía había vuelto.

LA CAMARILLA QUE VENÍA DEL TROTSKISMO

Desde el primer momento Bush II estuvo rodeado por una camarilla de gente reunida por su vicepresidente, Dick Cheney (al que dotará de más poderes reales de los que nunca tuvo un vicepresidente estadounidense), cuyas características comunes todavía no se habían desvelado públicamente: eran los *neocons*, herederos de la etapa Reagan en la cual muchos de ellos habían participado. Estos *neocons* trabajaron junto a los funcionarios y el aparato tradicional del Partido Republicano, que se había trasladado a Washington para gobernar. El analista William Polk, director de la Fundación W. P. Carey, que fue miembro del equipo de John F. Kennedy, escribió que en la Casa Blanca de Bush II coexistían nada menos que cinco grupos: el presidencial, compuesto por George W. Bush, los cargos electos, sus partidarios en el Congreso y el asesor principal del presidente, Karl Rove (su única ideología era lograr lo mejor para el partido); el núcleo del Partido Republicano que se identificaba con la política que beneficiaba a las grandes empresas y que dirigía el vicepresidente Cheney; los defensores del resurgir del fundamentalismo cristiano, también representados por Bush, que no creía en las intermediaciones con Dios (según Kevin Phillips, en su libro *American Dinasty*, Bush logró unir en una misma persona la cabeza de la derecha religiosa y la del presidente de Estados Unidos); los *neocons*, dos docenas de personas, que evolucionaron desde el trotskismo hasta la derecha radical, que dominaban el Departamento de Defensa y rodeaban al secretario de Estado, Colin Powell, una «paloma» en relación con los «halcones», y que eran partidarios de la contrarrevolución permanente; y los sionistas cristianos, que atizaron el fuego contra Afganistán e Irak, y pretendían hacerlo contra el resto de los países del denominado «eje del mal» (Siria, Irán, Corea del Norte...) y que fueron los mejores aliados del Estado de Israel y de los dirigentes del Likud, como Ariel Sharon y Benjamín Netanyahu.

Y entonces llegaron los atentados terroristas del 11 de septiembre de 2001... Estados Unidos tuvo que reconocer, con estupefacción, lo que nunca, desde el ataque japonés a Pearl Harbor que motivó su entrada en la Segunda Guerra Mundial, habría sospechado: que era vulnerable. Había comenzado la guerra contra el terrorismo. Los efectos inducidos de los atentados contra las Torres Gemelas de Nueva York, y el Pentágono, en Washington, fueron devastadores y se unieron en el tiempo a los tres mil cadáveres de ciudadanos de muy distintas nacionalidades que cayeron el 11 de septiembre: efectos políticos (Estados Unidos había sido atacado en su sagrado territorio), efectos psicológicos (la depresión ciudadana de una gran nación, que se sentía insegura) y efectos económicos (se profundizó la recesión y se redujeron momentáneamente los signos globalizadores –la inversión extranjera, el comercio internacional, el turismo– en todo el planeta).Ése fue el momento en el que asomaron la cabeza los *neocons*. En esa coyuntura de confusión y de pesimismo se ofrecieron al presidente Bush II con un programa para gobernar. Algo parecido a lo que hicieron los *Chicago Boys* (muchos de los *neocons* provienen de la Escuela de Chicago) con Augusto Pinochet en los años setenta, tras el golpe de Estado de Chile, lo intentaron los conservadores sin complejos: se ofrecieron para gobernar, para administrar la crisis, para acabar con el enemigo exterior e interior, entendiendo que la catástrofe terrorista configuraba una sensacional oportunidad para aplicar su agresivo programa neoconservador.

Además de fijar su atención en Afganistán, Estado fallido que había prestado su territorio y la intendencia al saudí Bin Laden y a la red terrorista de Al Qaeda, autores del monstruoso atentado del 11-S, los *neocons* dirigieron toda su artillería ideológica, económica y militar contra el Irak de Sadam Husein como primera pieza para cambiar el mapa de Oriente Medio y, a través suyo, transformar la geoestrategia del mundo. El 12 de septiembre de 2001, un día después de los atentados, Paul Wolfowitz, subsecretario de Defensa (que luego sería presidente del Banco Mundial), dio una conferencia de prensa en la que vinculó directamente la «guerra contra el terrorismo» con el ataque a Irak. Según *The Washington Post,* Bush ordenó al Pentágono el primer boceto de planes de invasión a Irak el 17 de septiembre de 2001, lo que significa que la decisión estaba tomada muchos meses antes de que Estados Unidos acudiera al Consejo de Seguridad de la Organización de las Naciones Unidas (ONU) y consiguiera que se aprobase la resolución 1.441, que recomendaba las inspecciones de armas en Irak bajo un régimen mucho más estricto que el instituido al final de la guerra del Golfo en 1991.

Como declaró la consejera de Seguridad Nacional, Condoleezza Rice, el 11-S no fue únicamente una catástrofe, sino también una oportunidad para «desplazar las placas tectónicas de la política internacional». De todos los testimonios sobre la construcción ideológica que los *neocons* hicieron de la guerra de Irak, uno de los más representativos es el de Paul O'Neill, primer secretario del Tesoro de Bush II (fue destituido a mitad de la primera legislatura), que en el libro de conversaciones del periodista Ron Suskind (*El precio de la lealtad*) describe con pelos y señales el modo en que Estados Unidos empezó a planear la invasión de Irak tan sólo diez días después de que Bush hubiera jurado el cargo de presidente, en la primera reunión del Consejo de Seguridad. O'Neill, un pivote central, como todo secretario del Tesoro, del primer equipo de la presidencia, afirma en este libro que la finalidad del derrocamiento de Sadam Husein (y la escandalosa bajada de impuestos a las clases más desfavorecidas, principal medida de la política económica con el pretexto de reactivar la coyuntura a través de la inversión privada) no trataban de llevar la democracia a Irak, liberar a Oriente Próximo del dictador iraquí (mientras no se tocaba al resto de los dictadores de la zona, muchos de ellos aliados o incluso financiadores de los terroristas) o acelerar el crecimiento económico, sino, lisa y llanamente, de engordar las arcas de las empresas de Bush y de Cheney, dos hombres que –O'Neill *dixit*– mentían sin piedad.

Para invadir Irak, las organizaciones multilaterales constituían un estorbo en los planes *neocon*. Lo que éstos pensaban, por ejemplo, sobre la ONU está presente en multitud de intervenciones. Destaquemos dos, por explícitas. John Bolton, uno de los teóricos de la camarilla, que ocupó la Subsecretaría de Estado para el Control de Armas y Asuntos Internacionales, escribió: «Las Naciones Unidas no existen. Existe una comunidad internacional que sólo puede ser dirigida por la única potencia real que queda en el mundo, Estados Unidos, cuando ello se ajusta a nuestros intereses y cuando podemos convencer a otros de que nos sigan». En el momento en que Estados Unidos y Gran Bretaña (y España dentro del trío de las Azores) aprobaron la guerra de Irak sin la autorización del Consejo de Seguridad de la ONU, Richard Perle, calificado como «el príncipe de las tinieblas» y un personaje central en la historia de los *neocons* (un pie en la Administración y otro en los negocios; uno en el periodismo –consejero de *The Jerusalem Post*– y otro en los laboratorios de ideas más ultraconservadores, como el American Enterprise Institute) escribió un artículo titulado gráficamente «Gracias a Dios que Naciones Unidas ha muerto», en el que decía:

> El reino del terror de Sadam Husein está a punto de terminar. El líder iraquí desaparecerá pronto, pero no se hundirá solo: en una despedida irónica, arrastrará consigo a la ONU. Bueno, no a toda la ONU. La parte de las *buenas obras* sobrevivirá, las burocracias pacificadoras de bajo riesgo se quedarán [...]. Lo que morirá será la garantía de que la ONU es la base del nuevo orden mundial. Al examinar los escombros será importante conservar, y más aún comprender, el naufragio intelectual de la presunción liberal según la cual la seguridad puede conseguirse a través de leyes internacionales administradas por instituciones internacionales.

En su libro *Los nuevos mandarines del poder americano*, el profesor de Teoría Política en el King's College de Londres Alex Callinicos analiza la doble moral unilateralista de los *neocons* al criticar la acción insoportable de unos «estados fallidos» que violan cualquier visión de los derechos humanos de sus ciudadanos y, al mismo tiempo, cierran los ojos en otros casos semejantes, siempre en relación con sus intereses imperiales. Este concepto de «injerencia selectiva» ha sido examinado por el intelectual búlgaro asentado en París, Tzvetan Todorov, de modo especial en su libro *Memoria del mal, tentación del bien*. Todorov defiende el principio de injerencia: «¿Debemos renunciar a cualquier universalismo de los valores, a la propia idea de unos derechos humanos que son idénticos a ellos mismos, sea cual sea la raza, la cultura, la religión, el sexo o la edad del individuo? En absoluto. Los humanismos clásicos nos lo enseñaron: la tiranía es una plaga en todos los climas». Pero critica de forma demoledora su aplicación con criterios desiguales, cínicos e interesados. Se trata de un «derecho de injerencia selectivo»: aquí, pero no allá. El derecho de injerencia realmente existente sólo vale para países sensiblemente más débiles que aquél que inflige el castigo; no se aplica a aliados estratégicos (las violaciones de los derechos humanos se impedirán, pero sólo en los países que no sean aliados nuestros; éstos pueden hacer lo que quieran); uno no se inspira en el derecho de injerencia si no tiene nada que ganar en el plano material (por ejemplo, el petróleo), el de una política interior (por ejemplo, unas elecciones a la vista), ni en el del prestigio internacional (por ejemplo, Estados Unidos coronado como única superpotencia).

La caución central de Todorov es que, para ser creíbles, los países que se comprometen en la injerencia militar debieran estar por encima de toda sospecha en lo que se refiere a derechos humanos. ¿Estados Unidos lo estaba, por ejemplo, cuando mantenía el limbo jurídico de Guantánamo? ¿Cuando seguía aplicando la pena de muerte en tantos estados? ¿Se puede acatar el hecho de que cualquier Gobierno, por poderoso que sea, diga que quiere establecer en unos territorios democracia por arriba y con violencia guerrera? ¿Se puede aceptar que una Administración, del color que sea, pretenda hacer a la vez de fiscal, jurado, juez, carcelero y verdugo?

Los *neocons* fueron una camarilla que rodeó a Bush II y cuyos precedentes estaban, en muchos casos, en las administraciones republicanas de Reagan y de Bush I. Según Callinicos, bajo el joven Bush, Dick Cheney (vicepresidente y, según algunos, presidente en la sombra *de facto*), Donald Rumsfeld (secretario de Defensa) y Paul Wolfowitz (número dos del anterior, subsecretario del Pentágono) formaron el núcleo de un grupo de funcionarios e intelectuales de la derecha republicana encargado de establecer el programa global del Gobierno de Bush II. Completaban el equipo Condoleezza Rice, en el Consejo de Seguridad Nacional; John Bolton, subsecretario de Estado para el Control de las Armas y Asuntos Internacionales; Douglas Feith, subsecretario de Defensa para la Política; y Richard Perle, uno de los más peligrosos, que fue presidente de la Junta Política de Defensa, de funciones consultivas, hasta su dimisión forzada en marzo de 2003 por conflicto de intereses.

Había más *neocons* de los citados. En junio de 1997, con Clinton en la presidencia, se hizo pública la constitución de un grupo titulado Proyect for the New American Century (PNAC, en sus siglas inglesas). El Proyecto para un Nuevo Siglo Americano actuó entonces como una plataforma para la coalición de los *neocons*, los cristianos fundamentalistas y los estrategas de Bush II, así como un vehículo para que algunas personas consiguiesen fondos para financiar sus ideas a través de los mil y un *think tanks* conservadores. El bautismo político del PNAC fue un documento titulado «Reconstruyendo las defensas de Estados Unidos: estrategias, fuerzas y recursos para un nuevo siglo». En esta declaración de principios se dice que su misión era

> reunir todo el apoyo posible para mantener el liderazgo global de América [...] La política de defensa y asuntos exteriores de Estados Unidos está a la deriva [...] Parece que hemos olvidado

> los elementos esenciales que consiguieron el éxito de la Administración Reagan: un poder fuerte y preparado para responder a los retos presentes y futuros; una política exterior que promueva fuera de nuestras fronteras, de forma rotunda y sin olvidar sus objetivos, los principios básicos americanos, y un liderazgo nacional que acepte las responsabilidades globales de Estados Unidos.

Obsérvese que el lenguaje utilizado está mucho más cercano al de la Guerra Fría que al de los tiempos que corrían a finales de los noventa del siglo pasado, los del mayor esplendor de la «nueva economía» y la revolución de las tecnologías de la información y la comunicación, y cuando ya no existía la Unión Soviética. Su declaración de principios continúa así:

> Nuestro objetivo es recordar a los ciudadanos americanos las lecciones (aprendidas en las crisis del siglo XX) y sacar consecuencias para el presente. Cuatro de esas consecuencias son: necesitamos incrementar los gastos de defensa de manera significativa si vamos a asumir nuestras responsabilidades globales; necesitamos reforzar los lazos que nos unen a las democracias aliadas y enfrentarnos a los regímenes hostiles; necesitamos promover la causa de la libertad económica y política fuera de nuestras fronteras; y necesitamos aceptar la responsabilidad que supone el papel predominante y único de América para preservar y ampliar un orden internacional que facilite nuestra seguridad, prosperidad y principios. Esta política es necesaria si Estados Unidos quiere seguir rentabilizando sus éxitos del siglo XX y reforzar su seguridad y grandeza en el próximo siglo.

Son palabras premonitorias de la acción política que más de un lustro después iba a desplegar la Administración *neocon* de Bush II, que las asumió como propias. Muy significativa es la lista de firmantes del documento: William Kristol, hijo de Irving Kristol, el padre intelectual del neoconservadurismo (director del PNAC, intelectual predilecto de los *neocons*, director de la revista *The Weekly Standard*, propiedad del magnate australiano conservador Rupert Murdoch), Francis Fukuyama (el inicialmente oscuro funcionario del Departamento de Estado que puso de moda la teoría del fin de la historia, antes de hacerse famoso), Dick Cheney, Donald Rumsfeld, Paul Wolfowitz, Elliott Abrams (responsable de la política norteamericana en América Central con Reagan, culpable de mentir dos veces al Congreso en relación con el escándalo de la contra nicaragüense y condenado por ello, y asesor personal de Bush II en el Consejo de Seguridad Nacional), Eliot A. Cohen, Steve Forbes, Donald Regan, I. Lewis Libby, el intelectual Norman Podhoretz, Dan Quayle, Jeb Bush (hermano del presidente y «autor» material del escándalo de los votos de Florida que dieron la presidencia en última instancia a Bush II frente a Al Gore en las elecciones presidenciales del 2000), etcétera.

Aunque la política de defensa y de seguridad exteriores fueron las niñas bonitas de los *neocons* –al contrario que con Reagan, que fue la economía– no fue menor su obsesión por el Estado del Bienestar americano, al que pretendían hacer desaparecer; entre las ambiciones de la camarilla estaban las de limitar todo lo que fuese posible los logros sociales del siglo XX. Muchos de esos *neocons* soñaban con dar marcha atrás al reloj de la historia hasta llegar a una versión ideologizada de las relaciones sociales que prevalecían en los albores del siglo XX, cuando William McKinley era presidente y no existía ningún tipo de impuesto progresivo sobre la renta que trasvasase recursos de los ricos a los pobres; buscaban desmantelar el «gran gobierno» y permitir que se multiplicasen sin trabas las empresas privadas, al no tener que aplicar ninguna normativa federal para ayudar a los más desfavorecidos que limitase sus ganancias. «Existe la sospecha generalizada», dice Alex Callinicos, «de que la insistencia de la Administración Bush en continuar adelante con recortes masivos de impuestos, a pesar del espectacular crecimiento del déficit en el presupuesto federal, vendría determinada por el deseo de urdir una crisis deficitaria que justifique cortes drásticos en el gasto público, excepto, naturalmente, en la sacrosanta esfera de la defensa». Ésta era la posición que también desarrolló en sus artículos Paul Krugman, cuando escuchó declarar al vicepresidente Cheney: «El déficit no importa».

Detengámonos un poco más en los jefes de los *neocons*, Cheney y Wolfowitz. El vicepresidente es quien mejor representó (además del propio Bush) el «pegamento» que unía a la Administración republicana con el mundo de los negocios. Entre su actividad como secretario de Defensa durante la guerra del Golfo en 1991 (y antes, como responsable de la invasión de Panamá) y su vicepresidencia, Dick Cheney fue el primer ejecutivo de la empresa Halliburton, gran beneficiaria de la privatización de la seguridad y constructora de la intendencia de las instalaciones de Guantánamo, donde se hacinan (todavía hoy) centenares de presos de la guerra de Afganistán, y adjudicataria (a dedo) de una buena parte de la reconstrucción de Irak y del aprovisionamiento de gasolina al Ejército norteamericano en ese país durante la ocupación. Halliburton fue piedra de escándalo de decenas de casos en los que fue acusada del favoritismo de la Administración Bush por parte de las empresas de su competencia. Fue Cheney, como vicepresidente, quien elaboró el Plan de Energía de Estados Unidos, del que se dijo que parecía redactado por los responsables de las empresas energéticas del país, con los que se reunió repetidamente. Cheney se negó a que se hicieran públicas las actas de esas reuniones. Entre esos responsables figuraban los de la empresa Enron, que protagonizó el escándalo de ser la mayor suspensión de pagos de la historia de Estados Unidos hasta el año 2001, y cuyos principales ejecutivos fueron acusados de todo tipo de delitos: contabilidad creativa, vaciamiento del balance de la sociedad, creación de miles de empresas fantasma para que los auditores no detectasen su verdadera situación, información privilegiada, etcétera. Enron fue la primera empresa contribuyente a la campaña de Bush a la presidencia, muy por encima de todas las demás.

Marshall Wittman, un intelectual conservador, afirmó que el pegamento antigubernamental y anticomunista que mantenía unido al movimiento conservador se estaba disolviendo y ocupaba su lugar la defensa del mundo empresarial; muchos cerebros de la derecha republicana estaban ganando cantidades desorbitadas de dinero como portavoces de los principales grupos de presión en Washington. Un periódico tan poco sospechoso de antirrepublicanismo como *The Wall Street Journal* calificó del siguiente modo a Bush: «Un exejecutivo de una petrolera reconvertido en político, que ha llenado su Gobierno de consejeros delegados». Y la todavía menos sospechosa revista –para los intereses de la Administración *neocon*– *The Weekly Standard* definió las bajadas de impuestos a los más ricos, que fueron presentadas como un plan de estímulos a la economía, como «una colección de asistencias a las empresas, subsidios interesados y favores muy bien dirigidos». El candidato demócrata derrotado por Bush en el año 2000, Al Gore, hizo unas declaraciones no menos expresivas:

> Bush ha venido utilizando el poder de forma equivocada. Ya en el año 2000 advertí que la opción Bush-Cheney estaba siendo financiada por una nueva generación de intereses, de agentes que querían un presidente dócil que forzara políticas adaptadas a sus propósitos y a la consiguiente obtención de beneficios [...] Sus fines económicos eran, y siguen siendo, de carácter puramente ideológico: la provisión de 1,6 billones de dólares para recortes de impuestos que benefician a unos pocos, mientras pretenden hacer creer que están destinados a la mayoría de los contribuyentes, y la manipulación de las cifras oficiales con el propósito de dar a entender que hay que preservar el superávit presupuestario. He aquí los criterios de contabilidad pública de la era anterior a Enron.

Otro *neocon* a subrayar es Paul Wolfowitz. Según muchos analistas, era el más peligroso de todos. Número dos del Pentágono, miembro del PNAC y del laboratorio de ideas American Enterprise Institute, fue el que más se aproximó a las razones reales de la guerra de Irak cuando declaró a la revista *Vanity Fair* que lo de las armas de destrucción masiva era «una verdad burocrática» destinada a buscar el consentimiento de quienes nunca habrían aceptado asumir las causas reales de la guerra. Quien fue calificado en la prensa de «loco de extrema derecha» había pertenecido ya a los equipos de Richard Nixon y de Ronald Reagan, y siempre pensó que Bush padre había cometido una terrible equivocación cuando en 1991 detuvo a las tropas norteamericanas y no les permitió entrar en Bagdad, aniquilar al régimen baazista y liquidar a Sadam Husein. Wolfowitz fue uno de los más influyentes *neocons*, el ideólogo por excelencia de la camarilla. Muy vinculado a la extrema derecha israelí, sus declaraciones tenían la virtud de la claridad. En una ocasión dijo que Irak «nada» en petróleo, principal argumento para conquistarla. Discípulo predilecto del pionero del pensamiento conservador estratégico de la Guerra Fría, Albert Wohlstetter, estudió en la Universidad de Chicago.

Wolfowitz también era discípulo de Allan Bloom, otro viejo conocido de estos intereses. En 1988, Bloom, director del Centro John M. Olin (presidente de las Industrias Olin, fabricantes de productos químicos y municiones) para el Estudio de la Teoría y de la Práctica de la Democracia de la Universidad de Chicago (que recibía todos los años alrededor de 36 millones de dólares de la Fundación Olin), invitó a un funcionario del Departamento de Estado llamado Francis Fukuyama a pronunciar una conferencia. Éste aceptó gustoso y proclamó la victoria total de Occidente y de sus valores neoliberales en la Guerra Fría. Inmediatamente, su conferencia se reprodujo en forma de artículo en *The National Interest* (revista que también recibía subvenciones de la Fundación Olin), cuyo director era Irving Kristol, que en aquella época estaba financiado por la Fundación Olin como profesor de la Escuela de Gestión de Empresas de la Universidad de Nueva York. Kristol invitó a Bloom, junto con otro famoso intelectual conservador, Samuel Huntington (director del Instituto Olin de Estudios Estratégicos de Harvard) a «comentar» ese artículo en el mismo número de la revista. Kristol también aportó su «comentario». El debate así lanzado por cuatro beneficiarios de los fondos de la Fundación Olin en torno a una Conferencia Olin llegó muy pronto a las páginas de *The New York Times, The Washington Post* y *Time*. Pronto todo el mundo había oído hablar de Fukuyama, ese lector de Hegel y Alexandre Kojève, y de su *El fin de la historia y el último hombre,* que se convirtió en un éxito de ventas en varios idiomas. Todo esto fue «comentado» asimismo por Susan George, en un sentido diferente, en un artículo de *Le Monde diplomatique* («Comment la pensée devint unique», agosto de 1996) con el objetivo de analizar el papel de los *think tanks* conservadores en el desarrollo del capitalismo. Describiendo el *affaire* Fukuyama –que pronto abominó de los *neocons* y se independizó intelectualmente de ellos– George escribe: «El rizo ideológico se riza cuando se consigue ocupar las páginas de debate de los grandes diarios, las ondas y las pantallas [no existían entonces las redes sociales]. Este triunfo se consiguió prácticamente sin esfuerzo. Cuando no se cree que las ideas tienen consecuencias, se acaba por sufrirlas».

¿De dónde procedían los *neocons*? Según Michael Lind, exdirector de la revista *The National Interest,*

> la mayor parte de los intelectuales neoconservadores de la defensa proceden de la izquierda, no de la derecha. Son producto del movimiento trotskista de Estados Unidos –principalmente integrado por judíos– de la década de los treinta y los cuarenta, metamorfoseado en liberalismo anticomunista entre los cincuenta y setenta, y por último, en una especie de derecha militarista e imperialista que no tiene precedentes en la cultura ni en la historia política estadounidense.

Irving Kristol se reconoce como antiguo trotskista en sus reflexiones en forma de libro. Tras la introducción, su primer capítulo se titula precisamente «Memorias de un trotskista»: «Me gradué en el City College [de Nueva York] durante las primavera del año 1940, y lo más honroso para mí fue ocupar un puesto de importancia en la Liga Socialista de los Pueblos Jóvenes (Cuarta Internacional). Comúnmente, y con razón, tal organización fue reputada como trotskista». Sin embargo, le quita importancia ideológica a su pertenencia a la dirección de esa organización: «Este episodio de mi vida no me produce ningún remordimiento. Adherirse, en la juventud, a un movimiento radical es muy parecido a enamorarse siendo tan joven. La chica puede estropearse y derrumbarse, pero la experiencia amorosa es tan valiosa que nunca puede malograrse por completo, aunque exista un desencantamiento posterior». Su militancia en el trotskismo le puso en contacto con personas e ideas que le hicieron apto para leer, pensar y discutir con enorme energía:

> No se trató de una experiencia típica, ya que me refiero a un grupo relativamente reducido de estudiantes, una clase particular de estudiantes radicalizados. Ir al City College significó para mí convertirme en miembro de ese grupo. Fue una experiencia privilegiada y todos los que participaron de ella tienen recuerdos similares [...] Experimentábamos nuestro radicalismo como un privilegio, no como una condena impuesta por el destino. Nunca se nos hubiera ocurrido denunciar algo o a alguien como 'elitista'. Nosotros éramos la élite, los pocos afortunados elegidos por la historia para guiar a nuestros camaradas hacia una redención secular.

Tenían manías izquierdistas muy conocidas por estos lares:

> El *Partisan Review,* periódico de la vanguardia antiestalinista, izquierdista y cultural, tenía una presencia intimidatoria [...] Aunque de fácil comprensión, lo visualizábamos como una meta fuera de nuestro alcance. Por mi parte, leía cada artículo por lo menos dos veces, en un estado de pavor y exasperación, excitado al ver tal elegancia en el estilo y tal profundidad en la

reflexión, deprimido al darme cuenta de que alguien del montón como yo nunca alcanzaría a elevarse hasta esa aristocracia intelectual.

Otra de las fuentes centrales en las que bebían los *neocons* era el filósofo Leo Strauss, que enseñó en la Universidad de Chicago. Strauss era un conservador crítico de la modernidad y escéptico sobre la democracia, que concebía la filosofía como sabiduría esotérica que era necesario ocultar a las masas. Parafraseando a Jenofonte, «el mejor régimen resulta ser una aristocracia disfrazada de democracia», comenta Alex Callinicos en su libro sobre los mandarines. Strauss, filósofo judío alemán, emigró a Estados Unidos en 1937, donde murió a principios de la década de los setenta. Muy familiarizado con Platón, intercambió posiciones con Alexandre Kojève sobre el hegeliano fin de la historia y sobre la noción de Estado universal homogéneo.

Según el intelectual Peter Augustine Lawler en su estudio *El pensamiento político conservador en la América actual,* la seductora y apasionante presentación hecha por Strauss de la perspectiva clásica formó a miles de estudiantes norteamericanos, muchos de los cuales trabajaron para el Gobierno o en las universidades. El pensamiento de Strauss combinaba radicalismo teórico con conservadurismo práctico, evitando la hostilidad a la razón, propia de los tradicionalistas, o el ingenuo optimismo propio de los tecnócratas. Strauss instaba a sus estudiantes a defender la democracia americana de un determinado modo: es tanto un deber como un interés propio proteger a los muchos de los efectos moralmente corrosivos y debilitadores de la Ilustración: «Al dejar que tantos de sus discípulos creyeran que compartían la liberación intelectual de esos escasos pocos, Strauss les proporcionó un incentivo para asumir responsabilidades prácticas y ser políticamente conservadores. Se sentían orgullosos de ese conservadurismo puesto que evidenciaba que eran más avisados que sus colegas intelectuales».

Straussianos conocidos, además de Wolfowitz, son otros *neocons* como Abram Shulsky que, basándose en la teoría de Strauss sobre el significado oculto (la persuasión del gobernante y la búsqueda del consentimiento por medio de la mentira son condiciones indispensables para que la alta política llegue a buen puerto), defendió que las agencias de espionaje no deben olvidar que el engaño es la norma de la política. La posverdad llevada a sus últimos extremos. Shulsky sostenía que los servicios de inteligencia deben concentrar sus esfuerzos en encontrar y analizar información relevante cara a la toma de las decisiones políticas. Triste premonición teórica sobre el papel que este tipo de agencias jugó en la guerra y la ocupación de Irak. Después del 11-S, el secretario de Defensa, Donald Rumsfeld, creó la Oficina de Planes Especiales, cuyo objeto era buscar información *ex post* sobre las intenciones hostiles de Irak y sus vínculos con el terrorismo.

Otro *neocon* straussiano es el varias veces citado director de *The Weekly Standard*, William Kristol, quien en una entrevista en *La Vanguardia,* a su paso por España (noviembre de 2003), declaraba:

> Creo que mi padre [Irving Kristol] fue el primer neoconservador verdadero. Un neoconservador es un liberal que ha sido atacado por la realidad, un liberal que pensaba que la política liberal a finales de los años sesenta y setenta comenzaba a dar malos resultados... En el contexto actual me parece que un neoconservador es un «halcón» en política exterior, un defensor de la doctrina Bush, alguien que cree en fortalecer las democracias occidentales y que tiene la voluntad de utilizar la fuerza, de defender los principios democráticos, e incluso de derrotar a dictaduras y promover la democracia [...] No creo que debamos respetar la soberanía [de los estados nación] en todos los casos [...] Me gustaría que tuviéramos una política más agresiva contra la exportación del islam radical desde Arabia Saudí.

Kristol junior se ganó su reputación como genio político por haber urgido con éxito al senador Robert Dole a que se opusiese frontalmente al plan presidencial sobre la sanidad nacional cuando los demás expertos se habían inclinado al compromiso.

Arabia Saudí siempre ha significado una contradicción en el mundo de los neoconservadores americanos. País y régimen aliado, muy importante geoestratégica y económicamente en Oriente Próximo, de él parten algunas de las ramificaciones centrales de la financiación del fundamentalismo islámico y de la red Al Qaeda, autora de los atentados contra las Torres Gemelas y el Pentágono. La economista Loretta Napoleoni, en su libro *Yihad. Cómo se financia el terrorismo en la nueva economía*, describe con minuciosidad las trabas que todas las administraciones americanas, republicanas y demócratas, han puesto para investigar a los saudíes. Y cita un programa de la británica BBC, en el que el periodista de investigación Greg Palast entrevistó a un agente del Federal Bureau of Investigation (FBI), en el que éste admitió la existencia de innumerables pruebas

> relacionadas con la casa real saudí, que aparecía involucrada en la financiación de organizaciones terroristas o de organizaciones vinculadas al terrorismo [...] El problema entonces fue que las investigaciones se cerraron. Hay dificultades que se remontan al mandato de Bush padre; cuando era jefe de la CIA intentó frenar las investigaciones sobre los saudíes; estos problemas continuaron durante la presidencia de Reagan, de Bush padre [...] y bajo la de Clinton [...] Tengo que añadir que la información no procedía sólo del FBI, que intentaba equipararse a las demás agencias sino, de hecho, de las otras agencias. La orden era que, hasta el 11 de septiembre, estaba absolutamente prohibido investigar la financiación saudí de Al Qaeda y de otras organizaciones terroristas.

No es éste ni mucho menos el único testimonio que Napoleoni aporta sobre las relaciones entre Arabia Saudí y el terrorismo yihadista, ante las cuales Estados Unidos adopta «una doble moral». El régimen saudí ha subordinado sistemáticamente las consideraciones estratégicas y financieras a la difusión de la interpretación fundamentalista del islamismo, conocida como el wahabismo. Con los beneficios generados por el petróleo saudí se pagó su difusión en muchas partes del mundo. Hasta el mes de septiembre de 2001, fecha de los atentados en Nueva York y Washington, Osama Bin Laden y sus seguidores operaron básicamente a través de tres entidades financieras saudíes, que representaban el núcleo de una organización financiera multimilmillonaria auspiciada por algunos de los hombres más ricos de Oriente Próximo. La Administración Bush sostuvo que el núcleo de la red de financiación de Bin Laden en Arabia Saudí era un hombre de negocios saudí, Wael Hamza Jalaidan, residente en Yeda (Arabia). El 11 de septiembre de 2001 prácticamente no alteró esa red. Según el informe de la ONU sobre financiación de Al Qaeda, redactado en el verano de 2002, la organización recibió 16 millones de dólares de Arabia Saudí tras los atentados. «Parece obvio», concluye Napoleoni, «que Bin Laden cuenta en Arabia Saudí con el apoyo de un gran número de seguidores, la mayoría de los cuales son exitosos hombres de negocios independientes». La analista generaliza a continuación: «Lo más acertado es pensar que la mayor parte de los empresarios saudíes contribuye voluntariamente a la red de Bin Laden, personaje que disfruta de una gran popularidad entre todas las clases sociales de Arabia Saudí». Este país es el primer productor de petróleo del mundo y tenía las principales reservas de crudo del planeta. ¿Hasta dónde quisieron los *neocons* sustituirlo por Irak, que era el segundo país en reservas de petróleo del mundo, una nación laica que liberada del cruel dictador Sadam Husein podía ser el nuevo portaviones estadounidense en la zona? Samuel Huntington dijo: «Mientras Estados Unidos denuncia con regularidad a diferentes países como "Estados canallas", a ojos de muchos países se está convirtiendo en la superpotencia canalla». La teoría de los *neocons* entendía que el derrocamiento de Sadam Husein sería el inicio de un proceso de desmantelamiento (como las contrarrevoluciones organizadas en América Central en los ochenta y la caída del comunismo en Europa oriental en los noventa) que difundiría la democracia liberal en el mundo árabe.

Ya sabemos lo que ocurrió.

Europa también fue objeto de atención en la Administración Bush. Una Europa distinta de la de los tiempos de Reagan, sin la Unión Soviética al lado (aunque recomponiéndose Rusia como superpotencia bajo los mandatos de Vladímir Putin) y con una Alemania única, no dividida como en el pasado. La forma en que los *neocons* analizan Europa y la comparan con América es peculiar: Europa es Venus (la diosa del amor) mientras que Estados Unidos es Marte (el dios de la guerra). Esta tesis le gustó a Bush hijo y le gusta mucho a Donald Trump. La teorizó Robert Kagan, otro intelectual *neocon,* hijo y hermano de *neocons.* En 2003 publicó un libro esencial para ese movimiento, titulado *Poder y debilidad. Estados Unidos y Europa en el nuevo orden mundial.* Asesor de George W. Bush, columnista de prensa (entre otras publicaciones, en *The Weekly Standard*), escritor, Kagan había sido uno de los fundadores del PNAC y uno de los primeros firmantes de una carta en la que se pedía a Bill Clinton una segunda guerra contra Irak. En su libro elaboró la teoría de «los dos Occidentes»: un Occidente débil (Europa), demasiado apegado a valores como la tolerancia, y un Occidente fuerte (Estados Unidos), en el que reside la esperanza del mundo civilizado. Mientras los europeos entienden que Estados Unidos es una potencia arbitraria, unilateral e innecesariamente beligerante, los estadounidenses piensan que Europa es un continente cansado, poco riguroso y, sobre todo, débil.

Los europeos, motivados por el deseo de escapar del pasado sangriento de dos guerras mundiales desarrolladas fundamentalmente en su territorio (pusieron, junto a la URSS, la mayor parte de los muertos), se inclinaron por las alianzas trasnacionales ante el poder y la amenaza exteriores; los americanos evolucionaron hasta convertirse en garantes del «paraíso posmoderno» por medio de la fuerza a escala mundial. Kagan, estadounidense, opina que los ciudadanos europeos no quieren saber nada de guerras ni del poder militar (el poder duro).

Como efecto de ello, el choque de civilizaciones de Huntington ya no estaría protagonizado en primera instancia entre el islamismo y Occidente, sino entre los dos Occidentes, entre Estados Unidos y Europa: «Ha llegado el momento de dejar de fingir que [ambos] comparten la misma visión del mundo, o incluso que viven en el mismo mundo». Por eso unos son de Marte y otros de Venus. Estados Unidos es menos proclive a apoyarse en instituciones internacionales como la ONU o a cooperar con otras naciones con miras a lograr objetivos comunes: tienen una visión más escéptica del Derecho internacional y están menos dispuestos a operar al margen de sus cauces siempre que lo consideren necesario o simplemente conveniente. Los europeos intentan influir en sus interlocutores de forma sutil e indirecta. Prefieren la negociación, la diplomacia y la persuasión a la coerción. Cuando se trata de resolver un conflicto también suelen apelar al Derecho, a las convenciones y a la opinión internacional con mayor prontitud; además, usan los lazos comerciales y económicos (el poder blando) para acercar entre sí a las naciones.

Una parte de esta visión es caricaturesca y esquemática, reconoce Kagan, pero ello no obvia una verdad esencial: hoy en día Estados Unidos y Europa difieren entre sí en aspectos fundamentales. Ello es lo que defendió Trump en la campaña electoral que le llevó a la Casa Blanca y cuando llegó a la misma. Se ha abierto una profunda sima ideológica. Europa, debido a su experiencia histórica –que culminó con la creación de la Unión Europea como mejor instrumento para convivir en paz– ha elaborado un conjunto de ideales y principios tocantes a la utilidad y moralidad del poder que difieren sustancialmente de los de Estados Unidos, que no compartieron del mismo modo aquellas circunstancias.

Ello ha dado lugar a la renuencia tradicional a gastar en defensa las sumas que los gobiernos del otro lado del océano consideraban necesarias, lo que ha generado constantes tensiones transatlánticas.

Los estadounidenses van de «vaqueros»: actúan a la manera de un sheriff internacional que vela por imponer algo de paz y justicia en lo que ve como un mundo sin ley en el que es preciso disuadir o destruir a los malhechores, por lo común a punta de pistola. Europa, para no salirnos de este hipotético guión de película del oeste, es más bien el encargado del *saloon*. Y los malos suelen disparar generalmente al sheriff, no al encargado. De hecho, desde el punto de vista de este último, el sheriff empeñado en poner orden por la fuerza a veces puede ser más peligroso que los malos, quienes al menos por el momento tal vez no quieran más que echar un trago.

Las distintas percepciones sobre qué es una amenaza y cómo combatirla más eficazmente no son sino la manifestación superficial de otras diferencias más significativas en la visión del mundo que existen entre los comparativamente poderosos Estados Unidos, por un lado, y la frágil Europa, por el otro. Ya no es que los gobernantes europeos y norteamericanos discrepasen en el momento de abordar un problema específico como fue la guerra de Irak; es que no compartían un mismo punto de vista sobre cómo gobernar el mundo, sobre el papel de las instituciones y el Derecho internacional o, en fin, sobre el grado de equilibrio más conveniente entre el recurso a la fuerza y el empleo de la diplomacia en asuntos de política internacional.

En esta tensión permanente, y a veces subterránea, llegaron los atentados terroristas del 11 de septiembre de 2001. Con tres mil muertos en Nueva York y Washington, la Administración Bush apenas tenía interés por el funcionamiento de la Organización del Tratado del Atlántico Norte (OTAN). Los *neocons* manifestaron una y otra vez su descontento y su impaciencia con las trabas garantistas (utilización de las Naciones Unidas para dar legitimidad a los ataques) exigidas por sus aliados europeos (exceptuando a Tony Blair y José María Aznar), cuya contribución a la guerra, en opinión de los primeros, fue muy escasa. Existía ya entonces una corriente de opinión en Estados Unidos que consideraba que a los europeos les venía muy bien el «viaje gratis» que les ha proporcionado el paraguas de seguridad estadounidense durante muchas décadas mientras ellos, los europeos, preferían gastar su dinero en programas de asistencia social, en más días de vacaciones pagados y en menos horas semanales de trabajo para sus trabajadores.

En definitiva, el intelectual Kagan hacía de portavoz de una fuerte tendencia existente en Norteamérica, según la cual los europeos habían dado un paso desde el anárquico mundo hobbesiano hacia el mundo kantiano:

> Fue Estados Unidos quien resolvió a los europeos la paradoja kantiana. Kant sostuvo que la única solución al horror y la inmoralidad del mundo hobbesiano era la creación de un gobierno mundial, aunque al mismo tiempo temía que «el estado de paz universal» propiciado por este gobierno mundial pudiera constituir una amenaza aún mayor para la libertad humana que el orden hobbesiano, puesto que tal gobierno, con su monopolio del poder, degeneraría en el «despotismo más detestable». Cómo alcanzarían las naciones la paz perpetua sin por ello destruir la libertad humana era una pregunta que Kant no supo resolver. Pero a Europa el problema se lo solucionó Estados Unidos. Al proporcionarle seguridad desde fuera, Estados Unidos hizo superfluo que el gobierno supranacional de Europa se afanara por dotarse de ella. Los europeos no necesitaban tener poder para alcanzar la paz, como tampoco la necesitaban para conservarla.

Kagan sostiene que «el 11-S no cambió a Estados Unidos, sólo lo hizo ser más estadounidense».

¡DESREGULAD MALDITOS! Y LLEGÓ LA CATÁSTROFE

Los dos presidentes Bush tuvieron dificultades con la coyuntura económica. El padre salió de la Casa Blanca por una recesión y fue presidente de un solo mandato. El hijo tuvo que enfrentarse a diversos problemas económicos que le hicieron suspender sus ilusiones de dejar en segundo término a la economía para dar prioridad a la Revolución conservadora de los valores y la política. Tampoco pudo transitar hacia un capitalismo del *laissez-faire*, sino todo lo contrario: la gran paradoja fue que un Gobierno republicano de las características fuertemente neoconservadoras del de Bush II tuvo que intervenir masivamente para evitar el colapso del sistema. Los *neocons* hubieron de nacionalizar bancos, aseguradoras y gigantescas empresas hipotecarias con objeto de estabilizar una situación que amenazaba con llevarse por delante Wall Street en su totalidad. Después de haber criticado históricamente a los demócratas por ser partidarios de una mayor presencia del Estado en la economía tuvieron que olvidarse de sus principios liberalizadores y desreguladores, y emplear cantidades millonarias del dinero de los contribuyentes para que la industria financiera no cayese en un pozo sin fondo.

En 1998, ante la posibilidad de que un fondo de alto riesgo (el Long Term Capital Management –LTCM–, perteneciente a la aristocracia de Wall Street) quebrase y arrastrase tras de sí como en un racimo de uvas a otras muchas entidades financieras, la muy neoliberal Reserva Federal se olvidó de su teoría del *moral hazard* (riesgo moral) y lideró un paquete de ayudas al LTCM en el que participaron los más importantes bancos de inversión de Estados Unidos.

Durante la Gran Recesión que comenzó en el verano de 2007 el comportamiento del Gobierno fue de la misma naturaleza: ante una crisis de grandes dimensiones con capacidad de contagio al conjunto de las entidades financieras las autoridades *neocons* se olvidaron inmediatamente del teórico *laissez-faire* y acudieron en ayuda de lo privado con paladas de dinero público. Cuando la necesidad aprieta, los poderes públicos se convierten en los caballeros blancos de las instituciones privadas, con el aplauso de quienes hasta un instante antes de las dificultades abominaban de lo estatal y clamaban para que el Gobierno no pusiese sus sucias manos sobre la economía de mercado. En última instancia, el capital confía en la salvación pública. En el *western* clásico *La diligencia*, de John Ford, aparece un banquero corrupto que trata de huir con el dinero de los depositantes cuando el Gobierno le pide los papeles para conocer en qué situación está su entidad. Mientras la diligencia trata de escapar de los indios, el banquero proporciona a los demás viajeros su discurso ideológico:

> Nos agobian con impuestos y ¿qué conseguimos? Ni siquiera el amparo del Ejército. No sé adónde va a parar este Gobierno. En vez de proteger a los hombres de negocios, mete la nariz en los negocios. Pero si hasta se habla ahora de poner inspectores en los bancos, como si los banqueros no supiéramos dirigir nuestros bancos. He recibido una carta de un ridículo funcionario diciendo que van a examinar mis libros. Yo tengo un lema, caballeros, del que deberían blasonar todos los periódicos: ¡América para los americanos! El Gobierno no debe intervenir en los negocios. Lo que necesita el país es un hombre de negocios como presidente.

Y le responde el borrachuzco que va sentado a su lado: «Lo que necesita el país son más cogorzas».

El último año de Clinton y el primero de Bush se vieron sacudidos por el estallido de la burbuja de las empresas «puntocom», basadas en las tecnologías de la información y la comunicación (internet). En abril de 2000 pinchó ese globo tecnológico y las bolsas de valores se hundieron, encabezadas por la caída estrepitosa de centenares de «puntocom», muchas de las cuales ni siquiera disponían de un *business plan* (plan estratégico) para seguir operando. Si hasta esa fecha todo parecía valer con tal de llevar el apellido «puntocom», el capital –sobre todo el capital riesgo– se replegó a partir de la corrección bursátil generalizada y los primeros fracasos sonados de empresas digitales. Un periodista del semanario *Business Week,* Michael J. Mandel, escribió un libro titulado *La depresión de internet* en el que comparaba a la «vieja economía» con un automóvil y a la «nueva economía» con un avión; en un coche, si sucede algo imprevisto, lo natural es pisar el freno; un avión, sin embargo, necesita de una determinada velocidad para no caer: «Cuando un avión entra en barrena y empieza a desplomarse, sólo un piloto experimentado sabe que la respuesta correcta, poco intuitiva por otra parte, es bajar el morro y aumentar la potencia; por el contrario, alguien que sólo haya conducido coches reaccionaría tratando de subir el morro, lo cual ralentizaría más el avión y haría más probable la caída».

Tras la burbuja de las «puntocom» hay dos accidentes económicos antes de llegar a la Gran Recesión: los relacionados con la corrupción empresarial a través de la contabilidad creativa (cuyo icono fue la empresa Enron) y el de los fondos de inversión y de pensiones.

El escándalo de Enron –engaños contables para estafar a los ciudadanos en general, a los inversores, a los trabajadores y a los jubilados de la empresa que tenían sus planes de pensiones en la misma– marcó un punto de inflexión sobre el papel que la economía del engaño jugó al principio del milenio en el centro del sistema (Estados Unidos) y, por extensión, en el resto del planeta. A partir de ese momento se extendió por el mundo un sentimiento de desconfianza ante el sistema de economía de mercado que todavía no se ha vencido.

Enron era la séptima empresa estadounidense por tamaño y llegó a valer en Bolsa 80.000 millones de dólares. De un día para otro, en el invierno de 2001, suspendió pagos. Fue la mayor bancarrota hasta ese momento de la historia norteamericana. Dejó en el paro a todos sus trabajadores, arruinados a miles de inversores y sin los ahorros de toda la vida a los jubilados que suscribieron un plan de pensiones ligado al valor de la acción de la empresa. Al tiempo que eso ocurría, muchos ejecutivos de Enron, con información confidencial, vendieron sus acciones antes de que cayeran en el abismo y recibieron cuantiosas gratificaciones. Ni los bancos de inversión que recomendaron comprar los valores de Enron hasta el día anterior a la catástrofe, ni las agencias de calificación de riesgos que valoraron sus acciones al nivel más alto (triple A), ni la compañía auditora Arthur Andersen, que daba un informe limpio año tras año sobre sus cuentas (desapareció tras el descrédito que sufrió), ni los organismos reguladores de los mercados de valores, ni la prensa especializada que halagaba la labor cotidiana de la sociedad como un icono de la modernidad eficaz descubrieron que Enron estaba en quiebra y que había vaciado su balance creando cientos de sociedades fantasmas fuera de control.

Fue por ello por lo que Paul Krugman, en uno de sus habituales artículos en el *New York Times*, hizo una analogía entre los atentados terroristas del 11-S y la bancarrota de Enron:

> Fue un acontecimiento traumático. La percepción que teníamos los americanos del mundo y de nosotros mismos cambió a una velocidad increíble. Parece como si hasta entonces hubiéramos vivido en una especie de inocencia ciega, sin conciencia de los peligros reales que acechaban. No, no estoy hablando del 11-S, estoy hablando del escándalo Enron [...] No conozco ningún otro caso en el que la empresa más admirada de todas haya resultado ser un fraude [...] Antes de que Enron se hundiese, la historia de la economía parecía tener más de comedia que de tragedia. Sí, mucha gente perdía dinero, pero era debido a su estupidez; compraban acciones porque creían en todas estas tonterías de la «nueva economía». Ahora, la historia parece infinitamente más turbia. La gente no se engañó a sí misma, fue engañada.

Los fondos de inversión y de pensiones son el corazón del capitalismo; en ellos depositan sus ahorros centenares de millones de ciudadanos de todo el planeta a los que se ha convencido previamente de que, sobre todo por un efecto demográfico, sus pensiones públicas, en caso de existir, serán irrelevantes. También la industria de estos fondos en Estados Unidos, la más importante del mundo, entró en una profunda crisis de confianza por sus numerosas irregularidades durante la Administración Bush.

Crisis de confianza en las empresas y crisis de confianza en los fondos: dinamita. Al entrar los fondos de inversión en la secuela de escándalos financieros que asolaban a Estados Unidos la enfermedad moral del capitalismo *neocon* cambiaba de naturaleza: cuando empresas como Enron o WorldCom quebraban, los perjudicados eran sus accionistas, los inversores, sus directivos, los trabajadores y sus jubilados. Decenas, centenares o miles de personas, pero una minoría. Pero si los fondos de inversión sufren algún tipo de avería, los perjudicados son millones, decenas de millones, centenares de millones de personas. Entonces afecta al conjunto del sistema. En 2003, 95 millones de ciudadanos estadounidenses tenían sus ahorros depositados en los más de ocho mil fondos que operaban allí, por valor de siete billones de dólares, lo que equivale a lo que produce un país como España durante siete años seguidos. Pero, además, esa crisis no afectaba sólo a ciudadanos americanos, sino a los de todo el mundo. Los gestores de los principales fondos de inversión gestionan más dinero que los presupuestos de muchos países. Cuando el entonces fiscal general de Nueva York, Eliot Spitzer, denominado «el sheriff de Wall Street», comenzó a investigar los engaños de los fondos de inversión declaró: «Un pozo inmundo».

Aunque fueron los casos más sonados, los de la América corporativa o los fondos de pensiones no fueron los únicos en la etapa Bush. El 18 de noviembre de 2003 una cadena de televisión consiguió las imágenes de una redada en Manhattan Sur: alrededor de una cincuentena de intermediarios financieros especializados en operaciones con divisas eran detenidos por agentes del FBI. A los intermediarios se les acusaba de extorsión, estafa a los inversores y blanqueo de dinero negro, una práctica que en algunos casos venían desarrollando desde hacía al menos dos décadas. Unas semanas antes se había destapado otro caso: esta vez se trataba de la Bolsa de Nueva York. Su presidente, Richard Grasso, había ideado un método, desconocido por la mayor parte de los operadores que le pagaban, para cobrar durante ese ejercicio (2003) más de 180 millones de dólares, cuando el mercado de valores no se había recuperado de la larga crisis que le había debilitado tanto. El hombrecillo que tocaba la campana de Wall Street en los días especiales tuvo que dimitir y fue sustituido por John Reed, anterior número uno de Citigroup, el primer grupo financiero del mundo.

Ni un día sin escándalo. El capitalismo de los *neocons* parecía un casino sin reglas o un juego de muñecas rusas en el que fallaban todas las murallas chinas: conflictos de intereses entre los consejos de administración y los accionistas, conflictos entre los accionistas y los ejecutivos, conflictos entre las empresas y sus compañías auditoras, conflictos entre los servicios de auditoría y de consultoría dentro de una misma auditora, conflictos entre los servicios de inversión y asesoramiento dentro de los bancos de inversión, etcétera. También entre las agencias de calificación de riesgos y los inversores, y entre los organismos reguladores y la Justicia. Una larga cadena.

¿Qué tenía que ver ese capitalismo de latrocinio con el de sus padres fundadores, Adam Smith, Max Weber, Benjamin Franklin? El Premio Nobel de Economía, Joseph Stiglitz, ha escrito que esa regulación tan despreciada por los *neocons* es la que impide a las empresas y al sector financiero aprovecharse de su capacidad de monopolio cuando la competencia es limitada; ayuda a mitigar los conflictos de intereses y las prácticas abusivas, de modo que los inversores puedan tener confianza en que el deficiente mercado proporciona un marco de juego limpio y que aquéllos que dicen que obran en defensa de sus intereses en realidad lo hacen así. La otra cara de esto es que la regulación actúa en detrimento de los beneficios rápidos; por ello se multiplicaron los *lobbies* a favor de la autorregulación o de la desregulación. Stiglitz entendía que los escándalos generalizados derrumbaron estrepitosamente los fundamentos intelectuales de la economía del *laissez-faire,* renovada por los *neocons:* la creencia en que los mercados se bastan a sí mismos para manejar con eficacia (no con justicia) toda la economía. En *Los felices 90* sentencia:

> El mantra de la desregulación se ha desvelado como una trampa que, lejos de llevarnos al grado de regulación más adecuado, nos ha conducido a la supresión irreflexiva y sin más de todo mecanismo regulador. Nada tiene de casual que el origen de tantos problemas de los felices noventa se remonte al momento en el que se desregularon sectores como el de las eléctricas, las telecomunicaciones y las finanzas [...] Las economías de mercado no se autorregulan, son zarandeadas por golpes que están fuera de su control, tienen tendencia a las manías y los pánicos, a la exageración irracional y al pesimismo, a las estafas y a una asunción de riesgos que roza la de los juegos de azar, y a que muchos de sus errores y fechorías sean soportadas por toda la sociedad.

Todavía le quedaba a la Administración *neocon* de Bush la prueba más difícil: el estallido de la Gran Recesión, cuyo núcleo principal correspondería a los años de Barack Obama y cuyos orígenes tienen que ver con decisiones tomadas antes por la Administración Clinton, en una demostración de cómo las ideas neoliberales habían contagiado a todo tipo de gobernantes. Todo comenzó en el verano de 2007 con el estallido de las hipotecas *subprime* (hipotecas de alto riesgo que se concedían a quienes no podían pagarlas, con escasas garantías y con tipos de interés variables, crecientes y más altos que en el mercado convencional). Para disminuir los riesgos adquiridos al conceder estas hipotecas, los bancos las empaquetaban (o las «titulizaban»: proceso de reunir en un mismo paquete las hipotecas individuales y a continuación dividirlas entre diferentes títulos de valores a medida de las necesidades de los inversores, y que pueden ser vendidas por el banco emisor en busca de rendimientos más altos).

Estos productos tan sofisticados, que se unían a otros muy difíciles de entender para el inversor (que el multimillonario Warren Buffett denominó «armas de destrucción masiva»), eran posibles por la desregulación del mercado financiero que se había iniciado con Clinton y había continuado Bush.

En el oscarizado documental cinematográfico *Inside Job* se describe el contexto en que explotó la burbuja inmobiliaria en Estados Unidos: hace treinta años, si se pedía un crédito para comprar una vivienda, el prestamista esperaba que le devolviesen el dinero; con la «titulización» descrita los prestamistas ya no corrían riesgos si no se cancelaba la deuda (los habían vendido a otro, y éste a otro...). Antiguamente, cuando un propietario pagaba cada plazo de su hipoteca su dinero iba al prestamista local y, como se tardaba décadas en terminar de pagarla, los prestamistas eran prudentes. Cuando estalló la burbuja, al existir las hipotecas *subprime* o locas, los prestamistas las habían vendido a otros bancos y éstos las combinaban por miles con créditos para comprar un coche, un electrodoméstico, la segunda vivienda, las tarjetas de crédito... Este sistema era una bomba de relojería ya que a los prestamistas les dejaba de preocupar la cancelación de la deuda y empezaron a arriesgar más y más.

Entonces el precio de las casas empezó a caer y los tipos de interés a subir. Los clientes insolventes de las hipotecas locas dejaron de pagar sus plazos mensuales o trimestrales. Las tasas de morosidad aumentaron, los bancos que vendían y los bancos que compraban los paquetes dejaron de confiar unos en los otros y dejaron de prestarse entre sí; se dejaron de conceder créditos. En el documental, el economista jefe de Citigroup Willen Buiter declara: «La banca se convirtió en un concurso de meadas. A ver quién la tiene más grande».

Había comenzado la Gran Recesión, la crisis más grave del capitalismo después de las dos guerras mundiales y de la Gran Depresión de los años treinta del siglo pasado. Le había tocado a Bush y su equipo de *neocons* administrarla en su inicio. Era tan grave que todo parecía posible. Incluso una explosión del sistema financiero mundial, que sólo se evitó con la intervención multimillonaria y masiva de los Gobiernos, encabezados por el estadounidense.

El neoliberalismo y el capitalismo del *laissez-faire* eran farsas, postulados que sólo servían cuando las cosas iban bien para los capitalistas; cuando iban mal, se socializaban las pérdidas con dinero de todos. La capacidad autodestructiva de las finanzas tuvo su epicentro en el corazón del sistema, Wall Street. La impotencia de los protagonistas privados del caos financiero para volver a la normalidad sin la presencia costosísima de los gobiernos, con el capital de los contribuyentes, se manifestó, por ejemplo, en una serie de declaraciones de Henry Paulson, el secretario del Tesoro de Estados Unidos con Bush, a quien le tocó lidiar con los momentos más difíciles de los problemas: la bancarrota de Lehman Brothers, el cuarto banco de inversión americano, un auténtico gigante de las finanzas mundiales. Paulson, extraordinario ejemplo de las puertas giratorias (pasó directamente de ser el primer ejecutivo de Goldman Sachs a secretario del Tesoro) hizo las siguientes dos afirmaciones casi consecutivas: «El mercado se estabilizará. Sólo hay que darle tiempo» (agosto de 2008 en China, durante los juegos olímpicos de Pekín) y «No sé qué va a pasar» (inmediatamente después de la quiebra de Lehman Brothers y de la nacionalización por parte del Gobierno americano de la aseguradora American International Group [AIG], en septiembre de ese año). La tercera declaración pertenece a la ficción, pero es muy verosímil. La expresa el actor William Hurt, que interpreta a Paulson en la película *Too big to fail* («Demasiado grande para quebrar»), traducida en castellano con el más neutral título de *Malas noticias:* «La gente se está preguntando "¿mi dinero está a salvo?", y comienzan a retirar efectivo. Y luego colas ante los bancos, destrozo de los cajeros y en dos semanas no hay leche en las tiendas».

Se evitó el desastre en aquel septiembre de 2008, pero a un coste gigantesco en deuda y déficit públicos. Para volver a un cierto equilibrio de las cuentas públicas, lo que los gobiernos gastaron en ayudas de todo tipo a sus bancos se tuvo que deducir del resto de las obligaciones de los estados: disminuyó el gasto público y especialmente el gasto social que se invierte en educación, sanidad, dependencia, pensiones, seguro de desempleo... Ello se tradujo en una redistribución inversa de la riqueza y de las rentas. Se salvó a los bancos y a los banqueros que habían causado el desastre a costa del sufrimiento de mucha gente. No era de extrañar que muchos perdedores de la Gran Recesión la hayan considerado una gran estafa, que ha dado lugar a las reacciones posteriores de los indignados y a la crisis de representación política en el seno de las democracias.

El último trimestre de 2008, que coincidió con los últimos tres meses de George W. Bush en la Casa Blanca, fue calificado como «el trimestre del diablo». Parecía una maldición caída sobre los *neocons* por sus muchos abusos e intentos de restaurar un capitalismo del *laissez-faire* sin regulaciones y con privatizaciones. Tuvieron que hacer exactamente lo contrario para evitar el fin del sistema económico. Sirva una enumeración de las principales medidas que hubieron de tomar y que no podían esperar al nuevo presidente Barack Obama, que había ganado las elecciones arrolladoramente y que tomaría posesión en el siguiente mes de enero:

–7 de septiembre de 2008: El Gobierno de Bush nacionaliza dos grandes agencias hipotecarias, conocidas como Fannie Mae (creada en 1938, en medio de la Gran Depresión) y Freddie Mac (de 1947, fundada para beneficiar a los veteranos de la Segunda Guerra Mundial), después de que sus cotizaciones bursátiles se desplomaran.

–15 de septiembre de 2008: Quiebra del cuarto banco de inversión americano, Lehman Brothers. El secretario del Tesoro hizo ímprobos esfuerzos para que se lo quedasen otros banqueros, pero fracasó. Cuando se lo ofrecieron al banco británico Barclays, las autoridades de ese país contestaron: «No queremos importar vuestro cáncer».

–15 de septiembre de 2008: Bank of America compra Merrill Lynch antes de que éste caiga como Lehman Brothers, infectado por decenas de miles de millones de hipotecas basura y otros activos tóxicos.

–16 de septiembre de 2008: El Gobierno americano nacionaliza el 79,9% de American International Group (AIG), una de las mayores aseguradoras del mundo. AIG se había especializado en seguros de impagos de los créditos. Cuando estas deudas recayeron sobre la mayor parte de los bancos, que tenían «paquetes» con hipotecas basura, la compañía de seguros se encontró con que tenía que hacer frente a todas sus obligaciones al mismo tiempo y no disponía de suficiente dinero para ello. La inseguridad sería catastrófica y produciría una reacción de pánico en cadena; para evitarla se nacionalizó sin complejos la compañía.

–21 de septiembre de 2008: Dos de los más importantes bancos de inversión, Goldman Sachs y Morgan Stanley, modifican su condición legal, pasando de ser bancos de inversión a bancos comerciales para que la Reserva Federal les pueda otorgar préstamos para operar. A cambio, podrán ser supervisados con más rigor que hasta entonces.

–25 de septiembre de 2008: El secretario del Tesoro de Bush, Henry Paulson, pide permiso al Congreso para instrumentar el primer paquete de ayudas públicas al sector bancario, por valor nada menos que de 700.000 millones de dólares. Con el fin de convencer a los congresistas de que había que intervenir con una cantidad tan masiva de dinero público proveniente del esfuerzo de los contribuyentes, Paulson –que presenta el rescate un viernes por la tarde, con un largo fin de semana por delante con los mercados cerrados– declara: «Si no hacemos esto ya, el lunes no habrá economía».

El circuito infernal, tan conocido en otras crisis, había vuelto a manifestarse, pero en grado superlativo: falta de confianza, ausencia de crédito, hundimiento de las bolsas, retracción empresarial a la inversión, recesión en la economía real, aumento del desempleo, pérdida de renta disponible, disminución de los ingresos públicos en forma de impuestos, etcétera.

Entonces, los partidarios del *laissez-faire*, los *neocons* que enarbolaron al llegar las banderas de la libertad de empresa y el monetarismo de la Escuela de Chicago, tuvieron que desempolvar a toda velocidad, muy a su pesar, al viejo John Maynard Keynes de sus oponentes ideológicos. De repente, los banqueros, economistas, políticos, intelectuales orgánicos de los *neocons* se volvieron keynesianos por necesidad, aunque vergonzantemente: el Estado entró en el capital de las entidades nacionalizadas, pero sin ejercer los derechos políticos correspondientes y sin cambiar a los primeros ejecutivos, aquéllos que las habían llevado al desastre. El Estado fue un accionista, a veces mayoritario, sin voto en las reuniones de los consejos de administración. En la película *Malas noticias*, al describir las intervenciones que se iban a producir, uno de los ayudantes del ficticio secretario del Tesoro dice, dirigiéndose a su interlocutor: «¿Te refieres a esa palabra que empieza con "n"?». Ni siquiera se atrevían a conjugar el verbo nacionalizar, asociado tantas veces con el socialismo y la izquierda en la continua batalla ideológica. Había llegado el diablo. Pero quien estaba poniendo en práctica esa política de intervenciones masivas y de nacionalizaciones del sistema financiero era el Ejecutivo del Partido Republicano, plagado de políticos e ideólogos *neocons*, enemigos acérrimos de la presencia del sector público en la economía. Ésa fue la herencia que dejaron a Barack Obama. Durante los años en la Casa Blanca del primer presidente demócrata de raza negra, los *neocons* llenaron sus petates y volvieron a replegarse una vez más a sus cuarteles de invierno en el sector privado. Algunos de ellos, sus descendientes y, sobre todo, muchas de sus ideas volvieron en la tercera fase de la Revolución conservadora, comandada por ese personaje estrafalario llamado Donald Trump.

7

No es una crisis, es que ya no te quiero

2011, LA ÚLTIMA OPORTUNIDAD

La tercera oleada de revueltas de la tribu de los topos en el último medio siglo estalló en los albores del segundo decenio de la centuria actual con el movimiento de los indignados, el más planetario de todos los existentes hasta el momento, el más ilusionante, el más masivo. Fue una explosión de esperanza ante las inercias del sistema. Casi una fiesta. Su momento mágico fue el año 2011, cuando confluyó la contestación en muchos lugares a la vez. La mayoría de sus participantes creyeron, una vez más, que todo podía ser posible, a veces con la misma ingenuidad que tuvieron sus abuelos cuando soñaron en Mayo del 68. Una de las características de los sucesivos movimientos revolucionarios protagonizados por los jóvenes en este tiempo es que han tendido a devaluar la fuerza del oponente, tan gigantesca y dispuesta a utilizar las armas a su alcance.

Ese «todo podía ser posible» incluía la transformación del sistema político y del sistema económico existentes, tan dependientes el uno del otro. O más bien, tan dependiente el primero del segundo. Pensaron que podían derrotar a la hidra de dos cabezas.

Si en la imaginación de la gente Mayo del 68 fue París, y el movimiento antiglobalización fue Seattle, los indignados tuvieron dos plazas emblemáticas que dieron la vuelta al mundo: Madrid y Nueva York. El escritor británico Timothy Garton Ash ha denominado a esta comunidad de ciudadanos indignados por tanta complicidad entre el mundo del dinero y el de la política «la Quinta Internacional». Sorprendentemente, y teniendo en cuenta los precedentes sesentayochistas, los indignados del siglo XXI no se han reclamado más que de forma subsidiaria de la Revolución rusa, de la que acaba de cumplirse su primer centenario, sino que sobre todo han hablado de «retomar el hilo roto de 1789», la Revolución francesa, lo que más se aproximaría para ellos a «una verdadera democracia» liberada de la influencia directa del dinero: un poder derivado directamente de la ciudadanía. No se sentían bolcheviques sino ciudadanos, en el sentido que este concepto se desarrolla en la Revolución francesa. Tampoco han reivindicado, como hicieron los sesentayochistas, a Jean-Paul Sartre sino a un rejuvenecido Albert Camus del que hicieron propio su lema de *Combat*, el periódico que dirigió contra los nazis: «De la resistencia a la revolución». Un circuito ideológico que revela el acontecer del mundo: de «todo el poder a los sóviets» al empoderamiento ciudadano; de «el marxismo es todopoderoso porque es cierto» a «Libertad, Igualdad, Fraternidad».

> Miles de ciudadanos americanos con ideas afines se congregaron en protestas y manifestaciones espontáneas de costa a costa contra la concentración de la riqueza en manos de una clase privilegiada y la indiferencia de la sociedad ante los más necesitados, con el objetivo último de generar un movimiento a escala nacional. Los medios de comunicación fueron tomando conciencia poco a poco de su presencia, para después defender sus reivindicaciones en los primeros planos. La clase política no sabía si censurar a los manifestantes, adherirse a ellos o asimilarlos.

Estas palabras, que podrían reflejar lo sucedido en Estados Unidos en 2011, cuando prende el movimiento Occupy Wall Street (OWS), no fueron escritas ese año sino en 1934, en plena Gran Depresión, cuando los ciudadanos empezaron a ser conscientes de que no todo el mundo sufría de igual modo las consecuencias de la mayor crisis del capitalismo fuera de las dos guerras mundiales. El texto, encontrado por el columnista de la sección de negocios de *Los Angeles Times,* Michael Hiltzik, abunda en una idea común a los rebeldes de esta generación: que la ira en las calles y plazas no se suele deber –al menos en los países del Primer Mundo– a la dureza absoluta de las circunstancias económicas de los ciudadanos, sino a la forma desigual en la que han de soportarlas los diversos segmentos de la población, y a la desatención que sufren los más desfavorecidos.

Aunque en 2011 existían muchas condiciones objetivas para una revuelta generalizada, los politólogos y el resto de observadores sociales se vieron sorprendidos por la explosión y extensión de los movimientos de protesta. ¿Por qué en este momento y no en otro de circunstancias más o menos semejantes? Las circunstancias objetivas (paro masivo, precarización estructural, desigualdad exponencial, marginación de los problemas de los jóvenes en los programas de los principales partidos...) ya estaban presentes desde hacía bastante tiempo y no había sucedido nada.

Cuando la noche de un día de mayo de 2014 un partido político español que se consideraba heredero directo de aquel año mágico de 2011 y que apenas hacía cinco meses que existía lograba en las primeras elecciones a las que concurría (elecciones al Parlamento Europeo) un 8% de los votos, su líder, Pablo Iglesias, se dirigió a una multitud enfervorizada y dijo: «Lo que hemos hecho aquí se estudiará en las facultades de Políticas de todo el mundo». Lo afirmaba con conocimiento de causa: el oficio de Iglesias era el de profesor de Ciencia Política. El sociólogo Manuel Castells lo ha desarrollado en sus últimos libros, que indagan en las causas de la agitación sobrevenida en el mundo y de la crisis de representación política que la misma ha supuesto en muchos países: «Ocurrió cuando nadie lo esperaba. En un mundo presa de la crisis económica, el cinismo político, la vaciedad cultural y la desesperanza, simplemente ocurrió».

¿Y qué fue lo que ocurrió? Que miles de jóvenes, acompañados en muchos casos por sus padres o sus hermanos mayores antiglobalización y sus abuelos *soixante-huitards*, reventaron las calles y plazas de muchísimos lugares del mundo exigiendo un futuro que les estaba vedado (esos jóvenes estaban viviendo, en muchos casos, peor que sus antecesores, en una regresión de la historia), y exigieron que sus representantes políticos, aquéllos que estaban elegidos para que les ayudasen a solucionar sus problemas colectivos y los problemas públicos, pensasen más en el bien común que en sus intereses particulares. Los dos lemas centrales de la revuelta conducían directamente al corazón del sistema: «¡No nos representan!» y «¡Democracia real ya!».

La coyuntura favorecía a la contestación: la crisis económica más fuerte desarrollada en el interior del capitalismo, si se exceptúan la Gran Depresión y las guerras mundiales, y que ha tenido en los jóvenes uno de los colectivos que más la han sufrido en forma de paro, pobreza, reducción de la protección social y, sobre todo, una precarización estructural de sus condiciones de vida; una gestión de la Gran Recesión, que es el nombre dado a lo acontecido a partir del año 2007, ineficaz, desigual e injusta, de modo que se está saliendo de ella con una acentuada redistribución negativa de la renta, la riqueza y el poder; y una crisis de representación política motivada por el hecho de que los jóvenes, en quienes se ha multiplicado de modo exponencial la desconfianza por las continuas promesas incumplidas, tampoco se fían de los partidos políticos tradicionales y miran a la aparición de nuevas formaciones que les hagan caso. Castells escribe:

> De pronto la gente derrocaba dictaduras sólo con sus manos, aunque estuviesen cubiertas con la sangre derramada por los caídos [se refiere en este caso a los países árabes]. Los magos de las finanzas pasaron de ser objeto de envidia pública a objetivo del desprecio universal. Los políticos quedaron en evidencia como corruptos y mentirosos. Se denunció a los gobiernos. Los medios de comunicación se hicieron sospechosos. La confianza se desvaneció.

No fue sólo la pobreza y la desigualdad, o la crisis económica, o la falta de democracia la que provocó la rebelión. Fue la suma de los tres elementos, a los que se unió la humillación causada por el cinismo y la arrogancia de los poderosos, que simulando que no estaba pasando nada diferente que en otras situaciones anteriores pensaron que lo mejor era que la queja se pudriera por agotamiento, sin hacer nada. Como en tantas ocasiones.

La mayor parte de estos movimientos indignados tuvo características comunes, a pesar de las diferencias de contextos y demandas: ira contra los gobiernos o los partidos políticos tradicionales; desconfianza frente a los medios de comunicación clásicos a los que calificaban de máquinas de manipular en beneficio de sus propietarios, pertenecientes a las oligarquías financieras, empresariales o políticas; furor contra la complicidad existente entre las élites económicas y las élites políticas, que servían a las primeras y olvidaban a sus representados; rechazo de las organizaciones formales y de las formas clásicas de hiperliderazgo, asumiendo sus decisiones, tanto las grandes como las minúsculas, de modo asambleario y, por tanto, en muchas ocasiones de forma lenta y caótica. Cuando la protesta se hizo masiva, todo ello engendró momentos emocionales muy intensos que fueron transformando su naturaleza conforme los movimientos tomaban cuerpo e identidad: se pasó del miedo individual al sentido de pertenencia a una comunidad, de éste a la indignación, y de la indignación a la política, incluyendo en algunos casos la política institucional (este último paso no se logró dar en Mayo del 68 ni con los altermundistas).

Por un lado, estuvieron las revueltas de la Primavera árabe, la mayor parte lamentablemente fallidas. Tras las de Túnez y Egipto se multiplicaron los días de la ira en casi todos los estados de la región: Argelia, Líbano, Jordania, Sudán, Omán, Yemen, Libia, Kuwait, Marruecos, Arabia Saudí, Siria, Baréin... Por el otro, Turquía (el argumento fue tan nimio como la defensa del parque Gazi, víctima de la especulación urbanística), Chile (la educación elitista y privatizada), México (el asesinato y secuestro de estudiantes y mujeres), Rusia (frente al autoritarismo de Vladímir Putin), Ucrania (la plaza Maidán), la revolución de los paraguas en Hong Kong..., Israel, Brasil, y sobre todo las continuas movilizaciones en el sur de Europa (Grecia, España y Portugal) contra las políticas de «austericidio» que llegaban de una Unión Europea ciega y sorda. En casi todos los casos, esas manifestaciones de crítica frontal al poder establecido en el Gobierno o en la oposición, y siempre residenciado en el sistema financiero, al que los indignados calificaron como el verdadero poder fáctico de nuestros días (y, por consiguiente, el más peligroso), han sido palancas de cambio político y de poder transformador más allá de las coyunturas.

En todas ellas hubo un elemento tecnológico nuevo respecto a otros «momentos rebeldes»: la eclosión de internet y de las redes sociales, que predijeron una nueva época de movilizaciones distintas. Lo mismo sucedió en la Primavera árabe, en la que los medios digitales tuvieron un papel excepcional, proporcionando las primeras infraestructuras para movilizaciones de características diferentes de las tradicionales. Cuando el 15 de octubre de 2011 confluyó la mayor parte de las protestas, que se estaban desarrollando en lugares del mundo muy distantes entre sí, en una red global bajo la bandera de «¡Unidos por un cambio global!» (casi un millar de ciudades de 82 países), se mostró en toda su extensión la influencia de esas nuevas redes sociales. Así se transitó del espacio virtual al espacio físico, en muchos casos sin intermediación alguna de los partidos, sindicatos y los medios de comunicación tradicionales. Los indignados han sospechado de la mayor parte de las intermediaciones existentes. Esta sospecha subió de tono en relación a los medios de comunicación cuando tardaron tanto en notificar a los ciudadanos lo que estaba ocurriendo en muchas calles y plazas del mundo (cuando se llenaron, ya no pudieron ignorarlo). Una pancarta en Madrid servía para explicar la relación entre los manifestantes y los medios de comunicación en la Puerta del Sol: «¡No es una crisis, es que ya no te quiero!».

Aunque la realidad corrobore en buena parte el poder movilizador de las redes sociales, ha habido analistas que lo discuten y lo matizan. César Rendueles, autor de uno de los textos de referencia sobre estos temas, *Sociofobia*, ha escrito que los partidarios de unos medios de comunicación digitales casi únicos, convencidos de que cabalgan a lomos del caballo ganador, son en realidad «ponis de feria desde los que miran por encima del hombro a las televisiones y a las radios, como si fueran dinosaurios a punto de desaparecer en un proceso de darwinismo tecnológico». En un artículo que complementa a su libro, Rendueles cita al polémico anarquista Hakim Bey, que dice algo muy sensato en estos tiempos de análisis muchas veces acrítico de internet y sus redes:

> El vago sentimiento de que se está haciendo algo radical al sumergirse en una nueva tecnología no puede ser dignificado con el título de acción radical. La verdad es que, para mí, en la red se está hablando más y se está haciendo menos. Es por eso que empecé a sospechar que las aplicaciones «revolucionarias» de la red no llegarían nunca. Habría sentimientos, presupuesto, y se invertirían grandes recursos emocionales en la noción de «comunidad virtual». Pero en el mundo real, el de la producción, el del poder y la corporeidad, nada especial cambiaría. En este punto empezó a parecerme que la red es un espejo perfecto del capital global. Hay un «mercado libre» de información –pero no necesariamente hay libertad para ninguna otra cosa que no sea la información– igual que hay un mercado libre para el dinero, pero no hay ninguna libertad para cualquier otra cosa que no sea el dinero.

Hablar más y hacer menos. Éste es un diagnóstico que se amolda a ciertas experiencias: hay mucho radical que se queda en casa, con su ordenador, su teléfono inteligente o su tablet, en vez de estar en la calle; que polemiza (muchas veces de modo anónimo o con un heterónimo) a través de las redes sociales, a ver quién es más revolucionario o más revoltoso, generando lo que se ha denominado *shitstorms*, tormentas de mierda. Eli Pariser, presidente de MoveOn, una plataforma de activismo político, habla de «maoísmo digital» en *El filtro burbuja*, y defiende que internet, que nació para facilitar el flujo de ideas e información, se está cerrando sobre sí mismo bajo la presión del comercio y la monetización. Byung-Chul Han, filósofo alemán de origen coreano, defiende que la comunicación anónima, fomentada por el soporte digital, destruye masivamente el respeto. Y una sociedad sin respeto conduce irremediablemente a la sociedad del escándalo. O al fascismo. Las *shitstorms* no son capaces de cuestionar las relaciones dominantes del poder, sino que suelen precipitarse sólo sobre personas particulares (por muy poderosas que sean), a las que comprometen o a las que convierten en motivo de escándalo. Rendueles escribe que mucha gente ha malinterpretado la relación de los indignados españoles del 15-M con las redes sociales, al entender que la tecnología de la información fue un factor condicionante de ese proceso político. En su opinión sucedió exactamente al revés: el 15-M fue un proceso tortuoso porque tuvo que superar «el brutal bloqueo que genera el ciberfetichismo consumista». Así, internet se habría convertido en un arma formidable no para sacar a la gente a la calle, sino cuando la gente ya ha salido a la calle. Y ello también es discutible: hay ciudadanos que salen a la calle la primera vez, se enardecen, observan... y vuelven a su soledad cibernética. «Hay que dejar de pensar que intervenir en un espacio público es escribir mensajes revolucionarios en las redes sociales», afirma. La indignación digital es un estado afectivo que no desarrolla, por sí mismo, ninguna fuerza poderosa de acción. Byung-Chul Han puso en circulación el concepto de «enjambre digital». Entiende que las olas de indignación son muy eficientes para movilizar y aglutinar la atención, pero en virtud de su carácter fluido y de su volatilidad no son apropiadas para configurar un discurso público, el espacio público. Por eso son incontrolables, incalculables, inestables, efímeras y amorfas: crecen súbitamente y se dispersan con la misma rapidez. Les falta la estabilidad, la constancia y la continuidad para el discurso público.

Las olas de indignación muestran una excesiva identificación con la comunidad, no constituyen ningún «nosotros» estable, se dispersan con rapidez. ¿Fue por ello por lo que un grupo de participantes en el 15-M pensó que era preciso crear un partido político como Podemos? La postura «multitud indignada» es fugaz y dispersa; le falta la «masa», la gravitación que es necesaria para la acción continuada. Según el filósofo alemán, el enjambre digital no es ninguna masa porque no es inherente a ningún «alma», a ningún «espíritu». El alma es congregadora y unificante; el enjambre digital consta de individuos aislados. Los individuos que se unen en un enjambre digital no desarrollan ningún «nosotros». No se manifiestan como una sola voz y por eso el enjambre es percibido como ruido. Al mundo cerrado del *homo digitalis* le suelen ser extraños los espacios abiertos donde se concentra mucha gente (manifestaciones, estadios de fútbol, conciertos de música, anfiteatros...). Los habitantes de la red no se congregan, sino que constituyen «una concentración sin congregación», una multitud sin interioridad, son *hikikomoris*, personas que viven al margen de la sociedad, que se pueden pasar el día entero apenas sin salir de casa, aislados, singularizados, solitarios ante su ordenador. El enjambre digital se distingue, al fin, de las masas clásicas en que éstas no son volátiles sino voluntarias: no constituyen formaciones fugaces sino firmes, con un alma unida por una ideología, un equipo de fútbol, un conjunto musical. La masa marcha en una dirección, el enjambre no marcha, se disuelve tan deprisa como ha surgido. Son como los rebaños de ovejas.

Sigamos con esta argumentación que pone en cuestión la versión más lineal del papel de las redes sociales en la sociedad del siglo XXI. En el extremo, con esta filosofía de vida, ¿para qué les sirven los partidos políticos, los sindicatos, las juntas de vecinos o las asambleas de ciudadanos a los componentes del enjambre digital? Este interrogante no se despeja cuando se observa la anomia de las masas en estos tiempos digitales, pese a las condiciones objetivas para la revuelta: el «socio» deja el espacio al «solo». Lo que desgraciadamente caracteriza a muchos de estos seres, aunque pertenezcan al precariado más explotado o a las capas sociales más victimizadas por la crisis, no es que la unión hace la fuerza (el lema «¡El pueblo unido jamás será vencido!» se escucha cada vez menos, como si se sospechase de la solidaridad de clase o de grupo) sino la soledad (el narcisismo) o, todo lo más, la unión especializada entre iguales (las mareas). La privatización llega al alma de estas personas. En lugar de respirar con los demás y sentir la solidaridad, se esconden en una madriguera digital. Ello les genera cierto confort y les excusa la mala conciencia porque no tienen que enfrentarse a una realidad muy fea y desmoralizante. Para Rendueles no tiene explicación clara que a pesar de las características onanistas de quienes forman parte de un enjambre digital, las tecnologías de la información y la comunicación, e internet, sean saludadas siempre como un avance hacia la democracia, que generen una falsa pero abrumadora sensación de consenso.

No es ésta la tesis de Castells, quien en uno de sus libros de referencia sobre estos asuntos, *Redes de indignación y esperanza,* hace una defensa casi apologética de los movimientos sociales en red como fórmula contemporánea de «conectar las mentes, crear significado, contestar el poder», como se titula el prólogo a su texto. Para corroborarlo, Castells establece unas analogías muy interesantes entre dos países tan diferentes como son el Túnez de la Primavera árabe y la Islandia en el centro de la Gran Recesión. ¿Qué tienen que ver ambos países? Nada en absoluto, y sin embargo, los levantamientos públicos que pusieron en jaque a los gobiernos entre los años 2009 y 2011 «se han convertido en referencia para los movimientos sociales que sacudieron el orden político del mundo árabe y desafiaron a las instituciones políticas europeas y estadounidenses».

Recordemos. En febrero de 2010, un vendedor ambulante llamado Mohamed Buazizi se prendió fuego en una pequeña ciudad del centro de Túnez para protestar contra la corrupción de su país (de la que él era una víctima directa), iniciando lo que después se denominará, por su gran capacidad de contagio, «Primavera árabe». En este caso, las continuas manifestaciones ciudadanas terminaron con el exilio del dictador Zine El Abidine Ben Ali y su familia. Castells destaca el papel central de internet a la hora de extender y coordinar la revuelta: las redes sociales, los blogueros, los ciberactivistas que, además, encontraron un poderoso aliado en la televisión por satélite fuera del control del Gobierno, en especial de la cadena catarí Al Jazeera. Se generó una relación simbiótica entre una parte de la gente (ejerciendo una especie de periodismo ciudadano) que cargaba sus teléfonos móviles con imágenes e información, que subía a YouTube, a las redes sociales y a la televisión, que luego retransmitía al conjunto. Ello fue posible por la preexistencia de una sólida cultura previa de ciberactivismo.

Las primeras imágenes de *Inside Job* son de Islandia, un pequeño país cuya economía se había basado siempre en la pesca y que casi de repente se unió a la red de las finanzas internacionales, convirtiendo tres pequeños bancos locales en sofisticadas instituciones financieras a las que acudían no sólo los islandeses, sino ciudadanos de otros países en busca de grandes rentabilidades. Apenas nadie lo sabía, pero en 2007 la renta media de Islandia era la quinta más grande del mundo y sus ciudadanos cobraban como media un 160% más que los estadounidenses.

Cuando estalló la burbuja financiera, a partir del verano de 2007, los tres bancos islandeses (que habían favorecido el crédito ilimitado y que habían otorgado prebendas a una buena parte de los políticos del país con el objeto de que mirasen hacia otro lado para que la bicicleta no se parase nunca y las cosas siguieran funcionando) tenían una deuda de casi 25.000 millones de dólares; sus pérdidas equivalían a siete veces el PIB del país. Tras la crisis, los tres bancos tuvieron que ser nacionalizados. Los ciudadanos islandeses hubieron de movilizarse masivamente (una «revolución de las cacerolas y sartenes») para que les devolvieran sus ahorros y para que algunos de los responsables políticos de la masacre financiera fueran acusados de malversación de fondos públicos y de someterse a la influencia de los grupos de presión a cambio de sus favores. También fueron arrestados algunos de los banqueros causantes de la debacle.

Túnez e Islandia fueron los precedentes más inmediatos de lo que ocurrió después.

DEMOCRACIA REAL, YA

España, como parte del sur geopolítico de Europa, se había convertido en uno de los laboratorios de experimentación social centrales de la Gran Recesión. No tanto como Grecia, que fue un país mártir en ese periodo (caída en una sima económica tan profunda como la de Estados Unidos en la Gran Depresión), pero sí inmediatamente después, entre las zonas que más sufrieron los embates de la «austeridad expansiva» que llegaba de Bruselas, inspirada en el ordoliberalismo alemán. En el año 2011, la economía española estaba en la segunda recesión dentro de la Gran Recesión, el paro superaba el 22% (y el paro juvenil, el 47%) y había recortes muy significativos en todos los capítulos del Estado del Bienestar (sanidad, educación, pensiones, dependencia, seguro de desempleo...). Todo ello singularmente mal repartido; al mismo tiempo que aumentaban las dificultades se incrementaba la desigualdad, incluida la primera desigualdad de todas: la de oportunidades. La situación de la mayor parte de los jóvenes dependía más de la renta y la riqueza de sus antecesores que de sus propios esfuerzos. Se daban los requisitos para un gran estallido.

Sin embargo, también habían estado presentes en otros momentos y no pasó nada extraordinario. El estrago mayor de la formidable crisis económica (a la que en muchos momentos se añadió una crisis institucional y política, con dosis muy significativas de corrupción sistémica) era el de truncar el futuro de varias generaciones de jóvenes. La crisis reducía brutalmente las expectativas materiales y, sobre todo, las emocionales de muchos jóvenes que se sentían privados del futuro prometido. Se había detenido la escalera del progreso y se entraba con bastante rapidez en la sociedad del descenso. Al revés que sus padres o sus abuelos, que habían vivido siempre en paz y con una prosperidad al alza, esos jóvenes se iban a la cama angustiados: o porque no tenían trabajo ni expectativas de obtenerlo, o porque tenían unos ingresos que no les daban para pagar sus gastos y emanciparse, o –los menos– porque tenían un empleo más o menos «normal», pero lo podían perder en cualquier momento.

«Debemos dar a nuestros hijos más de lo que recibimos nosotros», dice Jed Bartlet, el presidente demócrata de Estados Unidos en la mítica serie de televisión *El ala oeste de la Casa Blanca*, expresando así el sentido común del progreso. Pero al comenzar la segunda década del siglo XXI eso no era lo que sucedía en España ni en muchos otros lugares del planeta: el ascensor social dejó de funcionar para los más jóvenes. Cinco años después, lo que en 2011 era una intuición ya se sustentaba en tendencias muy acentuadas y datos concretos. A principios de octubre de 2016, el principal titular en el diario digital británico *The Independent* rezaba del siguiente modo: «Los niños de la "era Thatcher" [1979-1990] tienen la mitad de la riqueza que la generación anterior». La información se basaba en un estudio del Instituto de Estudios Fiscales británico; las cifras correspondían a la sociedad británica (una de las que más sufrió los embates de la primera Revolución conservadora, como hemos visto), pero la propensión podía extrapolarse a buena parte del resto de Europa. El primer sumario de la información era más expresivo aún: «Las personas nacidas en la década de los ochenta [los *millennials*] son la primera generación desde la posguerra que llega a sus treinta años con ingresos menores que los nacidos en la década anterior».

Estas tendencias se concretaron empíricamente poco después en España. Según el Banco de España, los ingresos de los españoles de menor edad descendieron casi una cuarta parte (un 22,5%) en algunos de los años más duros de la crisis (2011 a 2014), mientras que los de los jubilados aumentaron en el mismo periodo un 11,3%. Ello significaba que el futuro ya había llegado. Se llevaba bastante tiempo pintando un escenario en el que los hijos vivirían peor que sus antecesores. Eso era lo que opinaban los ciudadanos en las encuestas. A partir de ese momento, ya no se trataba sólo de sondeos ni de sensaciones; también había cifras. La «década perdida» no era una metáfora que los españoles habían importado de sus hermanos latinoamericanos de la década de los ochenta, sino una realidad tangible. La gran cuestión que se planteaba era si se trataba de un accidente o de una tendencia a largo plazo. El historiador Niall Ferguson considera que el mayor desafío que afrontan hoy las democracias maduras es restaurar el contrato social entre generaciones. La Organización Internacional del Trabajo (OIT) ha advertido de que el principal peligro de nuestros días es que se detenga, o se haga más lenta, la creación de empleo entre los jóvenes –que se destruyan más puestos de trabajo de los que se generan–, «cosa que sucederá si no se introducen importantes cambios en las políticas».

La primera brecha que surgía de la Gran Recesión era la generacional. Los jóvenes son, con mucho, los que más han sufrido en estos años los estragos del paro, el empobrecimiento, la precarización, el *apartheid* salarial, la diáspora para sobrevivir... Y como consecuencia de ello, la quiebra de sus expectativas de futuro, que seguramente ha sido la herida más lacerante de la década pasada. El menosprecio público por la juventud tuvo como consecuencia una distribución desproporcionada en su contra de los costes de la recesión, lo que empujó a los componentes de esas cohortes de edad, en muchos casos, hacia los extremos de la sociedad. Y hacia la ira.

Fue probablemente ese sufrimiento, y la humillación consiguiente, los que arrastraron a un segmento importante de los jóvenes a las actitudes rebeldes de indignación que se multiplican a partir del año 2011 y, como colofón, a la crisis de representación política que han experimentado sociedades como la española. Desde Mayo del 68 y los movimientos antiglobalización, los jóvenes no habían sido los actores fundamentales de los cambios políticos. En ese momento recuperaron su protagonismo. En la campaña electoral para la presidencia de Francia, en 2012, el socialista François Hollande declaró: «Si soy el próximo presidente, quiero ser evaluado por un solo criterio: ¿viven los jóvenes mejor en 2017 que en 2012? Pido ser juzgado sólo sobre ese compromiso, sobre esa verdad, sobre esa promesa». Hollande, consciente de la catástrofe, ni siquiera se presentó de nuevo. Muy pronto se olvidó de sus prioridades.

En febrero de 2011 un pequeño grupo de activistas decidió crear un grupo de debate en Facebook y adoptó el nombre de «Democracia Real Ya». Sin saberlo, había nacido el germen de lo que poco después se llamó «el 15-M». Con gran rapidez, cientos de personas se fueron uniendo al grupo en la red. Poco después, decidieron llamar a la acción con motivo de las siguientes elecciones municipales previstas para mayo de ese mismo año. Y convocaron una manifestación el 15 de mayo, una semana antes de esos comicios, bajo el lema «¡Democracia real ya! Toma la calle. No somos mercancías en manos de políticos y banqueros». Elaboraron un manifiesto que, entre otras ideas, decía:

> Somos personas normales y corrientes, somos como tú: gente que se levanta por la mañana para trabajar o para buscar trabajo, gente que tiene familia y amigos. Gente que trabaja duro todos los días para vivir y dar un futuro mejor a los que nos rodean [...] Sin embargo, en este país la mayor parte de la clase política ni siquiera nos escucha. Sus funciones deberían ser las de llevar nuestra voz a las instituciones facilitando la participación política ciudadana mediante cauces directos y procurando el mayor beneficio para el grueso de la sociedad, no la de enriquecerse y medrar a nuestra costa, atendiendo tan sólo a los dictados de los grandes poderes económicos y aferrándose al poder a través de una dictadura partitocrática [...] Somos personas, no productos

del mercado. No soy sólo lo que compro, por qué lo compro y a quién lo compro. Por todo lo anterior, estoy indignado. Creo que puedo cambiarlo. Creo que puedo ayudar. Sé que unidos podemos. Sal con nosotros. Es tu derecho.

La manifestación, en la que no tuvieron protagonismo alguno los partidos políticos o los sindicatos y que fue ignorada en principio casi del todo por los medios de comunicación tradicionales, prendió para sorpresa de éstos y del poder establecido en todas sus formas. Decenas de miles de personas, fundamentalmente jóvenes, salieron a las calles de muchas de las principales ciudades españolas. Cuando la manifestación terminaba en Madrid, algunos centenares de participantes se fueron a la Puerta del Sol, se instalaron en ella y comenzaron a debatir, fundamentalmente alrededor del eslogan de «Democracia real ya», con todas las derivaciones políticas, económicas y sociales que ello supone. Los concentrados comenzaron a tuitear lo que allí estaba pasando y empezaron a aparecer miles de jóvenes, muchos con sus sacos de dormir, que acamparon en la plaza. Al día siguiente, se repitió lo mismo en la barcelonesa Plaza de Cataluña, y el movimiento se extendió a otras ciudades: de movilizaciones dinámicas se pasó a acampadas estáticas en el espacio público a través de las redes sociales. Como una corriente eléctrica. Como un electroshock. Había aparecido en los espacios públicos una comunidad de indignados con lo exterior y de una gran fraternidad entre sí. No hay más que ver la película documental *Libre te quiero* del desaparecido director Basilio Martín Patino, rodada en la Puerta del Sol y sus alrededores, para recordar el ambiente de alegría y de compañerismo que se extendió entre los acampados del 15-M, autogestionados, colectivistas y dispuestos a permanecer.

La ocupación de las plazas duró, con enorme fuerza de convocatoria, hasta el mes de julio. Se pensó que, con las vacaciones de verano, el movimiento de los indignados (que tomaba el nombre de un panfleto vendido en todo el mundo por millones de ejemplares del nonagenario francés Stéphane Hessel, titulado *¡Indignaos!*) iba a disolverse, como había ocurrido cuarenta y tres años antes en el Mayo francés. No fue así. Se iniciaron marchas de apoyo desde todos los puntos de la geografía española que confluyeron en Madrid el 22 de julio con centenares de miles de personas que, en la Puerta del Sol y las calles adyacentes, corroboraron su compromiso de no abandonar la calle y las plazas en defensa de sus postulados.

Mientras tanto, se habían celebrado las elecciones municipales y autonómicas que castigaron con dureza al Partido Socialista Obrero Español (PSOE), en el Gobierno, y concedieron la mayoría a la derecha, al Partido Popular (PP), como si el voto fuese una especie de proceso de reacción inversa a la ira de la calle, con dos lógicas paralelas y confrontadas. Ese verano sucedió algo que exasperó aún más a los jóvenes protagonistas de la rebelión: con «agostidad» y alevosía, el PSOE y el PP pactaron una reforma clandestina de la Constitución, en su artículo 135, que otorgaba más rigidez a la camisa de fuerza dorada que tiene puesta la economía española por pertenecer a la zona euro: se eliminaba el déficit público como arma contracíclica de la economía española y se aseguraba que el pago de los créditos para satisfacer la deuda pública tendría prioridad absoluta frente a cualquier otra obligación (social o de otro tipo). La deuda pública tendría prevalencia absoluta ante, por ejemplo, el pago de las pensiones o de la sanidad pública. Ambos partidos, el PSOE y el PP, incapaces de ponerse de acuerdo en nada, lo hicieron en una sola noche a petición de Alemania y la Comisión Europea. Los indignados se sintieron estafados y protestaron al final del verano ante el Parlamento, dirigiéndose a los diputados al grito de «¡No nos representan!», tan importante en el movimiento como el de «¡Democracia real ya!». A esas últimas manifestaciones se unieron los sindicatos de clase, que fueron recibidos con una pancarta que rezaba: «¡Sindicatos, gracias por venir!».

Cuando los indignados llegaron a la Puerta del Sol el 15 de mayo de 2011, los sondeos indicaban que gozaban de la simpatía muy mayoritaria de la población. A los jóvenes se les unían constantemente personas de todas las edades, muchas veces sus padres y sus abuelos, que, o bien pretendían desarrollar el concepto de «democracia real ya» y denunciar el papel en la sociedad de los poderes fácticos económicos como determinantes de la situación política, o simplemente trataban de reaccionar ante el deterioro de las condiciones de vida cotidianas de la mayoría. Poco a poco, conforme iba aumentando el carácter combativo del movimiento, la amabilidad del 15-M se fue diluyendo. Como en 1968 y en 1999 surgió en su seno un cierto debate sobre los medios de resistencia y se fueron izquierdizando sin que ninguna fuerza ideológica pudiese apropiarse del 15-M. Una minoría planteó la cuestión de la autodefensa: es el sistema el que es violento, no sólo en las intervenciones habituales de la fuerzas del orden y en las sentencias ejemplarizantes de algunos jueces, sino en su propia esencia, en la explotación del hombre por el hombre en el mercado laboral, en la vida cotidiana, etcétera. De nuevo, idénticas tesis que las que se expusieron tantos años atrás. Sin embargo, la mayoría del movimiento se opuso a la violencia por un criterio finalista y otro instrumental: porque el rechazo a la violencia pertenecía al núcleo central de la democracia real que el 15-M quería practicar, y porque cualquier accidente violento sería aprovechado por la reacción (en la que incluían a los medios de comunicación) para amplificarlo, con el objeto de restringir el apoyo de la población.

El 11 de octubre de 2011 se desarrolló en muchas partes del mundo, como en una tela de araña tejida por las redes sociales, aquella manifestación de signo planetario bajo el lema de «¡Unidos por el cambio global!». En Madrid y en Barcelona esas concentraciones fueron masivas. Casi un año después hubo otra convocatoria con el título de «Rodea el Congreso», con un manifiesto escrito en un tono muy duro. En ella participaron unos pocos miles de personas. Los antidisturbios actuaron sin complejos y algunos analistas compararon ese intento de «secuestro del Congreso» con el que en 1981 protagonizó el teniente coronel de la Guardia Civil, Antonio Tejero. Era evidente que había un agotamiento de la capacidad de movilización y de creatividad del movimiento. Se precisaba saltar a otra fase para que el cansancio no angostara lo que había nacido el 15 de mayo.

Antes de entrar en la siguiente fase hay que analizar, con un poco más de detenimiento, lo que pretendían los indignados. Un participante en el 15-M de la Plaza de Cataluña lo resumió así:

> Hemos visto cómo nos iban cerrando todas las puertas, así que hemos decidido salir a la calle por la ventana. Decían que participar era votar. Y nos hemos dado cuenta de que participar era construir lo público entre todas y todos. Ahora la calle está llena de gente que comparte los mismos reclamos. Llena de gente que no aguanta a esas personas que lo tienen todo tan claro y no necesitan escuchar a nadie más, ésas que gritan «Cállate, que yo sé lo que estoy diciendo», aunque sepamos que no tienen ni idea de lo que dicen o estemos convencidos de que nos están mintiendo.

Lo que estaba defendiendo ese participante anónimo del 15-M era el papel de la participación ciudadana como elemento legitimador de la democracia. Además de Democracia Real Ya, había otros grupos en las plazas, de los que quizá se pueda destacar el compuesto por los militantes del cuidado ambiental, contra el cambio climático y a favor de una transición energética que eliminase los contaminantes combustibles fósiles; o la Plataforma de Afectados por la Hipoteca (de ella emergió uno de los personajes más notables del 15-M, Ada Colau, que unos años después llegó a ser alcaldesa de la ciudad de Barcelona) y Juventud Sin Futuro. Este último grupo, que había nacido de colectivos universitarios madrileños sensibilizados por la precarización estructural de sus vidas, salió a la calle antes del 15-M (el 7 de abril de 2011) con una pancarta que lo resumía todo: «Sin casa, sin curro, sin pensión, Juventud Sin Futuro recuperando nuestro futuro. Esto es sólo el principio». Unos años después, cuando se disolvió y sus estructuras (la Oficina Precaria, la asociación Patio Maravillas...) permanecieron durmientes –seguramente porque sus principales representantes eran líderes de Podemos a distintos niveles–, Juventud Sin Futuro hizo público un comunicado en el que recordaba que nació «con el ansia de fracturar un Régimen que no nos representaba, promoviendo un cambio político que se inició con el 15-M».

De la sensibilidad de los indignados emergió la denuncia del sistema financiero como principal responsable de todo lo que estaba ocurriendo (se rescataba con dinero público a bancos y banqueros mientras se dejaba sin recursos y sin protección a la gente corriente) y, en segunda derivada, la complicidad de los políticos con este poder fáctico, del que eran los sirvientes («¡No nos representan!»).

Por este motivo se ha de dar tanta significación a la parte económica en la historia de estos cincuenta años de rebeldía: porque la tiene para los rebeldes, que sienten a esos poderes económicos que dictan las principales políticas que se aplican como enemigos frontales del ideal democrático que teorizan y defienden. Y porque la tiene para los poderes financieros, que hacen de esas políticas su principal instrumento de dominación.

Aquella irritación de los indignados alcanzaba su cénit cuando escuchaban la cantinela importada de Alemania y de Bruselas de que tanto ellos como sus antecesores habían vivido los últimos tiempos por encima de sus posibilidades. Las políticas de austeridad asimétrica que habían partido de la Comisión Europea, del Banco Central Europeo (BCE) y de organismos multilaterales como el Fondo Monetario Internacional (FMI) completaban la santa alianza de «enemigos»: banqueros, políticos, y esa Europa austericida tan alejada de sus valores fundacionales, y sus aliados. No dejaba de ser curioso que el mismo día en que Democracia Real Ya, Juventud Sin Futuro y el resto de las células convocaron a través de las redes sociales el 15-M fuese detenido por la

Policía en Nueva York, en la suite de un lujoso hotel frente al edificio de las Naciones Unidas que costaba 3.000 dólares la noche, el director gerente del FMI, Dominique Strauss-Kahn, acusado de intentar violar a una *kelly*. Strauss-Kahn se preparaba entonces para abandonar el FMI y liderar al Partido Socialista francés. Los años de mayor efervescencia de la indignación coinciden con los del euroescepticismo y el alejamiento del europeísmo militante de las generaciones precedentes. Ello daba fuerza a los rebeldes para gritar «¡No es una crisis, es el sistema!».

Se entró y se salió del 15-M sin un programa concreto, sino con un conjunto de demandas agregadas, a veces contradictorias entre sí. Unificarlas, hacerlas coherentes, será labor de sus herederos políticos. El profesor de Ciencia Política Carlos Taibo, que vivió en primera persona los orígenes de esta revuelta, ha distinguido «dos almas» en el 15-M: los movimientos sociales alternativos que estaban en su germen; y los jóvenes víctimas de la crisis, muchos de los cuales se echaban a la calle por primera vez y que poco a poco fueron dejando en minoría numérica a los primeros. Éstos, más politizados; los segundos, mucho más espontáneos, heterogéneos, a veces antinómicos en su modo de entender la vida y de dar soluciones a las dificultades que tenían por delante. La percepción compartida por las «dos almas» del movimiento se basaba en la idea de que el sistema representativo, en tanto en cuanto no obedece a los representados sino a aquéllos a quienes nadie puede controlar democráticamente, se había convertido más en un problema que en una solución. De ahí el shock con el que las direcciones de los partidos tradicionales (sobre todo los de la izquierda) afrontaron el 15-M. En su libro sobre este movimiento, la profesora de Sociología de la Universidad de Zaragoza Cristina Monge desarrolla tres círculos concéntricos alrededor del movimiento:

–1) Los «actores centrales», organizaciones que tenían relaciones previas al 15 de mayo de 2011 y que promovieron la movilización ciudadana (Democracia Real Ya, Juventud Sin Futuro, No Les Votes, Anonymous...).

–2) Los «aliados estratégicos», la Plataforma de Afectados por la Hipoteca (PAH), la Asociación por la Tasación de las Transacciones Financieras y por la Acción Ciudadana (ATTAC), colectivos de trabajadores de sanidad y de educación, asociaciones de vecinos, asambleas de parados, cristianos de base, ecologistas, etcétera. Entidades comprometidas con el 15-M, aunque éste no constituyese su actividad principal.

–3) Los «aliados», constituidos en dos grupos: los colaterales (movimientos sindicales de base, Izquierda Unida [IU], Iniciativa per Catalunya Verds [ICV], organizaciones políticas de izquierda alternativa, etcétera), y los ocasionales (Comisiones Obreras [CC.OO.], ciertos representantes de partidos como el PSOE, Esquerra Republicana de Catalunya [ERC], Bloque Nacionalista Galego [BNG], etcétera).

El sociólogo Emmanuel Rodríguez López, que ha estudiado desde dentro los significados del 15-M (el diario británico *The Guardian* lo describió como «el acontecimiento político más interesante desde la muerte de Franco en 1975»), afirma que el 15-M estuvo protagonizado por los hijos de la clase media. Éstos eran los que sobresalían en las protestas, moderaban las asambleas, etcétera. «Había de todo, mayores y ancianos, jóvenes de otras extracciones sociales, sindicalistas, simples currelas, todo el arco social que va desde las gentes muy acomodadas hasta los sintecho: una cierta transversalidad fue siempre característica y aspiración del movimiento». Pero el protagonismo y las funciones más destacadas correspondían a universitarios, con másteres, en paro o con salarios mileuristas o menores que los mileuristas, aquéllos destinados a reproducir las funciones profesionales de la economía moderna que ésta no era capaz de ofrecer. ¿Qué simbolizaban los chavales que ocupaban las plazas en la primavera de 2011? El malestar de la figura central de la formación social española. El espejo ideal («el futuro») en el que debían reconocerse esas mismas clases medias en proceso de descomposición. Por ello, Rodríguez López titula su libro *La política en el ocaso de la clase media*. En sus exigencias de democracia, en su denuncia de la corrupción y de la dictadura financiera, en su simpatía y participación en el movimiento contra los desahucios, pero sobre todo en la imagen injusta de un futuro truncado tras haber hecho todos los méritos necesarios (el estudio, el esfuerzo...) se manifestaba la ruptura de las promesas sociales elementales que habían sostenido a las clases medias. Cristina Monge sostiene que el 15-M supuso el redescubrimiento de la potencialidad de la acción colectiva y del derecho a la resistencia. Cumplía las funciones clásicas de un movimiento social, según las teorías de Charles Tilly: campañas en las que un colectivo demanda algo a la autoridad; repertorio de actuaciones encaminadas a difundir esas demandas; y un esfuerzo organizado de comunicar su valor. El profesor Juan Carlos Monedero, que participó en el núcleo convocante del 15-M y en el origen de Podemos, escribe en un homenaje a su maestro Jesús Ibáñez:

> El 15-M es, como dijo Ibáñez de cada momento revolucionario, «una gran conversación». En ese diálogo tan contrario a los monólogos neoliberales («¡Esto es lo que hay!», «¡Lo tomas o lo dejas!») la gente ha empezado a politizarse [...] Porque vivimos una época, otra vez con el maestro Ibáñez, donde también hay que cambiar de perspectiva y entender que lo relevante quizá no sea «solucionar» problemas, sino problematizar soluciones.

2011 fue el último año en que pareció posible mover a fondo los cimientos del mapa político y de una sociedad como la española. Y no era a través de las instituciones. Cristina Monge establece cinco grandes fases que arrancan del mes de febrero:

–Primera etapa (del 20 de febrero al 15-M de 2011): la de la gestación. Un movimiento social que se definía como apartidista, asindical, pacífico y contrario a incluirse en cualquier ideología asentada, aunque no apolítico, adquirió una importante proyección mediante las redes sociales. Se trataba de Democracia Real Ya. Se activó una página web que se llamaba de igual modo, con el manifiesto, ya reproducido en parte, en el que se citaba para la manifestación del 15 de mayo. La idea-fuerza era que los ciudadanos no estaban representados ni eran escuchados por sus representantes políticos (parte importante de «la casta»). Un poco después se añadió a esa convocatoria Juventud Sin Futuro. Se explicitaba que «tanto en las pancartas de cabecera como en la lectura de manifiestos sólo habrá ciudadanos anónimos no adscritos a partidos políticos ni sindicatos, y ninguna persona famosa por ningún motivo representará a esta plataforma ciudadana». Las organizaciones citadas y otras menores que se incorporaron explicaban que

> creemos que éste es el momento de buscar lo que nos une y no lo que nos separa. Juntos, ciudadanos en activo y en paro, jubilados, trabajadores de todos los sectores profesionales y clases sociales, estudiantes sin distinción ideológica, creencia ni nacionalidad. Salgamos a la calle por otro Estado español posible y necesario. Reivindiquemos a la clase política que trabaja con responsabilidad a favor de toda la ciudadanía en su conjunto. Y para ello nos tienen que ver unidos, sin diferencias, haciendo un ejercicio de responsabilidad que nosotros también tenemos como ciudadanos. Lo que está ocurriendo no es una cuestión de siglas. Tenemos un papel en esta democracia, todos sin exclusión.

–Segunda etapa (del 16 de mayo al 19 de junio de 2011): de las redes a las plazas. Las manifestaciones se convirtieron en acampadas permanentes que ocuparon la Puerta del Sol, la Plaza de Cataluña y otros lugares emblemáticos de las principales ciudades españolas, inaugurando una larga serie de protestas. Lo que estaba ocurriendo dejó de tener un carácter momentáneo y devino en un movimiento estructural en el que se abordaron multitud de problemas de naturaleza muy diversa, desde la proclamación de la Tercera República hasta el cierre de las centrales nucleares, pasando por la utilización de nuevas formas de participación política. En los medios internacionales se empezó a hablar de *Spanish Revolution.* Se reactivaron las manifestaciones masivas una vez que, casi un mes después, se levantó la acampada de la Puerta del Sol, la más emblemática.

–Tercera etapa (del 20 de junio al 16 de septiembre de 2011): de las plazas a las asambleas. La actividad se trasladó a barrios y pueblos, constituyéndose en asambleas populares. Se organizan manifestaciones contra la reforma constitucional casi clandestina del artículo 135 sobre el déficit público y el pago de la deuda.

–Cuarta etapa (del 17 de septiembre al 15 de octubre de 2011): la globalización de la protesta. El 15-M se sumó a las marchas convocadas por los sindicatos de clase, CC.OO. y Unión General de Trabajadores (UGT), a las que se unen IU y otras organizaciones sociales. Se pidió una consulta popular sobre la inclusión del principio de estabilidad presupuestaria en la Constitución y la prevalencia del pago de la deuda pública sobre otras obligaciones como la sanidad, la educación o las pensiones. El 15 de octubre, una red global de movimientos de ocupación, bajo la bandera de «¡Unidos por un cambio global!», sacó a la calle a millones de ciudadanos en casi un millar de ciudades de 82 países, reivindicando justicia social y auténtica democracia. En todos los casos se ignoró a los partidos, se desconfió de los medios de comunicación, no se reconoció ningún liderazgo y se dependió ante todo de las redes sociales y de las asambleas locales.

–Quinta etapa (del 16 de octubre de 2011 en adelante): la transformación. Siguieron poniéndose en marcha plataformas, asociaciones, cooperativas y los primeros proyectos políticos. La latencia del 15-M estuvo presente en varios conflictos de distinta naturaleza (por ejemplo, en Gamonal, Burgos, a raíz de un caso de especulación urbanística). Poco a poco comenzaron a emerger caras nuevas, protagonistas hasta entonces desconocidos por el gran público, que asumieron con prudencia la representatividad del movimiento y que provenían, en general, de las primeras iniciativas sociales y de organizaciones de izquierda.

Según la socióloga zaragozana, la crisis económica inicial y su gestión mal repartida, que estaba detrás de los movimientos de contestación, se tornó multidimensional y puso de manifiesto el agotamiento de los conceptos e instrumentos políticos que cristalizaron en la Transición, aunque bastantes de los personajes vivos de ésta no quisieran o no fuesen capaces de verlo. El 15-M irrumpió como una demanda de regeneración y repolitización de la sociedad española, con un discurso que daba carácter sistémico a la crisis, a la que se responsabilizaba de haber expulsado del sistema a los jóvenes («¡No somos antisistema, el sistema es antinosotros!»). Ello dio lugar al cuestionamiento permanente de la democracia realmente existente por no sentirse representados y por haber convertido a los partidos, sindicatos y medios de comunicación en los «tíos Tom» de los poderes fácticos económicos.

Según el pensador francés Pierre Rosanvallon, el 15-M tomó implícitamente la idea de pasar de una democracia intermitente (presente en cada momento electoral) a una democracia permanente, y de una democracia de delegación a una democracia de implicación. A partir de entonces se gestan o se desarrollan otros partidos políticos y una nueva fractura se añade a la tradicional entre la izquierda y la derecha ideológica: entre la vieja y la nueva política.

EL 15-M DE LAS URNAS

Cómo pasar de movimiento social a partido político. Cómo evitar que el potencial del 15-M deviniese en impotencia –y en frustración– debido al agotamiento. Cómo aprovechar las lecciones de Mayo del 68 y del movimiento antiglobalización sobre la necesidad de un salto cualitativo una vez que las movilizaciones habían llegado a su tope y sólo quedaba la alternativa de una marcha atrás, acelerada o lenta. Cómo evitar que los rescoldos se apagasen. Cómo valorar lo orgánico frente al espontaneísmo y al asambleísmo permanente.

Estas reflexiones y otras similares están detrás del nacimiento de Podemos como «el 15-M de las urnas», su heredero más directo, aunque no sean exactamente la misma cosa y el nuevo partido desmienta querer sustituir al movimiento. No corresponde a este libro analizar una experiencia en marcha como la de Podemos, que ya no forma parte de la tribu de los topos sino que pertenece al territorio de la política institucional y no se dispone de la suficiente distancia temporal para saber cuánto va a dar de sí (aunque, ¡ay!, algunas cosas se puedan atisbar). Pero sí reflejar ese salto cualitativo adelante, tan novedoso en los movimientos juveniles del último medio siglo, que transformó el tradicional bipartidismo imperfecto de la democracia española en tan escasísimo periodo.

Las condiciones objetivas, otra vez, y la oportunidad de aprovechar el hecho de que de nuevo, tras la explosiva llamada de atención del 15-M, la clase dirigente llegaba tarde a la cita con una juventud rebelde con causa, que era la condición subjetiva del momento. Europa estaba aletargada, imponiendo medidas de austeridad que sólo significaban recortes, sacrificios y ajustes para la ciudadanía; en algunos lugares como España o Grecia, el paro había llegado a tasas incluso superiores a las de Estados Unidos durante la Gran Depresión de los años treinta del siglo pasado (más del 26% de la población activa y más del 55% en los jóvenes). España era un país empobrecido, triste, acorralado por el estallido de la burbuja inmobiliaria, intervenido por poderes exteriores (a través de las ayudas concedidas a su sistema financiero, con contrapartidas macroeconómicas). Hasta tal punto se podía intuir lo que podía suceder que dos años antes del nacimiento de Podemos, una joven socióloga española, Belén Barreiro, que había sido presidenta del Centro de Investigaciones Sociológicas (CIS), publicó el 1 de julio de 2012 un artículo premonitorio en el diario *El País* titulado «Regreso del futuro». Releerlo da una idea bastante exacta de lo que parecía irremediable. Merece la pena reproducirlo en gran parte:

> Domingo, 21 de junio de 2016. No hace ni una hora del anuncio por parte del portavoz del Gobierno de los resultados de las elecciones. Los pronósticos de los últimos meses se confirman: nos convertimos en el quinto país europeo que pone fin a su tradicional sistema de partidos. El propio ministro portavoz así lo ha expresado: «Hoy, tras la legislatura más turbulenta de la historia de nuestra democracia, el bipartidismo, tal y como lo hemos conocido en las últimas décadas, toca a su fin [...] Los conservadores han resistido algo mejor que los socialdemócratas. Juntos, en todo caso, no suman más que un 38% del voto».
>
> El Partido Radical nace de dos fracturas. La primera, la que se produjo entre quienes gozan de una vivienda en propiedad y un trabajo estable, y quienes, por haber nacido más tarde, han visto usurpada una parte de los derechos sociales que sí tenían sus padres. La fractura, por tanto, es aparentemente generacional. En la práctica, sin embargo, la fuente del conflicto no es la edad, sino los derechos asociados a la misma. Resulta llamativo que ninguno de los partidos tradicionales haya entendido a tiempo la magnitud de esta nueva fractura social. No es casualidad que los radicales, por lo que indican las encuestas preelectorales, se hayan situado a distancias de alrededor de veinte puntos porcentuales respecto a esos partidos entre los jóvenes. La segunda fractura tiene, en gran medida, su origen en la crisis institucional que ha convivido con la recesión económica en estos últimos años. Una larga lista de escándalos y errores ha ido salpicando a casi todas las instituciones de la democracia, forjando en la ciudadanía la imagen de una sociedad dividida entre un grupo de privilegiados y una masa de personas que se han ido despertando cada día con nuevas y mayores dificultades. [...]
>
> La crisis de confianza en las instituciones también ha afectado a la Unión Europea (UE), que no ha caído en prácticas corruptas pero sí en políticas equivocadas. En estos años se ha reducido drásticamente el europeísmo de los ciudadanos, que

creen que la UE ha abdicado del proyecto solidario con el que nació. La imposición por parte de los países acreedores de un programa de medidas que ha hundido en poco tiempo a muchos hogares de los países deudores está en el origen del antieuropeísmo que, como una plaga, se ha extendido dentro de nuestras fronteras. No es la Europa que los ciudadanos quieren. [...]

Son las dos fracturas, la generacional y la de origen institucional (ya sea por malas prácticas de las instituciones o por políticas erróneas) las que explican lo sucedido el 21 de junio. Al Partido Radical se han sumado muchas de las personas nacidas después de 1970, que piensan que nadie les ha ayudado a superar los obstáculos que les impiden elegir su propia vida. Y al Partido Radical se han unido también todos aquellos que creen que, con urgencia, se debe hacer frente a la enorme desigualdad de hoy en día. Es el inmovilismo o los titubeos a la hora de afrontar estas dos fracturas sociales los que han terminado por engullir a los partidos tradicionales.

Pero aún es 2012. Y esto es España. El Partido Radical no ha nacido. De haberlo hecho podría haber adoptado una identidad mucho menos atractiva y bastante más peligrosa. El nombre podría haber sido Unión Nacional. Aún es 2012. Hay tiempo para reaccionar. Es urgente, creo yo, hacerlo.

Sustitúyase Partido Radical por Podemos en ese texto sagaz, que preanunciaba casi exactamente lo que iba a ocurrir dos años más tarde con motivo de la creciente desconfianza de los jóvenes ante la política tradicional. Apenas año y medio después de este texto premonitorio de ficción científica, se fundaba Podemos. El 17 de enero de 2014, en el Teatro del Barrio de Lavapiés (Madrid), un grupo de gente proponía presentar una candidatura a las próximas elecciones al Parlamento Europeo y firmaba el manifiesto titulado «Mover ficha», cuyo subtítulo era políticamente definitivo: «Convertir la indignación en cambio político». Según la descripción del sociólogo Emmanuel Rodríguez López, el grito de guerra fue, desde el primer momento, «Sí se puede», y la marca «Podemos» fue reclamada por distintos padres. El manifiesto estaba encabezado por la firma de un tal Pablo Iglesias, junto a algunos de sus colaboradores tanto en un programa de televisión realizado por ellos (*La Tuerka*) como en la Facultad de Ciencias Políticas y Sociología de la Universidad Complutense de Madrid. En la presentación se encontraban, entre otros, Juan Carlos Monedero, Íñigo Errejón, Carolina Bescansa, Ariel Jerez y varias de las que serían figuras principales de la organización, en su mayoría profesores de aquella facultad –muchos de ellos con contratos precarios– con los que Iglesias había compartido una larga trayectoria en distintas agrupaciones universitarias. En la columna de activos de ese grupo se anotaba una larga experiencia de colaboración y asesoría a los gobiernos de Venezuela, Bolivia y Ecuador. También se dejaron ver por el Teatro del Barrio algunas de las figuras más conocidas de Izquierda Anticapitalista (IA), como el histórico Jaime Pastor o Miguel Urbán y Teresa Rodríguez; este pequeño partido reunía a los restos del naufragio de la extrema izquierda trotskista. El precedente de los anticapitalistas era Espacio Alternativo, integrado en sus inicios en IU, y formado principalmente por militantes de la extinta Liga Comunista Revolucionaria (LCR), seguidores de Trotski. Todos ellos, dice Emmanuel Rodríguez López, estaban fascinados por el éxito de la Coalición de Izquierda Radical Syriza, que gobernaría Grecia superando a los partidos tradicionales.

En la fundación de Podemos también influyó la experiencia de Syriza en Grecia. En las elecciones de 2004 obtuvo el 3% de los votos, y en 2009 –cuando el inicio de la crisis financiera– sólo llegó a un 4,6%. La servil respuesta del Movimiento Socialista Panhelénico (PASOK) y de Nueva Democracia (derecha) a las exigencias de austeridad que llegaban de Bruselas dio una oportunidad a Syriza y cambió la política helena. En las elecciones de junio de 2012, Syriza, encabezada por Alexis Tsipras (antiguo militantes de las Juventudes Comunistas), hizo una campaña frontal contra lo que denominó «el austericidio», obtuvo un 26,9% de los votos y quedó como segunda fuerza, tras la derecha, obteniendo el apoyo muy mayoritario de los jóvenes. En las elecciones europeas de 2014, Syriza (que había pasado de ser una coalición de partidos a ser un partido único) fue el más votado del país. En enero de 2015 quedó a dos escaños de la mayoría absoluta y Tsipras fue elegido primer ministro.

En estos últimos comicios, Pablo Iglesias, líder de Podemos, acompañó a Tsipras en el escenario del mitin final de campaña y juntos bailaron al compás de la canción de Leonard Cohen «Primero tomaremos Manhattan», cambiando la letra por «Primero tomaremos Atenas, luego Madrid». Luego, las relaciones entre Syriza y Podemos se distanciaron, pero en el inicio ambas formaciones entraron en resonancia.

El 25 de mayo de 2014, un terremoto político sacudió España. Fueron los resultados de las elecciones al Parlamento Europeo: Podemos, un partido político que apenas estaba en la imaginación de sus fundadores medio año antes, había obtenido el 8% de los votos nacionales (1,2 millones) y cinco eurodiputados. Media hora antes de que se cerrasen las urnas, nadie fuera de sus filas hubiese apostado por tal éxito. Fue tal el impacto que produjo que, a continuación, y durante varios meses, muchos de los sondeos que se hicieron daban a Podemos el primer puesto en intención de voto de los españoles (alrededor de un 30%) por delante de las formaciones de siempre, PP y PSOE. Dos años largos después, Podemos y sus aliados estaban presentes en el Parlamento español con 70 diputados y como tercera fuerza política.

Algunos aspectos sociológicos de la evolución de Podemos merecen ser subrayados. Son como un racimo de uvas: de unos surgen los demás. Los primeros son los espacios de donde emerge el partido; los segundos, algunas de las ideas que acompañaron su nacimiento y que están en el pensamiento ideológico de sus líderes. Ambos han sido desbrozados por el profesor de Ciencia Política y periodista José Ignacio Torreblanca en su libro *Asaltar los cielos*, cuyo título le fue sugerido por unas palabras de Pablo Iglesias, el líder de Podemos («El cielo no se toma por consenso sino por asalto»), entresacadas del Karl Marx que valoraba la Comuna de París, la gran rebelión que duró dos meses en 1871 y que fue derrotada a sangre y fuego. Los comuneros, decía Marx, «están dispuestos a tomar el cielo por asalto».

Podemos no viene de las catacumbas de la clandestinidad –como ocurre con los partidos de izquierda en España, PSOE y Partido Comunista (PCE)– ni de las sentinas del poder (PP). Sus espacios de desarrollo, su naturaleza digital (en el documental de Fernando León de Aranoa sobre el nacimiento de Podemos –*Política, manual de instrucciones*– se observa cómo, cuando entran en su nueva sede, los primeros que lo hacen son los expertos informáticos de la formación, con sus ordenadores en ristre, por delante de los responsables de organización del partido), son propios del siglo XXI. Hay tres espacios, según Torreblanca, en los que se coció todo. El primero de ellos fue la Facultad de Ciencias Políticas y Sociología de la Universidad Complutense. Allí se multiplicaron los vínculos de afinidad entre los principales dirigentes, se gestaron las ideas y se ensayaron las fórmulas de activismo siguiendo, una vez más, al Marx de la undécima tesis sobre Feuerbach: los filósofos se han limitado a describir el mundo; de lo que se trata es de transformarlo. El segundo espacio fue la América Latina bolivariana, muchas veces a través del Centro de Estudios Políticos y Sociales (CEPS); en Venezuela, Bolivia y Ecuador varios de los dirigentes de Podemos adquirieron experiencia política y organizativa. El tercer espacio fue la televisión; desde sus inicios estuvieron tan preocupados por la elaboración teórica como por entender las claves de la comunicación política, especialmente la audiovisual. Los profesores metidos en política se percataron de que los alumnos no leían lo suficiente y que era más efectivo comunicarse con ellos a través de la televisión («La televisión es a la política contemporánea lo mismo que la pólvora fue a la guerra») y de las redes sociales. Lo hicieron a través de programas propios (*La Tuerka, Fort Apache*) como de los ajenos (participando en todo tipo de programas de las cadenas privadas a los que eran invitados, incluidos los canales de la extrema derecha que trataban de debilitar como fuera a los socialistas). Torreblanca explica que frente a los movimientos tradicionales de la izquierda, que han querido constituirse desde abajo y horizontalmente, aglutinando intereses y actores sociales diversos de una forma lenta y laboriosa basándose en el cara a cara y en el boca oído, la estrategia de Podemos ha sido la de utilizar los medios de comunicación y las redes sociales para comunicarse, directamente y sin intermediarios, con la sociedad en su totalidad y, como dirían ellos, atacar al sistema en su corazón ideológico, que no es otro que la capacidad de producir significados dominantes, defendiendo que la política es una pugna por el significado de las cosas y por el nombre que se asigna a la realidad, antes que una disputa por los intereses. Una aberración para el marxismo.

Conectan aquí con dos pensadores de distinto rango, principales influencias ideológicas de muchos dirigentes de Podemos: el italiano Antonio Gramsci y el argentino Ernesto Laclau. Del primero tomaron prestado el concepto de hegemonía, columna vertebral del «pensamiento Podemos»; el sistema capitalista no sería tan sólo un elemento de dominación económica sino también cultural, en cuanto que abarca las formas sociales y las ideas políticas; se trata de atravesar las conciencias. Esto es especialmente importante cuando uno parte de posiciones netamente inferiores en recursos; en una situación en la que la democracia liberal es hegemónica desde el punto de vista cultural, hasta tal extremo que la mayor parte de la gente es incapaz de percibir una alternativa a aquélla. Por ello lo que representa Podemos tiene que ser insurgente intelectualmente.

Del Laclau de *La razón populista* asumieron la propuesta de entender la política como una disputa en el sentido de las palabras, como un conflicto por el nombre de las cosas: los significados de las cosas no están dados sino que son el producto de una construcción previa y como tales pueden ser asaltados, tomados y cambiados de significado. Se vinculan con el Ludwig Wittgenstein de «los límites de mi lenguaje son los límites de mi mundo». Laclau y la mujer de éste, Chantal Mouffe, sostenían en su libro *Hegemonía y estrategia socialista. Hacia una radicalización de la democracia* que las viejas categorías de «clase obrera» y «socialismo» estaban obsoletas y debían ser reemplazadas por un proyecto populista que enfrentase al pueblo con las élites, con el fin de crear una «democracia radical». El objetivo de los partidos populistas debía ser conseguir un «pueblo» unido por una serie de reivindicaciones y que, a su vez, lo separase de las élites. Laclau y Mouffe defendían el populismo como una lógica que podía adoptar tanto formulaciones izquierdistas como derechistas. En *La explosión populista*, John B. Judis, que ha entrevistado a diversos dirigentes de Podemos, explica cómo éstos hablaban de un conflicto entre «la gente» y «la casta», siendo éste un concepto prestado de los italianos del Movimiento 5 Estrellas y Beppe Grillo: el término hace referencia a los principales intereses políticos y económicos de España o, como decía más coloquialmente Iglesias en su libro *Disputar la democracia. Política para tiempos de crisis*, a «los ladrones que construyen marcos políticos para robarle la democracia a la gente». Iglesias e Íñigo Errejón definían el conflicto como algo que se producía entre el pueblo y la élite, más que entre la izquierda y la derecha, y les preocupaba que los principales partidos los marginaran definiéndoles como «la izquierda». Iglesias advierte que «cuando nuestros adversarios nos apodan "la izquierda radical", nos meten en un terreno en el que pueden conseguir más fácilmente la victoria». Iglesias y Errejón, como la inmensa mayoría de dirigentes de Podemos, eran personalmente de izquierdas, pero siguiendo a Laclau y Mouffe no definían su proyecto como socialista. En una entrevista en la *New Left Review*, Iglesias contesta: «Reconocemos abiertamente que no nos oponemos a una estrategia cuya finalidad sea la transición al socialismo, pero somos más modestos y adoptamos un planteamiento neokeynesiano, como la izquierda europea, exigiendo una mayor inversión, seguridad, derechos sociales y redistribución».

¿Hasta dónde llegará el fenómeno Podemos? Ésta es una incógnita central para quien investigue el futuro de los movimientos juveniles en el siglo XXI. ¿Se instalará en el corazón del sistema o sólo será producto de un instante de indignación? Mientras llegue la respuesta, volvamos al concepto del principio del epígrafe: Podemos ha sido el 15-M de las urnas. El 15-M tuvo vida propia mientras duró y, como en el caso de Mayo del 68, ha dejado ya impactos de calado, como los que resume Cristina Monge en su libro:

–1) Aparición de nuevas opciones electorales que han tendido a romper el bipartidismo imperfecto que surgió de la Transición.

–2) Penetración del «temario» del 15-M en casi todas las formaciones y en la opinión pública.

–3) Surgimiento de iniciativas de economía colaborativa y social: cooperativas, grupos de consumo, *crowdfunding*... No son exclusiva del 15-M, pero sin este movimiento hubiera sido más difícil desarrollarlas.

–4) Inicio de un nuevo ciclo político, una especie de segunda transición (sin las connotaciones «científicas» de este concepto).

–5) Articulación de un discurso de defensa de los servicios públicos (las mareas sectoriales), más allá de las reivindicaciones laborales de sus trabajadores, subrayándolos como un bien común para la confianza de la sociedad.

–6) Desvelamiento definitivo del papel de los poderes financieros en la sociedad y su relación directa con los partidos políticos.

–7) Recuperación de la política y del debate público.

–8) Interiorización del mítico «*Yes, we can*» de Barack Obama.

–9) Multipertenencia a partidos, sindicatos, movimientos sociales diversos... y al 15-M.

–10) Nuevo eje arriba/abajo, que se une al de izquierda y derecha, y que en ocasiones se presenta como más fuerte que este último.

WALL STREET Y MAIN STREET: SOMOS EL 99%

El 15-M fue diferente de otros movimientos de rebeldía, por su gran capacidad de movilización y por la enorme penetración de su «temario» en el conjunto de la sociedad. Muchos ciudadanos pueden asumir como propio el decálogo anterior, dada su amplitud y su transversalidad. Podemos es otra cosa, que se identifica crecientemente con la izquierda. La influencia del movimiento de los indignados en España se multiplicó cuando traspasó las fronteras y recibió el apoyo y la complicidad de sus colegas de otros lugares del mundo y, especialmente, de los del corazón mismo del sistema: Wall Street.

Cuando unos meses después el contagio de la *Spanish Revolution* llegó a la capital cultural y financiera del imperio americano, Nueva York, el «efecto emulación» prendió con rapidez y adquirió una relevancia cualitativamente más significativa. Aunque en Nueva York fuese minoritario y corto en el tiempo, ambos movimientos multiplicaron la resonancia de sus postulados y de su protesta.

Los contextos en Estados Unidos y España eran parecidos en sentido general, aunque los detalles y los grados de deterioro fueran, lógicamente, disímiles. En Estados Unidos, la presencia de Obama en la Casa Blanca había acentuado el pragmatismo político. Se trataba de salvar al sistema de una gravísima crisis, por encima de los frenos que la política económica suele imponer en los procedimientos de actuación más ortodoxos. Allí fue donde más bancos, aseguradoras y compañías hipotecarias de primera magnitud se tuvieron que nacionalizar para que sobreviviesen; donde antes se aplicó una política económica expansiva para regar de dinero la circulación de bienes y servicios (al presidente del banco central, Ben Bernanke, también republicano, se le denominó «helicóptero Ben» porque se decía que arrojaba dólares sobre el territorio americano desde un helicóptero, siguiendo las enseñanzas de Milton Friedman); donde se ignoró el porcentaje de déficit y deuda pública a condición de que estimulasen el crecimiento y ayudasen a volver al pleno empleo. Mientras Estados Unidos se esponjaba y los enanitos gruñones de la ortodoxia se ocultaban silentes en sus despachos de trabajo, Europa se la cogía con papel de fumar y los economistas y políticos ordoliberales vociferaban contra los socios que se alejaban de unas reglas de juego aprobadas para la normalidad, no para una recesión tan profunda que ponía en riesgo el avance económico más trascendental de la historia de la UE: la supervivencia de su moneda común, el euro.

Estados Unidos se recuperó mucho antes que la UE, aunque en ambas zonas del mundo esa recuperación fue mediocre (se la calificó de «estancamiento secular»), tardó en llegar a la gente, no ha generado suficientes puestos de trabajo, y los que ha creado han sido de baja calidad (inseguridad, temporalidad, a tiempo parcial) y con salarios más bajos que antes. Ello condujo a la depresión política de mucha gente que, cuando llegó Obama, creyó sinceramente que las cosas iban a cambiar con urgencia. Pensaban que volverían a poseer las condiciones anteriores a la Gran Recesión. Esa inicial depresión se transformó, en muchos casos, en ira e indignación. Michael Lewis, el autor del afamado libro *El póquer del mentiroso*, al estudiar lo sucedido con el movimiento Occupy Wall Street (OWS), escribe una carta de ficción científica que dirige un supuesto «Comité de Estrategia de la Contrarrevolución» a sus jefes, los de arriba, los que verdaderamente mandan, aconsejándoles que rompan relaciones con los de abajo porque el sistema no se sostiene más. Es una expresión neta de la rebelión de las élites ante la rebelión de las masas:

> Al final creemos que cualquier medida que emprendamos para impedir que se organicen más y mejor, y sean más conscientes de nuestra situación financiera, sólo aplazará lo inevitable: el día en que, con mucha mayor eficacia, se vuelvan contra nosotros. De ahí la conclusión a que ha llegado nuestra comisión:

> debemos ser capaces de abandonar por completo la sociedad americana, y ellos deben saberlo. Durante demasiado tiempo simplemente hemos aceptado la idea de que nosotros y ellos estamos juntos de algún modo, sujetos a las mismas leyes y rituales, que participamos de las mismas inquietudes y preocupaciones. Este estado de relaciones sociales entre ricos y pobres no sólo es antinatural e insostenible sino que también es, a su modo, bochornoso [...] Los griegos normales y corrientes apenas acosan a los ricos, por la simple razón de que no tienen la menor idea de dónde encontrarlos. Para un griego que pertenezca al 99%, un griego del 1% es tan bueno como invisible. No paga impuestos, no vive en ningún lugar y no tiene relación alguna con sus conciudadanos. Como los ciudadanos no esperan nada de él, siempre cumple, y a veces incluso supera sus expectativas.

Muchos americanos estaban informados a través de la televisión y algunos periódicos de las movilizaciones que se sucedían en otros países, algunos muy lejanos y semidesconocidos, por motivos aparentemente semejantes a sus quejas. Se interesaban en especial por lo que acontecía en un lugar que muchos no sabían situar en el mapa. El *hashtag* #spanishrevolution se convirtió en favorito de algunos de ellos. El 13 de julio de 2011, una revista contracultural con sede en Vancouver titulada *Adbusters* colgó el siguiente llamamiento en su blog: «#OccupyWallStreet. ¿Estáis preparados para un momento Tahir [la plaza egipcia donde comenzó su abortada primavera política]? Inundad el 17 de septiembre el sur de Manhattan, levantad tiendas, cocinas, barricadas pacíficas y ocupad Wall Street unos cuantos meses». También decía:

> El 17 de septiembre queremos ver a veinte mil personas inundar el sur de Manhattan [...] Una vez allí repetiremos sin cesar una sencilla demanda con distintas voces [...] Siguiendo este modelo, ¿cuál es nuestra exigencia igualmente sencilla? [...] [Es lo que lleva] a la raíz de que el poder político estadounidense

no merezca ser llamado una democracia: exigimos que Barack Obama establezca una comisión presidencial encargada de poner fin a la influencia que el dinero tiene sobre nuestros representantes en Washington. Es la hora de la DEMOCRACIA, NO DE LA CORPORATOCRACIA, estamos perdidos sin ella.

El 2 de agosto de ese año, un grupo escasamente numeroso de activistas, docenas tal vez, se reunió en Bowling Green, un parque en el centro de Manhattan en el que se encuentra desde hace unas décadas la famosa escultura de bronce de un toro resoplando, como homenaje al poder financiero de la vecina Wall Street, que van a visitar todos los turistas que llegan a Nueva York. No eligieron por casualidad ese lugar, sino por su valor icónico. Allí comenzaron a hablar de organizar una ocupación de Wall Street y se le puso fecha: el 17 de septiembre. Resulta curioso conocer el origen ideológico de los convocados: había estudiantes, algún raro espécimen de socialista norteamericano, sindicalistas, pero también conservadores, anarcocapitalistas y seguidores del padrino espiritual del ultraderechista Tea Party, Ron Paul, comprometidos en la idea de una «resistencia sin líderes».

Esta versión sobre los orígenes de OWS no es la única. Obama era atacado desde los dos flancos ideológicos: por los republicanos desalojados del poder y por una izquierda difusa que creía que no estaba actuando contra Wall Street. El periodista estadounidense John B. Judis cita en *La explosión populista* una página web, AmpedStatus.com, que en febrero de 2011 publicó un informe que se titulaba «La élite económica contra el pueblo de Estados Unidos», en el que su autor, David DeGraw, escribía que ya era hora de que «el 99% de los estadounidenses» se movilizase y pusiese activamente en marcha unas reformas políticas "basadas en el sentido común"», ya que una multitud crítica «ha adquirido conciencia de que los partidos Republicano y Demócrata [...] han sido comprados por una élite económica bien organizada, que está destruyendo tácticamente nuestro estilo de vida».

La fecha del 17 de septiembre no era una casualidad. Es el aniversario de la firma de la Constitución americana. Las convocatorias que pedían ocupar Wall Street lo hacían como el símbolo más oportuno para recuperar la democracia de las fauces del poder del dinero ilimitado y desregulado. Cuando llegó ese día, unos miles de personas se manifestaron por el barrio del dinero y ocuparon la plaza de Zuccotti Park, siguiendo esquemas muy parecidos a los del 15-M. La chispa había prendido. En las raíces históricas del OWS se ponía en evidencia, sobre todo, la supuesta ilegitimidad del sistema financiero.

Posiblemente fue el anarquista David Graeber quien hizo circular el volcánico y muy exitoso lema de «¡Somos el 99%!», equivalente por su fuerza al español «¡Sí se puede!». Aparecieron miles de tuits que decían: «Es hora de que el 99% de Estados Unidos se movilice y pase agresivamente a las reformas políticas sensatas». Los indignados americanos se habían rebautizado como el movimiento del 99%. A continuación se extendió, siguiendo diversas pautas de protesta, a muchas otras ciudades americanas como Washington, Chicago, San Francisco, Los Ángeles, Atlanta, Nueva Orleans, Cleveland, Seattle, etcétera. No se trataba tan sólo de una revuelta universitaria ni contracultural, como en 1968 o en 1999.

¿Quiénes eran los contestatarios de «¡Somos el 99%!»? Según un estudio de Occupy Research Network que cita Manuel Castells, eran jóvenes profesionales y estudiantes entre los veinte y los cuarenta años, con un porcentaje algo mayor de mujeres que de hombres. La mitad aproximadamente tenía un empleo a tiempo completo y un número importante estaba en paro o con trabajos precarios, empleos temporales o a tiempo parcial. El nivel de ingresos de la mayoría parecía estar alrededor del nivel medio de salarios en Estados Unidos. Era un grupo con estudios, la mitad eran licenciados y muchos habían realizado algún curso en la universidad. En su inmensa mayoría, blancos. Muchos veteranos estaban entre los acampados y a la cabeza de los manifestantes. A medida que se alargaron las ocupaciones, la mayoría de las acampadas se convirtieron, además, en refugio de gente sin hogar que encontraba allí comida, techo y protección.

El estudio indica que había mucha diversidad ideológica, aunque a quien más se escuchaba era a los anarquistas. Había libertarios y anarcocapitalistas, algunos de estos últimos republicanos desconectados del extremista Tea Party por su inoperancia; también había izquierdistas. Pero la mayor parte era gente del centro del sistema, personas independientes que buscaban cómo cambiar un mundo que no les gustaba y cómo evitar las amenazas de la crisis en sus vidas cotidianas. Los resultados de Occupy Research Network expresaban que la mayoría de los activistas de OWS había participado previamente en distintos movimientos sociales y había formado parte de organizaciones no gubernamentales y campañas políticas. No eran vírgenes en el activismo. También habían estado presentes en las redes sociales más militantes. Al coincidir desde distintas fuentes de protestas, resistencia y políticas alternativas formaron un interesante núcleo de contestación.

Como en Madrid y en tantos otros sitios, en Nueva York no hubo liderazgos formales; las decisiones se tomaban en la asamblea diaria de Zuccotti Park, una pequeña parcela de tierra pavimentada con hormigón y mármol marrón y rodeada de edificios altos; el parque se halla a muy poca distancia en diagonal de la Zona Cero, donde se desplomaron las torres gemelas del World Trade Center una década antes. Según la activista y escritora Rebecca Solnit, el término «acampar» no transmite del todo el espíritu de OWS porque aquellos acampados representaban la forma en que la gente se había reunido para dar testimonio de sus esperanzas y sus miedos, para empezar a juntar su poder y debatir qué era posible hacer en el mundo realmente existente, inquietantemente desequilibrado, para dejar claro lo injusto que era el sistema económico, lo corruptos que eran los poderes que lo sustentaban y empezar a buscar una vía mejor. De nuevo el «Otro mundo es posible».

En OWS no hubo reivindicaciones precisas que pudieran negociarse con algún interlocutor indeterminado; fue más bien un movimiento moral. Los famosos que acudieron a Zuccotti Park fueron en general tratados como curiosidades más que como sujetos dignos de fascinación. Ayudaban a propagar lo que allí se estaba debatiendo. Sólo cuando OWS hubo superado su momento más álgido aparecieron numerosos teóricos del mundo de la economía, la sociología y la política, simpatizantes dispuestos a sustituir los sentimientos difusos con medidas concretas y con los procedimientos precisos para que fueran aprobadas (muchos de estos teóricos escribieron un extraordinario libro colectivo titulado *Occupy Wall Street. Manual de uso*). De esas reflexiones salió un difícil avance conceptual de OWS, que se extendió a mucha otra gente que no había participado en las acampadas, pero que se sentía representada genéricamente por sus reivindicaciones y denuncias; entre ellas, la idea-fuerza de que no tenía sentido trasladar las preocupaciones ciudadanas a los políticos, ya que éstos no son los que mandan. Lo escribe en el libro citado un colaborador de *The New Yorker*, Lawrence Weschler, en un capítulo titulado expresivamente «Basta de ocupar Wall Street, hay que empezar a preocupar a Wall Street»: «Es hora de dejar de trasladar nuestras preocupaciones a los empleados; a partir de ahora trataremos directamente con los jefes». Weschler trata de apuntar el foco al lugar correcto puesto que la ira de los ocupantes se iba canalizando poco a poco, de modo astuto, contra los gobiernos y los políticos, mientras los monstruos financieros que habían generado una crisis con tantos sufrimientos para la gente corriente seguían fumándose un puro.

Michael Lewis, que también colabora en ese libro colectivo, define de modo milimétrico quiénes son esos «monstruos financieros»:

> Si estuviese a cargo del movimiento, probablemente lo reorganizaría en torno a un único objetivo alcanzable: un boicot financiero de las «seis empresas demasiado grandes para que-

> brar» de Wall Street: el Bank of America, Citigroup, J. P. Morgan Chase, Goldman Sachs, Morgan Stanley y Wells Fargo. Animaríamos a la gente que tiene depósitos en estas empresas a que los retiraran y depositaran en bancos más pequeños «no demasiado grandes para quebrar». Estigmatizaríamos a todos los que invirtieran, de una u otra manera, en alguno de estos bancos.

Igual que en España, una de las primeras misiones de OWS fue la de descorrer el velo de la inequidad: de la desigualdad de oportunidades y de resultados. En las últimas décadas había ido variando la percepción de una buena parte de la ciudadanía sobre Estados Unidos como uno de los mejores lugares del mundo para ejercer la igualdad de condiciones. El «sueño americano» se había ido haciendo nebuloso. El profesor de Economía Nouriel Roubini, al analizar los estallidos sociales del año 2011 y la radicalidad de las redes sociales en su apoyo, llegó a la conclusión de que si bien estas protestas no asumían un mensaje unificado, todas ellas expresaban la preocupación y la inquietud de los asalariados y las clases medias por su futuro; por quedarse atrás en una distribución de la renta, la riqueza y el poder progresivamente regresiva; por las dificultades para acceder a las oportunidades, y también por la concentración de ese poder en manos de las élites financieras y políticas. En definitiva, la sensación de que las instituciones están controladas por las élites arrogantes y extractivas que describen en su libro canónico Daron Acemoglu y James A. Robinson. OWS avala esta versión del mundo. Roubini explica que la ira de la población se reducía en esencia a una causa: una forma de progreso económico que, orientada a la creación de riqueza privada, es indiferente a las ideas de bienestar colectivo, justicia social y protección medioambiental. En el último decenio, multimillonarios, legisladores que servían a los intereses de éstos y periodistas que adoraban a los directivos de las empresas constituyeron lo que el economista Ha-Joon Chang denominó «una poderosa maquinaria propagandística, un complejo financiero e intelectual respaldado por el dinero y el poder» y constituyeron su propia y poderosa versión de la realidad.

Así se expandió el concepto de «¡Somos el 99%!» frente al 1% restante. Un periodista de *The Washington Post* escribió entonces: «No son las detenciones lo que me convenció de que OWS merecía una cobertura seria. Ni tampoco su estrategia de prensa, que consistía fundamentalmente en tuitear a los periodistas para que cubrieran una pequeña protesta que no podía decir exactamente qué quería conseguir. Fue un lema que decía: "*We are the 99%*"». Un movimiento que se dirigía al 99%, a todos los excluidos del 1% de la población que se había adueñado de los beneficios económicos que Estados Unidos había generado; un movimiento que protestaba contra la creciente desigualdad, contra una movilidad social cada vez menor, contra el debilitamiento de la red de protección social y contra la creciente influencia de los ricos del sector financiero y de las grandes empresas en Washington, contra el poder corrosivo que los principales bancos y corporaciones multinacionales tenían en el proceso democrático. Roubini sentencia que el concepto de un oprimido y abatido 99% y de un próspero 1% en el extremo superior de la población quizá sea una simplificación de una situación más compleja, pero resonaba como una verdad profunda: los mercados libres carentes de límites, la desregulación y la globalización no habían beneficiado a todos, y algunas de sus perniciosas consecuencias estaban vinculadas a las pérdidas masivas de empleo, al mediocre aumento de los salarios y al crecimiento de las desigualdades.

Los escritores Barbara y John Ehrenreich escriben sobre «La formación del 99% de la población estadounidense y el derrumbe de la clase media». Analizan las características del 99%, pero también las del plutócrata 1% restante. Y establecen las comparaciones: hasta OWS, el 99% era un grupo prácticamente incapaz de articular «la identidad de sus intereses»; lo formaba la mayoría de los ricos «normales» junto con profesionales de clase media, obreros industriales, camioneros y mineros, así como personas mucho más pobres que limpiaban las casas, hacían la manicura y cuidaban de los ricos. El movimiento no hubiera prendido si los distintos colectivos del 99% no hubieran empezado a descubrir algunos intereses comunes o, como mínimo, a dejar de lado algunas diferencias existentes entre ellos. Durante décadas, la división fomentada de forma más estridente en el seno del 99% fue entre lo que los conservadores llamaban despectivamente la élite liberal (formada por académicos, periodistas y personalidades que salen en los medios de comunicación) y más o menos todos los demás; en el seno de ese 99% persistía todo tipo de divisiones de clase, raciales y culturales, incluida la desconfianza entre los miembros de la antigua élite liberal (quebrada por la crisis) y los menos privilegiados.

En cambio, el 1% del piso de arriba vivía antes de la Gran Recesión con extravagantes niveles de consumo privado, aviones privados, múltiples mansiones de más de 4.000 metros cuadrados, postres de chocolate de 25.000 dólares adornados con oro en polvo, etcétera. Mientras la clase media pudo conseguir un crédito para pagar la matrícula de la universidad de sus hijos, o hacer de vez en cuando algunas reformas en su casa y salir de vacaciones, parecía grosero quejarse. Entonces sobrevino la crisis y el 1% al que se habían confiado los ahorros, las pensiones, la economía y el sistema político emergió como una banda de narcisistas incompetentes y codiciosos, «y posiblemente sociópatas».

Son Paul Krugman y su colaboradora Robin Wells quienes despliegan la naturaleza de esas desigualdades y las atribuyen a una política crecientemente polarizada que incapacita para actuar de modo eficaz contra los peores efectos de la crisis en la vida cotidiana de las personas. Como el incremento de los ingresos en el extremo superior de la escala generó paralelamente un poder político creciente de los más ricos, también la vida intelectual estadounidense se habría visto distorsionada. En ello tienen responsabilidad los «demasiados economistas que se apuntaron a defender doctrinas económicas que respondían a la conveniencia de los ricos pese a ser indefendibles desde un punto de vista lógico y empírico». No es de extrañar que los partidos se hayan distanciado aún más de la gente, ya que a veces el silencio cómplice es la peor de las mentiras. En los años setenta «solía haber una considerable coincidencia: había republicanos que eran moderados e incluso liberales [...] y había demócratas que eran conservadores. Hoy en día los partidos no guardan ninguna conexión. El demócrata más conservador se encuentra situado a la izquierda del republicano más liberal, y los centros de gravedad de ambos partidos están muy alejados». Es muy sugerente la reflexión de hasta qué punto los intereses particulares del 1% elitista (o más exactamente, del 0,1%) influyen en el debate entre los economistas del mundo académico (Krugman había distinguido unos años antes entre los «economistas de agua salada», más progresistas, y los «economistas de agua dulce», neoclásicos y neoliberales):

> Sin lugar a dudas esa influencia debe de haber estado ahí; como mínimo las preferencias de los patronos que donan fondos a las universidades, la disponibilidad de becas y los lucrativos contratos de asesoría, entre otras cosas, deben de haber fomentado que la profesión no sólo diera la espalda a las ideas keynesianas, sino también que olvidara gran parte de lo aprendido en las décadas de 1930 y 1940.

Las instituciones están controladas por élites extractivas que sólo velan por sus intereses y marginan los del resto. Robert Buckley, execonomista jefe del Banco Mundial, explica la desigualdad a la luz de esa realidad lacerante: para hacerse una idea de lo desproporcionada que ha sido la influencia de los ricos sobre los legisladores y responsables políticos en Estados Unidos sólo hace falta detenerse a pensar en el comportamiento de las entidades financieras que fueron rescatadas a expensas de los contribuyentes; incluso después de que se presentaran pruebas de que esas entidades «compraron» las regulaciones más laxas que generaron la crisis de las hipotecas *subprime*, los gastos que estas instituciones bancarias destinaban a la actividad de grupos de presión, y que eran los más elevados de todos los sectores, se multiplicaron por más de dos entre los años 2000 y 2010 (destinaron fondos abundantes en especial a «suavizar» la Ley Dodd-Frank, la legislación aprobada durante la Administración Obama para aumentar la capacidad de control del legislador). Buckley concluye que no es sorprendente que a lo largo de la década comprendida entre los años 2001 y 2011 Estados Unidos haya experimentado uno de los mayores incrementos de la corrupción entre los países de la Organización para la Cooperación y el Desarrollo Económicos (OCDE), de acuerdo con el índice de percepción de la organización no gubernamental Transparencia Internacional.

Citemos también a Jeffrey Sachs, director del Instituto de la Tierra de la Universidad de Columbia, que ha descrito con abundantes ejemplos las muchas formas en que los grupos de presión empresariales pagan las facturas cada vez más cuantiosas de las campañas electorales de los políticos, ofrecen lucrativos empleos a amigos y familiares de éstos, ingresan directamente sobornos y, «cada vez más, convierten la política nacional en un juego de poder empresarial». Los máximos ejecutivos, desbocados gracias a la desregulación y sin que les frenen unos sindicatos debilitados, han sido los verdaderos ganadores de la crisis, porque los principios del gobierno corporativo son aún débiles. Muchos directivos actúan con impunidad y se llevaron a casa ingresos desorbitados que se concedían a sí mismos «mediante un proceso de indemnización fraudulento». Y James Bradford DeLong, exsecretario adjunto del Tesoro y profesor de Berkeley, sentencia: los superricos dominan y controlan tantos recursos «que están realmente ahítos» (nunca están ahítos): aumentar o reducir la riqueza que tienen apenas afecta poco o nada a su felicidad. Son los superricos plutócratas.

Pertenece al territorio de los científicos sociales una explicación adecuada de las causas por las que no prendió antes OWS, y por las que, al fin, fuese una protesta minoritaria, aunque con un enorme capital simbólico, al haberse mostrado en la antesala de Wall Street. Por qué nació y murió con un presidente demócrata tan singular como Obama, que representaba una oportunidad (como el 15-M explotó con los socialistas en el poder) y no con los reaccionarios *neocons*. El periodista Judis sostiene que parte de la clave del éxito inicial de OWS fue que tocó una fibra sensible que iba mucho más allá del número de manifestantes, pues ponía al descubierto la falacia de lo que reclamaba el neoliberalismo: hacer que suban todos los barcos. El sociólogo Todd Gitlin, citado por Judis, entiende que a diferencia de cualquier otro movimiento de la izquierda estadounidenses, OWS comenzó con una base mayoritaria de apoyo; lo que defendía –justicia social y restricciones a los ricos– era popular. El rechazo del movimiento a un liderazgo formal y, con el paso de los meses, la vuelta a unas tácticas aborrecibles, que tuvieron más peso que los objetivos manifiestos del movimiento, acabaron con él.

En el ámbito más directamente político, es probable que OWS influyera en el nombramiento de Bill de Blasio como alcalde de Nueva York, el primer demócrata en mucho tiempo. Y, desde luego, los indignados de Zuccotti Park se sintieron identificados con Bernie Sanders, el *old angry man* que disputó hasta el final la candidatura demócrata a Hillary Clinton para enfrentarse a Donald Trump. Sanders, que participó activamente en OWS, se definía sin complejos como socialista en un país en el que el concepto de «socialismo» es sospechoso casi por naturaleza. Sanders logró mover a Hillary hacia la izquierda retórica, en la campaña de las primarias de su partido, so pena de perder la nominación demócrata. En su programa figuraba en primer lugar la lucha contra la desigualdad y la reducción del poder del dinero en la vida política americana, las dos grandes demandas de los indignados. Sanders asimiló el ideario de OWS que fue la semilla de su campaña. Perdió por poco y aún hoy se discute si los procedimientos para evitar que fuese el candidato alternativo a Trump fueron ortodoxos. En su libro, John B. Judis afirma que el impacto simbólico de OWS fue enorme y que puso de relieve en Estados Unidos la cuestión de la desigualdad política y económica, lo que constituye un elemento central en el cuestionamiento del neoliberalismo. Micah White, el principal editor de *Adbusters*, que contribuyó a dar impulso al movimiento, lo calificó de «fracaso constructivo».

8

La conjura contra América

¿*NEOCON* O FASCISTA?

La noche del 8 de noviembre de 2016, cuando contra todos los pronósticos Donald Trump ganó las elecciones presidenciales en Estados Unidos, el entonces corresponsal del diario *El País*, Marc Bassets, escribió:

> El republicano Donald Trump ha conmocionado a medio Estados Unidos y al mundo entero al derrotar a la demócrata Hillary Clinton en las elecciones presidenciales. Trump, un populista con un discurso xenófobo y antisistema, será el próximo presidente de Estados Unidos. Con el apoyo masivo de los estadounidenses blancos descontentos de las élites políticas y económicas e inquietos por los cambios demográficos acelerados Trump rompió los pronósticos de los sondeos y logró una victoria que aboca a su país a lo desconocido. Nadie como Trump supo entender el hartazgo con el *establishment*, con el que se identificaba a Clinton.

El magnate neoyorquino, conocido sobre todo por sus rascacielos y sus negocios inmobiliarios, sacó casi tres millones de votos menos que su oponente Hillary Clinton, pero en el reparto por estados logró 80.000 votos en el *Midwest* (algo así como la población de una ciudad como Melilla) que le proporcionaron la Casa Blanca.

Con Trump se inició la tercera fase de la Revolución conservadora en Estados Unidos, todavía más polémica que las anteriores, tras el paréntesis que supusieron los ocho años de mandato de Barack Obama. Tanto en la mayoría de los enunciados genéricos de su programa como en el ideario que emana de su persona y de su equipo más cercano predominaba la tensión restauradora del pasado y la furia con la que eliminar la herencia de su predecesor, al que probablemente odia. Simultáneamente a ese *tempo* restaurador surgieron amplias contradicciones con la primera y la segunda fase de esa revolución, las representadas por Ronald Reagan y George Bush II. El carácter hortera de Trump y su nacionalismo y xenofobia rampantes chocaban con una cierta sofisticación de los *neocons* y con su defensa a ultranza de la globalización neoliberal, que el nuevo presidente repele. Los tres presidentes conservadores coinciden en su estilo antiintelectual.

Del mismo modo que los comunistas más puros han abominado de la experiencia de la Unión Soviética (aquello no fue nunca el verdadero comunismo, sino una degeneración burocrática o un capitalismo de Estado), los neoliberales de siempre, y los *neocons* del pasado inmediato, renegaron de la bastedad de Trump desde el primer momento. No es de los nuestros, dijeron. Se han publicado libros horrorizados, que en su subtítulo rezaban: «Por qué Trump es populista, proteccionista, machista, autoritario, nacionalista, pero en ningún caso liberal». Trump ha ofrecido como alternativa frente a la globalización una receta simple: la conversión de Estados Unidos en una potencia extractiva que gracias a su liderazgo político y militar puede instalar en el planeta relaciones de señorío y vasallaje con los demás países, y ello sería, según los evangelistas del neoliberalismo, una política profundamente antiliberal (o iliberal). No. Trump no es un liberal, escribe angustiado Lorenzo Bernaldo de Quirós, uno de los representantes hispanos del neoliberalismo más extremo: el trumpismo constituye el triunfo del populismo, nada más alejado del liberalismo. Resulta por lo tanto insólita esa fascinación de amplios sectores de la derecha democrática ante el «fenómeno Trump»: aplauden sus promesas de bajar los impuestos, de desregular los mercados o los ataques realizados por el nuevo presidente a la *intelligentsia* de izquierdas, pero se omite, se ignora o se pone en segundo término su proteccionismo, la xenofobia, el cuestionamiento de la independencia judicial o la libertad de prensa; se sienten cómplices de Trump y ello es una trampa que desnaturalizará al verdadero liberalismo. Otros neoliberales que se han distanciado inmediatamente del «experimento Trump» opinan que su política económica es, por esencia, antiliberal: sus prioridades de *policy*, los nombramientos de cargos clave y algunas de sus primeras decisiones apuntaban hacia un intervencionismo activo a favor de las empresas existentes, particularmente los grandes campeones nacionales, en detrimento de la competencia y de nuevos actores que quieren entrar en el sistema productivo. Una variante más del capitalismo de amiguetes. En las últimas décadas ha habido bastantes intentos por parte de algunos integrantes del neoliberalismo y del neoconservadurismo de considerarse familias ideológicas diferentes. Han tratado de romper el guión del nudo ideológico *neolib-neocons*. Algunos de los primeros consideran impresentables a los últimos (no se da tanto la relación inversa). Sin embargo, aunque en los detalles haya diferencias sustantivas, se identifican en sus principales ideas-fuerza sobre la restauración del capitalismo del *laissez-faire*. Lo nuevo en este caso es que los antiguos *neocons* también huyen como de la peste de que se les confunda con la era Trump. Intelectuales como Robert Kagan o William Kristol, citados abundantemente en este libro, se han desmarcado del presidente en sus artículos y declaraciones, e identifican sus políticas y sus furibundas declaraciones con los rasgos característicos del peor populismo y de las ideologías autoritarias. Creen que degenera su ideología conservadora porque se identifica a cualquier tipo de derecha (incluida la de Trump) con ella. Conceden mucha significación a elementos tales como la coerción pública para obligar a las empresas a decidir dónde tienen que invertir y a quién contratar, así como la amenaza de imponerles sanciones si no se acomodan a los deseos del presidente. Muchos de ellos califican a Trump como un bocazas en el que el verbo va siempre por delante de la acción (no piensa), y entienden que para juzgarlo habrá que tener en cuenta, cuando llegue la hora de hacer balance, lo que ejecuta y no lo que brama. En ese distanciamiento también hay cuestiones estéticas.

El discurso de Trump ha sido proteccionista en algunos asuntos como los acuerdos comerciales, pero se asemeja a la *reaganomics* en su defensa de la bajada de impuestos a las empresas y los más ricos (ya puesta en práctica), o en el incremento del gasto militar para aumentar la hegemonía de Estados Unidos sobre el resto de las potencias; es antiigualitario en relación a las políticas de género (mujeres) y de raza (inmigrantes), pero también pretende reducir las tímidas regulaciones que aprobó Obama en la vida económica; es negacionista del cambio climático y quiere reducir la burocracia federal... Esta mezcla impura y antinómica repugna a los teóricos *neocons* más ortodoxos. William Kristol comenta: «Hay mucha insatisfacción entre los votantes y él [Trump] lo ha aprovechado con brillantez. Es un demagogo. Las democracias corren el riesgo de tener demagogos. Uno espera que se puedan contener y que su atractivo se difumine».

Más insólito es que una de las personas que más se ha esforzado en marcar diferencias con Trump, rompiendo la tradición de que un presidente no critica a otro, haya sido el jefe político de los *neocons* en la Casa Blanca, George W. Bush (Bush II). Fue muy discreto hasta que en octubre de 2017, en un discurso pronunciado en Nueva York, sorpresivamente arremetió contra el aislacionismo, la xenofobia y la violencia discursiva de su sucesor: «El fanatismo parece fortalecido», dijo. Bush hizo de espejo invertido de Trump y defendió la inmigración, el libre comercio y la globalización, y atacó las teorías conspirativas y los montajes descarados que han hecho «a nuestra política más vulnerable». Se había filtrado a la prensa que ni Bush I ni Bush II habían votado a Trump (probablemente lo hicieron por la demócrata Hillary Clinton, lo que contiene más de una paradoja), pero en el discurso citado el segundo hizo algo más: atacó desde su neoconservadurismo la línea ideológica del trumpismo, el sustrato profundo de su política:

> Hemos visto al nacionalismo distorsionarse en nativismo, y hemos olvidado el dinamismo que siempre trajo la inmigración a Estados Unidos. Vemos caer la confianza en los valores del mercado libre y nos olvidamos del conflicto, la inestabilidad y la pobreza que trae consigo el proteccionismo. Asistimos al regreso de los sentimientos aislacionistas, olvidando que la seguridad de América está directamente amenazada por el caos y la desesperación engendrada en lugares lejanos.

Tanto Bush como Trump son miembros del Partido Republicano. También por esta circunstancia el vapuleo del primero al segundo fue relevante en términos políticos: «El acoso y el perjuicio en la vida pública proporcionan la excusa para la crueldad y el fanatismo, y comprometen la educación moral de los menores. La única forma de predicar valores morales es vivir en consonancia». Quizá en ese momento Bush obvió que los bajos índices de popularidad con los que abandonó la Casa Blanca tuvieron que ver con su desastrosa gestión de la guerra de Irak, las mentiras de su Administración, el limbo jurídico de Guantánamo, las torturas de Abu Ghraib o su incapacidad para prever la gran crisis económica que llegó en el verano de 2007. Y sin embargo, acabó su discurso con el mismo tono que empleó en otros momentos del mismo: «El fanatismo y el supremacismo blanco son formas de blasfemia contra el credo americano. La identidad real de nuestra nación radica en identidades civiles».

El eslogan «América primero» con el que Trump ganó las elecciones presidenciales había sido utilizado muchos años antes por Charles Lindbergh. En el año 1940, un aviador bastante iletrado, aislacionista y antisemita, ganó las elecciones presidenciales a Franklin Delano Roosevelt, el demócrata vencedor de la Gran Depresión. Estados Unidos empezó la «era Lindbergh». Charles Lindberg, que había cruzado el océano Atlántico por primera vez sin escalas, era el portavoz de un comité llamado «Estados Unidos primero» y había declarado sus simpatías por Adolf Hitler, que pocos meses antes había comenzado la Segunda Guerra Mundial.

Lo que se describe en el párrafo anterior es la trama de una extraordinaria novela de Philip Roth, publicada hace casi una década, titulada *La conjura contra América.* Leída después del triunfo de Trump, parece un texto de historia contrafactual. Y, sin embargo, sólo es ficción. En el famoso párrafo inicial de *El dieciocho Brumario de Luis Bonaparte*, Karl Marx observa que todos los acontecimientos y personajes importantes de la historia ocurren dos veces: la primera como tragedia, la segunda como farsa. Cuando llegó Trump se dio la asombrosa paradoja para la calidad de la democracia de que muchos pensaran que cuantas más promesas electorales incumpliera mejor sería para todos. En *Algo va mal,* el historiador Tony Judt se pregunta por qué en muchas ocasiones nos apresuramos a derribar los diques que laboriosamente levantaron nuestros predecesores y si estamos tan seguros de que no se avecinarán nuevas inundaciones. El mundo se equivocó banalizando al Trump candidato y llegaron las inundaciones.

Pasar del primer presidente negro de la historia de Estados Unidos a un presidente supremacista blanco, sin solución de continuidad, parecía una contorsión imposible. ¿Qué dice de la salud política de la sociedad americana?, ¿cómo pudo ganar una figura tan polarizadora, sin experiencia política y con una personalidad más propia de los *showman* de la televisión que de los políticos profesionales, y acceder al omnímodo poder de la Casa Blanca? Hubo una combinación de méritos suyos y deméritos de su oponente, la demócrata Hillary Clinton. También influyó mucho el contexto. Se puede resumir en una única conjetura: Trump fue el aglutinador de las frustraciones de muchos ciudadanos; su ascenso fue inseparable de la enorme desilusión que habían generado décadas de imparable neoliberalismo, que han terminado con las aspiraciones vitales de una parte significativa de la ciudadanía que se identifica, genéricamente, con los perdedores de la globalización.

No contamos con perspectiva suficiente para determinar con exactitud si esos perdedores de la globalización realmente existente han comenzado a articularse en las distintas partes del mundo en torno a determinadas formaciones o líderes políticos, con carácter de permanencia. O si son flor de un día. Es seguro que identifican a Vladímir Putin como uno de los suyos (de ahí los sorprendentes niveles de popularidad que mantiene el líder ruso dentro de su territorio, y fuera, en algunos estamentos alejados del *establishment*) y es más que probable que la categoría de «perdedores de la globalización» esté en esa mayoría de ciudadanos del Reino Unido que votaron en contra de que este país se mantuviese dentro de la Unión Europea (el *Brexit*) o en las listas del Frente Nacional de Marine Le Pen en Francia, por poner algunos ejemplos significativos. Detrás de cada fenómeno populista hay una crisis de representación política de los partidos tradicionales.

Es muy peculiar que un multimillonario, es decir, no un *outsider* de orígenes humildes (la fortuna de su padre está en la base de su acumulación originaria de capital), ganase las elecciones presidenciales como un enemigo acérrimo de «la casta» y de la mayoría de sus aparatos ideológicos acompañantes (medios de comunicación tradicionales, universidades, mundo de la cultura...). Alimentó durante la campaña electoral los resentimientos de una parte de las clases medias y bajas ante un orden injusto, y logró capitalizar el empobrecimiento relativo de unos sectores que atribuían éste, antes que a la revolución tecnológica que exige otro tipo de asalariados, al egoísmo de las élites (el enemigo interior) y a la competencia de la inmigración (el enemigo exterior). En la película *Asalto a Wall Street*, dirigida por Uwe Boll (trata de un perdedor de la globalización que se venga matando a tiros a todos los que considera causantes de su desgracia), el más malo de todos, el jefe de los especuladores, se sincera con la víctima con las siguientes palabras:

> ¿Sabes que en el mundo no hay nadie que tenga más de cien millones de dólares y haya hecho su fortuna honradamente? Fíjate en las fortunas familiares, los Vanderbilt, los Carnegie, los Getty, los Morgan, los Rockefeller... ¿Cómo crees que hicieron fortuna? Se apropiaron de territorios, patentes y negocios, mataron a los nativos, importaron a los esclavos y vendieron armas al norte y al sur durante la guerra civil. Y controlaron a los políticos. Y son héroes, los héroes americanos. Enseñamos a nuestros hijos que ser honrados y trabajar mucho son las claves del éxito. Mis hijos no irán a ninguna guerra, estudiarán en Yale o en Harvard, y serán los idiotas, los estúpidos blancos de clase baja y los de los guetos negros quienes lucharán en las guerras americanas sin sentido. Protegerán al país y nuestros negocios, y será mi negocio el que crecerá y será más y más grande, tendrá más y más beneficios. Es la vieja historia. Los banqueros y los propietarios y los consejeros se enriquecen y la gente desgraciada compra las acciones y al final siempre pierde. La gente como tú. Es un sistema de libre comercio. Es el capitalismo. La competencia en una sociedad capitalista. Así es como la élite consigue quedarse por encima. El fuerte siempre sobrevive; el débil siempre muere [...] Me encanta competir. Da igual cómo gane. Lo importante es que he vencido.

Ante tanta impudicia hubo quienes incluso creyeron que Trump era Robin Hood, el protector de los débiles con problemas, que podría y querría transformar ese orden de cosas para que Estados Unidos floreciese de nuevo –con una imagen idílica del pasado americano– y la clase media y baja blanca (el corazón de la clase trabajadora) recuperase los niveles de vida de otros tiempos. Para ello, Trump se inventó una imagen de sí mismo como candidato sin ataduras con el *establishment,* capaz de acabar con los privilegios de la élite de Washington y sus aliados; como un hombre hecho a sí mismo, fuerte, alejado de la política más tradicional. Prometió, con su experiencia de hombre de negocios (también falsificada), dirigir el Gobierno con la eficacia de una empresa privada, acabando con los privilegios de los políticos y de los burócratas, y respondiendo a las necesidades reales de los millones de ciudadanos empobrecidos y a la baja en la escala social. Para ello utilizó una retórica fuertemente proteccionista (los puestos de trabajo se crearán aquí y las empresas que se deslocalicen pagarán por ello), identitaria, nacionalista, antiinmigratoria, incluso nativista frente a una globalización desbocada, sin frenos y sin ningún piloto al frente. Así consiguió movilizar a una coalición negativa y heterogénea; añadió a los «perdedores de la globalización» a los tradicionales votantes republicanos.

La economista María Gómez Agustín, que ha estudiado las causas de que lo que todo el mundo consideraba imposible (que ganase Trump) se hiciese realidad, entiende que se ha transformado profundamente la esencia de lo que fue el «sueño americano», en virtud del cual un ciudadano cualquiera que llegaba a una sociedad en la que no existía ningún tipo de prejuicio de clase se adhería a su «credo» y, en igualdad de condiciones, podía llegar a lo más alto del país. Ese «sueño americano» ha mutado y hace aguas por arriba y por abajo; por arriba, por la creación *de facto* en las comunidades ricas de una élite extractiva con elevadas barreras de entrada, que ha perdido el contacto con el grueso de la sociedad y que lidera los asuntos claves del país, la política, la economía y la cultura; por abajo ha aumentado el deterioro de los valores que constituían las instituciones básicas de la cultura americana, en especial el trabajo y el matrimonio.

En este contexto, el votante tipo de Trump, según esta analista, estaría compuesto fundamentalmente por cuatro categorías:

–a) Los hombres. Tradicionalmente el voto masculino había sido republicano, pero Trump obtuvo dicho voto con un margen superior al de comicios anteriores.

–b) Los blancos no hispanos. El voto de este grupo también ha sido tradicionalmente más republicano que demócrata. Trump ganó a Hillary Clinton por 21 puntos de diferencia en este segmento de población.

–c) Los mayores de edad. El sufragio de los jóvenes ha ido a los demócratas (aunque en menor proporción que con Obama) y los de las personas de más edad a Trump (aunque también en menor proporción que en otras presidenciales).

–d) Sin título universitario. Esta característica ha sido uno de los puntos más fuertes del millonario neoyorquino: dos de cada tres blancos de *college degree* le prefirieron a Clinton.

El trumpismo representa el descontento y el resentimiento de la parte baja de la población. Ha emergido una nueva clase baja en el interior de la clase blanca trabajadora, en cuyo seno la demagogia y las promesas trumpistas se han movido como pez en el agua. Los pilares básicos de la sociedad americana, el trabajo, la religión, el matrimonio, la familia, se están transformando y ello es visible a través de la geografía estadounidense: parados, separados, nihilistas... Los trabajadores blancos se sintieron preteridos en relación a las minorías (que se podían acoger al procedimiento de la discriminación positiva) y dijeron basta con su voto.

Esto es muy perceptible en lo referido a los puestos de trabajo que aparecían. Aunque en los ocho años de Obama se crearon muchos millones de puestos de trabajo, la percepción de la gente se alejó de la realidad. Muchos opinaban que ese empleo no se distribuyó de manera equilibrada, que la mayoría de los trabajos generados desde el comienzo de la reactivación económica lo habían sido sobre todo en las grandes ciudades, pero no en las pequeñas ni en las zonas rurales (donde ganó masivamente Trump), en las que las industrias que antaño proporcionaron buenos trabajos y remuneraciones altas han desaparecido, están en plena decadencia o en trance de sustitución de mano de obra por tecnología. Se habría reemplazado mano de obra por capital y se habrían ajustado los salarios a la baja ante la competencia procedente del exterior. La recuperación fue contemplada de modo muy diferente por cada segmento de la población y los blancos no hispanos habrían sido el sector más desfavorecido, tanto durante la crisis como durante la salida de la misma, mientras que los hispanos, los asiáticos y los afroamericanos habrían mantenido los niveles de empleo –no así las condiciones de trabajo– de antes de que se iniciasen las dificultades, en el año 2007.

LOS *HILLBILLIES* Y LA DERECHA ALTERNATIVA

Un reportaje escrito por el director de una empresa de inversión en Silicon Valley, J. P. Vance, refleja de modo fidedigno la decadencia de la clase trabajadora blanca en la cordillera de los Apalaches. Allí se denomina *hillbillies* a los americanos blancos, de clase trabajadora, que no tienen título universitario, muchos de ascendencia escocesa o irlandesa, que combinan el resentimiento con la falta de ambición y una mezcla letal de victimismo y pesimismo, y que han pasado en poco tiempo de la escasa movilidad social a la pobreza, transitando en muchas ocasiones por el divorcio de su pareja y la adicción a las drogas. Ese grupo de gente es el más pesimista en Estados Unidos, más que los latinos o los negros, tiene la sensación de no controlar sus vidas y culpa a los demás de sus desgracias, más que a sus propias circunstancias. Muchos han perdido tanto la seguridad económica como el hogar estable y la vida familiar. No tener trabajo es estresante, y no tener suficiente dinero para vivir según los estándares anteriores lo es aún más. Son personas enfadadas. Cabreadas. Forman parte de la sociedad del descenso. La mayor parte han sido votantes de Trump.

En su libro *Otoño americano*, el periodista Marc Bassets se apoya en la balada de Bruce Springsteen *Youngstown* para describir el esplendor perdido de los altos hornos de Youngstown, que producían acero 24 horas al día y que componían un paisaje de «chimeneas alzándose como los brazos de Dios hacia un magnífico cielo de hollín y barro». Youngstown era el corazón del *Rust Belt* (cinturón del óxido), la región que se extiende desde Pensilvania a Minnesota, la auténtica cuenca del Ruhr americana. El orgullo de los *blue collar* de clase obrera. Allí se fabricaron las armas, los aviones y los barcos que derrotaron a Hitler. Allí se construyó, esfuerzo a esfuerzo, después de la Segunda Guerra Mundial, la clase media americana: la casita con jardín, el salario digno, el acceso de los hijos a la mejor educación. En definitiva, ese sueño americano. Todo empezó a desintegrarse en la década de los setenta, con el cierre de las primeras plantas siderúrgicas. La zona carecía de recambios económicos. Los seguros empleos industriales eran buenos puestos de trabajo, que a veces pasaban de padres a hijos, y el obrero, que estaba protegido por los sindicatos, podía desarrollar una vida confortable. Una vida de clase media. Y esto se lo llevó la riada de la crisis; los nuevos empleos, si existían, hacía años que desaparecieron tanto en las condiciones de trabajo como en los salarios anteriores a aquélla. Un trabajador le dice a J. D. Vance, autor de *Hillbilly, una elegía rural:* «El trabajo de una persona es su última línea de defensa contra los peligros de la vida. Un trabajo es una de las propiedades más preciadas que poseer».

Trump tuvo la habilidad de poner estas realidades en el centro retórico de su campaña electoral. Los americanos no suelen tolerar la incompetencia, pero sí el carácter, por fuerte que éste sea. Es el caso del presidente. Todavía no se dispone de un término lo suficientemente preciso para denominar lo que significa Trump y el trumpismo; sabemos que en muchos casos se trata de un fenómeno de extrema derecha (o de derecha alternativa, *alt-right*), pero aún no existen referentes definitivos: ¿nuevos *neocons-neolib* de otra generación, fascistas, extrema derecha alternativa? No tienen la apariencia de los neonazis ni de los *skinheads* y tampoco su violencia, aunque a veces la practiquen como hicieron los supremacistas blancos en los sucesos de Charlottesville de agosto de 2017. En contraste con la extrema derecha tradicional, el movimiento *alt-right* presenta ciertas dosis intelectuales y, sobre todo, capacidad discursiva, lo que le hace más peligroso. Sus portavoces tienen dominio de la comunicación política y caminan trajeados y encorbatados, con ideas provocadoras y discursos estructurados.

La principal característica del trumpismo no sería su autoritarismo, ni siquiera su antiizquierdismo ni su antiintelectualismo, sino su concepción orgánica de la estructura social que confiere a las masas que le siguen un sentido identitario –los perdedores de la globalización, los olvidados, *America first*– representado por un líder fuerte que es la personificación de la nación. Marc Bassets cita a Joseph Burgo, autor de un libro sobre el narcisismo, para recorrer la personalidad de Trump: el narcisista extremo tendría una imagen grandiosa del yo y carece de empatía hacia los demás; se siente constantemente impulsado a demostrar que él es un ganador, con frecuencia a expensas de las personas a las que desprecia, los perdedores; cuando se le critica, o cuando se cuestiona la imagen que él tiene de sí mismo, se defiende con indignación, desprecio y acusaciones. La grandiosidad de Trump sería aparente: siente la necesidad constante de anunciar que él es el más grande y el mejor en casi todo lo que hace. Se confrontó con las élites como mejor procedimiento para ganar a una de sus representantes más conspicuas, Hillary Clinton. Detectó con precisión que en Estados Unidos había millones de personas, muchas de las cuales podían inclinar la balanza electoral de su lado, que se sentían despreciadas por los políticos de ambos partidos y que buscaban un líder que les representase. Si estas élites apoyaban el libre comercio, las bases trumpistas recordaban que el libre comercio ha provocado el cierre de numerosas empresas en el país y dejan sin oportunidades a los trabajadores; si las élites piensan que Estados Unidos debe ayudar al resto del mundo a defender sus valores, incluso con guerras, las bases están hartas de conflictos, son aislacionistas y entienden que el presidente y su equipo deben dedicarse a arreglar los problemas de los americanos, no de los demás; si las élites recuerdan que el pueblo estadounidense está formado por inmigrantes de distintas generaciones y que esos inmigrantes son necesarios para el buen funcionamiento de la economía, el trumpismo afirma que la inmigración amenaza la identidad americana y pone en peligro los puestos de trabajo de los asalariados autóctonos.

La derecha alternativa americana (*alt-right*) ha sido un movimiento plural sin una ideología cerrada, pero con un punto en común entre las distintas facciones que la conforman: su oposición a los valores considerados políticamente correctos en el mundo occidental. Sus componentes son supremacistas blancos, nacionalistas americanos, islamófobos, antifeministas, antisemitas, nativistas, tradicionalistas, proteccionistas y al tiempo partidarios de la libre empresa... Es un movimiento fundamentalmente juvenil que aspira a reformular a la extrema derecha desde otros moldes. Desde que el presidente Woodrow Wilson (que ocupó su cargo desde 1913 a 1921) despidió a los trabajadores federales afroamericanos al ocupar la Casa Blanca, nunca el ideario supremacista blanco había estado más cómodo y había tenido tanta influencia como con Trump. Compuesto básicamente por dos facciones (Breitbart, enemiga del feminismo, del islam y del pensamiento políticamente correcto, y Radix, centrada en el racialismo), la *alt-right* está tratando de destruir la hegemonía cultural de los valores de Mayo del 68 en Estados Unidos y al Estado benefactor. Su fuerza se demostró cuando uno de sus líderes más conocidos, Steve Bannon, jefe de campaña de Trump, fue nombrado por éste consejero presidencial para asuntos estratégicos y luego miembro nato del Consejo de Seguridad Nacional, organismo que en Estados Unidos funciona como una especie de Consejo de Ministros para la gestión de las crisis y de la política exterior y de seguridad nacional (fue despedido por Trump en agosto de 2017, a causa de su extremismo arrogante y de su capacidad para dividir una y otra vez a los colaboradores de la presidencia). La incorporación de Bannon a ese consejo le permitía conocer los secretos de Estado más importantes de la política americana e influir en las situaciones críticas en tiempo real.

Uno de los primeros en marcar el territorio de la *alt-right* en sus referencias frente a los valores progresistas fue Bannon. Aficionado al cine, en su película *Generation Zero* achaca todos los problemas de Estados Unidos a los *baby boomers* (nacidos después de la Segunda Guerra Mundial, y muchos de ellos unidos sentimentalmente al sesentayochismo) por liquidar las estructuras tradicionales de la sociedad y crear una civilización del narcisismo y no del esfuerzo. La destrucción de los valores anteriores a 1968 habría impuesto un culto al yo, cuyo resultado habría sido el aburguesamiento y la adoración al dinero. Para Bannon, de la generación del 68 habría salido, paradójicamente, la apuesta por un modelo de capitalismo salvaje y de apertura externa que dinamitó los cimientos clásicos de la sociedad americana. Ahora no se trataba de economía y de intendencia sino de civilización y cultura. El que fuera ministro de Finanzas con el Gobierno griego de Syriza, Yanis Varoufakis, escribe en sus memorias *Comportarse como adultos* que el capitalismo de libre mercado, como ideología, murió en 2008, diecisiete años después de que el comunismo estirara la pata. Antes de ese año, los entusiastas del libre mercado hablaban del capitalismo como si fuera una selva darwiniana que selecciona a heroicos emprendedores para llevarlos hacia el éxito. Pero durante el periodo que siguió a la crisis financiera de 2008 la eficacia de esa selección natural darwiniana quedó en tela de juicio: cuanto más insolvente era un banquero más posibilidades tenía de quedarse con una buena parte de los ingresos de los demás, de los que trabajan duro, de los que innovan, de los que lo pasan mal y, por supuesto, de los que no tienen ningún poder político. «Bauticé ese nuevo régimen», dice Varoufakais, «con el nombre de quiebrocracia».

Otro de los representantes más conocidos de la *alt-right*, Milo Yiannopoulos, propuso en un influyente artículo titulado «Guía de la "alt-right" para conservadores del "establishment"», la siguiente hipótesis: el surgimiento de la derecha alternativa respondería a los mismos motivos que Mayo del 68, sólo que al revés, un movimiento contestatario ante una sociedad en la que el horizonte de expectativas de la juventud es muy insatisfactorio, lo que alimenta un levantamiento contra las élites. A pesar de que el feminismo, el antirracismo o la tolerancia hacia la diferencia no son aún valores genuinamente hegemónicos en nuestras sociedades, en los medios de comunicación predominaría una versión convencional y superficial de los mismos que, unida a una actitud cada vez más intransigente y menos dialogante de algunos de los militantes más activos de esos movimientos, ha provocado una oleada reactiva de rechazo creciente a esas ideas, formándose un caldo de cultivo propicio para la extrema derecha. En este contexto surge una nueva mentalidad entre muchos jóvenes, subraya Yiannopoulos, de una lucha rebelde contra lo políticamente correcto. Mayo del 68 se rebeló contra la conservadora sociedad moralista de la posguerra, y *alt-right* se rebela contra lo políticamente correcto de nuestra época. Ambos movimientos contrarios se sublevan contra el *statu quo* y el pensamiento convencional de cada momento histórico en nombre de la libertad. En el 68 produciendo una izquierda alternativa, una versión de comunismo antiautoritario; en 2016, una derecha alternativa.

La información y la mayor parte de las reflexiones sobre la *alt-right* son profundamente deudoras del trabajo del investigador de la Universidad del País Vasco Marcos Reguera («*Alt-right*: radiografía de la extrema derecha del futuro», *Ctxt* de 22 de febrero de 2017). En dicha investigación se desarrolla el contexto de la aparición de la derecha alternativa en Estados Unidos. En los inicio de la era Obama, mientras muchos ciudadanos del *baby boom* se organizaban para crear el Tea Party contra la política de aquél, los *millennials* se encontraron con un panorama laboral nada envidiable: una gran proporción de jóvenes vio truncada su entrada en el mercado de trabajo, o padeció una mezcla de pluriempleo y trabajo precario que no se correspondía con sus expectativas vitales y el precio que habían tenido que pagar, endeudándose por decenas de miles de dólares para permanecer en el sistema universitario estadounidense. Aquéllos que ni siquiera tenían formación universitaria se encontraron con un sector industrial muy debilitado y con que los puestos de trabajo del sector servicios menos cualificados los ocupaban latinos y afroamericanos en condiciones de semiesclavitud.

Una generación de jóvenes precarios, muchos de ellos «ninis» (ni estudiaban, ni trabajaban), comenzaron a encontrarse y a converger a través de internet, compartiendo sus frustraciones, experiencias y anhelos, sus odios y reivindicaciones. Reguera afirma que para ellos, al contrario que para sus padres y hermanos mayores, el problema no era tanto Obama, sino una sociedad que no ofrecía salidas y en la que una élite cultural y educativa denunciaba desde los medios de comunicación, las escuelas, los institutos y las universidades la situación de vulnerabilidad de las mujeres, las minorías raciales y sexuales, pero que no tenía ni idea, ni decía una palabra, de las dificultades de los varones-jóvenes-blancos. Estos *millennials*, en parte «ninis», en parte precarios, invirtieron mucho tiempo en las redes sociales y, a través de algunas páginas web, formaron una subcultura de intercambio de ideas, debates y humor virtual. Ninguna de esas páginas era de extrema derecha (ni políticas en algún sentido), sino simples foros de internet y lugares donde distribuir *gifs* y *memes*. De esta manera y con un cierto «apoliticismo» de origen, esos jóvenes comenzaron a compartir con altas dosis de humor sus experiencias y su rabia en sitios virtuales en los que predominaban el machismo, el racismo y la homofobia. El medio principal de protesta era el *meme* –imágenes encuadradas que suelen estar acompañadas de un breve texto en donde se ironiza sobre cualquier asunto– haciendo guiños por lo general a la cultura popular. Marcos Reguera añade:

> Algunos comenzaron a hacer circular estas expresiones machistas y racistas en tono jocoso (por «trolleo», buscando la provocación para divertirse), otros como síntoma de rebeldía ante lo que detectaban como el discurso institucional políticamente correcto. Y muchos como una forma menos agresiva de promocionar sus ideales políticos excluyentes. Una parte de

> este último grupo acabaría deviniendo en las actuales figuras mediáticas y líderes de la *alt-right*. En lo que todos ellos parecen coincidir es que en estos inicios la mayoría de sus compañeros de la red no eran conscientes de estar participando en el nacimiento de una nueva extrema derecha, sino que todo formaba parte de un ejercicio de provocación y rebeldía, una actividad ociosa que además cumplía la función de servir de terapia colectiva virtual.

Así fue surgiendo el discurso y la ideología *alt-right* a través de internet. El movimiento tenía sus líderes de opinión y referentes, pero fue bastante horizontal y participativo. Cronológicamente coincidió con el fenómeno de los indignados (Occupy Wall Street, primaveras árabes, 15-M, estudiantes chilenos, Israel...). Al igual que estos movimientos, la derecha alternativa se reunía, en este caso virtualmente, para criticar a las élites extractivas e introducir una nueva política en la sociedad. A diferencia de en las plazas de los indignados, la derecha alternativa se expandió en medio de avatares, heterónimos, etcétera.

Pese a la simbiosis entre trumpismo y *alt-right*, no significan exactamente lo mismo. Tienen dosis de autonomía. Para la derecha alternativa, Trump sólo es un paso más en busca de una hegemonía que debe superar las legislaturas y los presidentes; lo mismo que pretendían los primeros teóricos de la Revolución conservadora con Reagan o los *neocons* de Bush. A Trump, la *alt-right* le permitió tener detrás de él una masa social y una agrupación ciudadana de la que carecía. Los sucesos de Charlottesville (Virginia) –un tranquilo municipio de 45.000 habitantes que a principios de agosto de 2017 se convirtió en testigo de una marcha de supremacistas blancos con antorchas al grito de «¡Los judíos no nos reemplazarán!», que terminó con enfrentamientos, un muerto, decenas de heridos y un número indeterminado de arrestados– son la expresión de las contradicciones que pueden emerger entre un presidente que pese a su ideario tiene que respetar el *rule of law* de la democracia americana y un conjunto de extremistas de derechas herederos del Ku Klux Klan.

Pese a abominar de casi todo lo que hizo su antecesor y de lo que significó Barack Obama para la historia reciente de Estados Unidos, Trump recibió una excelente herencia macroeconómica de aquél. Hasta tal punto que, más allá de la retórica y los continuos bufidos, apenas ha cambiado hasta ahora las principales líneas generales de la política económica aplicada por los demócratas en los ocho años anteriores (exceptuando una reforma fiscal muy regresiva). Manteniendo el rumbo podría aspirar a un segundo mandato, aprovechando los vientos de cola. Con una tasa de paro levemente superior al 4% (lo que los economistas denominan pleno empleo) sería muy complicado derrotarle en 2020. A un año de la llegada de Trump a la Casa Blanca el paro era el menor en los últimos diecisiete años, la confianza del consumidor era muy alta y Wall Street estaba en máximos históricos. El republicano se había apuntado sin decirlo a la expansión iniciada por Obama; se encontró con una economía encarrilada y tratará de superar la tanda de trimestres seguidos de crecimiento que tuvo lugar con la «nueva economía» de Bill Clinton.

Aunque no ha torcido el rumbo de la política económica general de Obama, ha adoptado decisiones para atemperarla, siempre en beneficio del *establishment* financiero que antes tanto criticó. Trump firmó dos decretos –con la presencia física de algunos de los banqueros más importantes del mundo, J. P. Morgan, Blackstone..., que batían palmas hasta con las orejas– para revocar la redacción de la llamada Ley Dodd-Frank, cuyo título era exactamente Ley de Reforma de Wall Street y Protección del Consumidor y que pretendía recuperar algunos equilibrios como la separación entre la banca comercial y la banca de inversión, la protección de los consumidores de las prácticas heterodoxas en materia de créditos e hipotecas, o los contrapesos necesarios para evitar los excesos cometidos por las entidades financieras, protegiendo a los contribuyentes de los costes de los rescates de los bancos en apuros. La iniciativa de Trump de desregular de nuevo las finanzas semeja a una de esas «ideas zombis» que define Paul Krugman: toda proposición económica concienzudamente refutada tanto por el análisis como por una masa de evidencias, que debería estar muerta pero que no lo está porque sirve a propósitos políticos ajenos, apela a los prejuicios o a ambas cosas.

Mark Twain escribió que un banquero es un señor que nos presta un paraguas cuando hace sol y nos lo exige cuando empieza a llover. Con estas decisiones, tomadas en la primera parte de su estancia en la Casa Blanca, Trump demostraba uno de los principios que aparecen en sus libros de autoayuda y que le han hecho famoso: devuelve un golpe más fuerte que el que recibiste. El hombre que derrotó al *establishment* desde posiciones de derechas se apoyó en él nada más llegar a la Casa Blanca. A esta contorsión la ha denominado la periodista Naomi Klein «golpe de Estado corporativo». Casi todo el mundo sabía –y dio igual– que el programa de Trump era mentira, que no iba a defender a la clase trabajadora. Falsas promesas. Posverdad. Lo que ha hecho es fusionar a su Gobierno con algunas de las empresas más poderosas. El número de *lobbistas* y exdirectores generales de grandes empresas en la Administración Trump es anonadante. El Gabinete de Trump estaba formado, en el momento de cerrar este libro, por millonarios y multimillonarios. ExxonMobil, a la Secretaría de Estado; General Dynamics y Boeing, a la cabeza del Departamento de Defensa. Y los chicos de Goldman Sachs, una vez más, con republicanos o con demócratas, para todo lo demás. El puñado de políticos de carrera a los que se había puesto al frente de alguna agencia gubernamental parecían elegidos bien porque no creían en la función básica de la agencia, bien porque directamente entendían que la agencia no debía existir.

Cuando todavía era un personaje esencial en el trumpismo, Steve Bannon afirmó, dirigiéndose a un público conservador, que el objetivo era «la deconstrucción del Estado administrativo» (las normativas y agencias gubernamentales encargadas de proteger a la población y sus derechos), y añadió: «Si te fijas en la lista de candidatos a un puesto en el Gabinete, han sido seleccionados por una razón, y es la deconstrucción». A finales de 2017, Trump sustituyó en la presidencia de la Reserva Federal a la académica Janet Yellen, cambiándola por el exbanquero de inversión Jerome Powell, antiguo socio del Grupo Carlyle, primera firma del mundo de *private equity* (gestión de inversiones en acciones). Trump rompía así con la tradición de que el nuevo presidente mantiene al elegido para la Reserva Federal por su predecesor (Paul Volcker, Alan Greenspan, Ben Bernanke). Se trata de otra prueba de que quien ganó la Casa Blanca con un discurso *antiestablishment* se ha rodeado para gobernar con lo más granado de la aristocracia empresarial y financiera. Jerome Powell, como Trump, es partidario de suavizar la regulación establecida por su antecesora y por Obama para que se dificultase la repetición de los abusos e irregularidades que dieron lugar a la Gran Recesión. ¿La zorra en el gallinero? Al menos mejoran las condiciones para la captura del regulador. Según Klein, los pilares fundamentales del proyecto político y económico de Trump son la deconstrucción del Estado regulador; una ofensiva contra el Estado del Bienestar y los servicios sociales (justificada en parte por un discurso belicoso que instiga al miedo radical y ataca a las mujeres por ejercer sus derechos); el desencadenamiento de una fiebre por los combustibles fósiles nacionales (que pasa por ignorar los estudios científicos sobre el cambio climático); neutralizar gran parte de la burocracia gubernamental; y la guerra de civilizaciones contra los inmigrantes y el «terrorismo islámico radical» (en un número creciente de escenarios nacionales y extranjeros).

Es así como entre las características centrales del proyecto Trump figura el capitalismo de amiguetes (*crony capitalism*). Es más *pro-business* que *pro-market*. Favorece a su entorno y no las condiciones que puedan permitir a los emprendedores competir en igualdad de condiciones. El economista Antonio Roldán ha subrayado que cuando las relaciones entre un Gobierno y el *big business* son demasiado estrechas y se ponen cortapisas a la igualdad de oportunidades en el mercado (intervencionismo, limitación de la competencia, politización de los reguladores, protección y promoción de ciertos sectores en detrimento de otros, concesiones a empresas amigas improductivas, etcétera) el coste es gigantesco para la economía en términos de productividad y se generan incentivos a la corrupción. El capitalismo de amiguetes depende de la cercanía al poder político; ese tipo de capitalistas utiliza sus conexiones para desarrollar su actividad económica en régimen de ventaja sobre los demás.

Uno de los cambios más sorprendentes en los humores de Donald Trump se produjo con el primer banco de inversión del mundo, Goldman Sachs. El periodista Matt Taibbi lo definió en la revista *Rolling Stone* como «un calamar vampiro que envuelve a la humanidad y succiona sin piedad dondequiera que encuentre algo de dinero». Goldman Sachs es uno de los máximos exponentes en el mundo de las «puertas giratorias» (pasarelas constantes del sector privado al público, y viceversa). Por sus oficinas han pasado al menos tres secretarios del Tesoro de los últimos presidentes americanos (Robert Rubin, Henry Paulson, Steven Mnuchin) y numerosos presidentes de bancos centrales, comisarios europeos y primeros ministros tecnócratas (Mario Draghi, Mario Monti, Romano Prodi, Lucas Papademos, Peter Sutherland...).

En las elecciones primarias del Partido Republicano, Trump atacó a su oponente Ted Cruz acusándolo de estar controlado por Goldman Sachs. Cruz había obtenido un crédito en este banco de negocios para su campaña como senador por Texas. Estas críticas se repitieron sin piedad, cuando ya estaba en juego la presidencia de Estados Unidos, contra Hillary Clinton por haber dado una serie de conferencias muy bien pagadas por la entidad financiera una vez que abandonó el Departamento de Estado.

Goldman Sachs era para el candidato Trump una sinécdoque de Wall Street, el corazón del *establishment* contra el que aparentemente luchaba, «esa estructura de poder global que es responsable de las decisiones económicas que han robado a nuestra clase obrera y han despojado a nuestro país de su riqueza para poner ese dinero en los bolsillos de un puñado de grandes corporaciones», en sus propias palabras. Pero para el presidente Trump ha sido un aliado y un semillero de altos cargos de su Administración. Al menos dos de sus colaboradores de máxima cercanía provenían de Goldman: el secretario del Tesoro, Steven Mnuchin, y el estratega jefe de su equipo, Steve Bannon. Pocas veces hubo tanta distancia entre las vociferantes declaraciones y la pura realidad. La filósofa Nancy Fraser ha dicho que Trump «es el timo que menos se ha tardado en descubrir en la historia».

Pero además de esa distancia sideral, hay en Trump una política de imprevisibilidad, a veces espontánea, a veces provocada bajo la contemplación de que la sorpresa es necesaria en política. Un año largo después de su imprevista llegada a la Casa Blanca todavía no se sabía qué iba a ocurrir con muchos de los asuntos que formaron parte del corazón de su discurso. Por ejemplo, la construcción de un muro en la frontera con México que pagarían los ciudadanos mexicanos. Ese muro, teórico hasta el momento, añadido a las vallas que ya existen, le había servido al presidente para construir un imaginario de nación. Naomi Klein explica que Trump ha pretendido decir a sus electores que Estados Unidos es una nación blanca sitiada por riadas de inmigrantes no deseados, drogas y todo lo demás, y que se levantará un muro contra todo ello para proteger una existencia civilizada y purificada. Las amenazas a China –convertida ahora en la mayor defensora mundial de la globalización liberal– para imponerle un arancel del 45% a sus exportaciones, a Corea del Norte por su expansión nuclear, a Irán, a Cuba; los acuerdos comerciales no firmados o no renovados; sus devaneos de ida y vuelta con Rusia, son pruebas de esa imprevisibilidad que en cualquier momento puede cambiar de signo. ¿Significan una cierta vuelta a la idea de otra Guerra Fría?

El populismo de Trump se expresa también en sus intentos de pasar olímpicamente de los medios de comunicación y apelar directamente a la gente a través de las redes sociales (tiene más de 47 millones de seguidores en Twitter) buscando una especie de moderna comunicación política y consciente manipulación de la verdad. Utilizó la televisión para su campaña y es casi imposible entender el fenómeno en que se ha convertido sin tener en cuenta que durante años apareció en millones de hogares presentando el programa *The Apprentice*. En este *reality show* dos equipos competían para que Trump contratase al ganador en sus empresas; utilizaba con los concursantes expresiones similares a las que después dedicaría a sus rivales políticos: «Hiciste un trabajo lamentable».

En los primeros momentos de su mandato, muchos ciudadanos, escandalizados con el resultado de la votación que había llevado a la más alta responsabilidad estadounidense a un personaje con las características personales y profesionales de Donald Trump, salieron a la calle para mostrar su decepción y su capacidad de resistencia. Al día siguiente de su toma de posesión muchos millones de mujeres se manifestaron en las principales capitales, humilladas y ofendidas por el machismo inocultable del nuevo mandatario. Esos intentos de resistencia también emergieron en la Cámara de Representantes y en el Senado. Cuando Trump accedió a la Casa Blanca se dibujaba un mapa político de absoluta hegemonía republicana: dominaban ambas cámaras, tenían 33 gobernadores frente a 16 demócratas y quizá podrían nombrar hasta tres jueces para el Tribunal Supremo, solidificando así una mayoría conservadora para décadas. Sin embargo, su primer año de mandato triunfal fue un calvario legislativo. Ni siquiera había logrado tumbar directamente la reforma sanitaria de Obama –el Obamacare, que trataba de universalizar el acceso a la sanidad pública–, una de las promesas más fuertes del candidato Trump.

Mucho más que la acción legislativa, en este tiempo se sucedieron las declaraciones estrambóticas, las purgas en el

Gabinete y los decretazos que han sumido a muchos ciudadanos en un ritmo febril de vaivenes. Los mexicanos eran criminales y violadores; los chinos pasaron de ser los culpables de la invasión de productos hechos en el exterior que dejaban a los norteamericanos sin trabajo a ser los aliados principales; los rusos pasaron de ser amigos a ser enemigos... En cuanto a los decretos, se trata de decisiones presidenciales –en un régimen muy presidencialista como el americano– para las que Trump no necesita el refrendo legislativo y que sólo los jueces pueden rechazar *a posteriori:* la imposición de un veto a los viajeros de países de mayoría musulmana; el fin de un permiso temporal de residencia y trabajo a centenares de miles de jóvenes, en su mayoría latinos, que emigraron a Estados Unidos siendo menores; la retirada del Acuerdo sobre el cambio climático de París, etcétera.

Y sin embargo... la fórmula parece haber funcionado hasta el momento. Lo que en 2016 parecía imposible un año después forma parte natural de nuestras vidas. Seguramente sería un ejercicio de menosprecio analizar el trumpismo como un hecho episódico, carente de sustrato ideológico, que sólo durará cuatro años. Cuando los medios de comunicación, que tanto le han criticado, analizaron el primer año de su mandato en general opinaron con una cierta desesperanza que el experimento estaba vivo. Que Trump mantenía su fortaleza en los pequeños pueblos, en la América rural, blanca y pobre donde en 2016 casi duplicó en votos a sus adversarios. Hasta ese momento habían vuelto a fallar los que anticiparon un rápido deterioro de la fórmula Trump. Los corresponsales destacaron en general que ni la trama rusa, ni su fracaso con el Obamacare, ni sus delirios tuiteros le habían desgastado; en las grandes ciudades como Nueva York, Los Ángeles y Miami seguían asustados, pero en la América profunda le apoyaban con fuerza. Un entrevistado en el reportaje de uno de esos corresponsales declara: «Trump es más americano que nadie. Él pone a América primero. Ya está bien con eso de la globalización y de eliminar fronteras. Por eso hay países. ¡Y yo quiero el mío!».

Más allá del desprecio que suscita entre los liberales americanos y entre los progresistas de todo el mundo, Donald Trump ha establecido una conexión elástica con sus votantes, a pesar de que sus índices de popularidad estén en mínimos históricos (los de los legisladores son aún más bajos). Posiblemente el trumpismo irá más allá de Trump, como el reaganismo trascendió a Reagan. La tercera fase de la Revolución conservadora, con sus peculiaridades y contradicciones, está en marcha.

9
Epílogo: la mejor juventud

En el puente de Perati, bandera negra,
allí está el luto de los alpinos que van a la guerra,
allí está el luto de los alpinos que van a la guerra.
La mejor juventud irá bajo tierra.

PIER PAOLO PASOLINI,
inspirado en uno de los versos de una
canción de la brigada alpina «Julia».

En 2003 el director Marco Tullio Giordana estrenó la impactante película *La mejor juventud*, la historia de una familia italiana desde la década de los años sesenta hasta nuestros días. Arrancando del espíritu del 68, cuenta las vicisitudes de dos hermanos, Nicola y Matteo, que pasan por los «años de plomo» y recorren los decenios con diferentes destinos. El espectador puede hacer al final un balance de lo vivido por aquella familia y valorarlo a la luz de sus propias circunstancias.

Este libro ha tratado de ser un correlato, en un contexto muy distinto y no en el terreno de la ficción, sino en el del ensayo, de aquella película. A través de los acontecimientos del último medio siglo –a veces vividos de modo directo, siempre seguidos obsesivamente mediante el uso de los distintos medios de comunicación, en su edad de oro– el autor ha sido partícipe y testigo de una generación que amaneció a la madurez con la alegría revolucionaria de Mayo del 68, y que se jubila en pleno vigor de una Revolución conservadora y de los populismos de extrema derecha, que amenazan con llevarse por delante muchas de las conquistas civilizatorias de este tiempo. Aquella generación es la que ha mandado en la política, la economía, la cultura y la sociedad, en ocasiones desde fuera del sistema (la revolución), las más, desde dentro (las reformas). Una generación que con su acción política, sus aciertos y sus errores, sus arrebatos de indignación (a veces ingenuos, a veces violentos; casi siempre justos), sus resignaciones, sus derrotas y sus dimisiones trató de cambiar el mundo, aunque no lo haya conseguido con la profundidad y la velocidad que soñaron sus protagonistas, algunos de los cuales podrían decir: «Queríamos cambiar el mundo y el mundo nos ha cambiado a nosotros». Una generación que ha vivido el progreso y que no ha conocido, como sus antecesores, la catástrofe de las guerras mundiales sino que, en general, ha vivido un largo periodo de paz y prosperidad.

En este periodo, los jóvenes, como categoría histórica, han disputado a la clase obrera el monopolio del protagonismo redentor de los cambios que aquélla tuvo durante los siglos XIX y buena parte del XX. El sentido de la historia lo ha dado el progreso, pero el motor de la misma no ha sido sólo la lucha de clases, sino las ansias de transformación de un grupo transversal de ciudadanos que han reivindicado su lugar en el mundo. Fueron «la mejor juventud» en un doble sentido: los mejores entre los jóvenes de una época y la mejor época vivida durante la etapa de la juventud. La brecha generacional que ellos, sus hijos y sus nietos han querido evitar que cristalizase existe para todos los jóvenes, pero es más profunda para unos que para otros: ha dependido y depende de la clase social a la que pertenecen. La igualdad de oportunidades ha sido una de las banderas de nuestro tiempo.

Ahora, en plena hegemonía conservadora, se encuentran desconcertados, perplejos, inseguros. No sólo están atenazados por el miedo y la inseguridad, sino por la frustración de ver en peligro algunos de los derechos que creyeron adquiridos para siempre. El supremacismo de Donald Trump; la salida del Reino Unido de una Europa que nunca supusieron que retrocedería en su unidad (y que era uno de los grandes laboratorios para las utopías factibles no regresivas); la presencia de formaciones xenófobas o directamente nazis en los gobiernos o en la oposición de países tan centrales como Francia, Alemania, Italia, Dinamarca, Noruega, Suecia o Austria; la corrupción que está acabando con sistemas enteros (Brasil); el narcotráfico, que convierte a sociedades enteras en estados fallidos; el terrorismo indiscriminado y nada selectivo que socializa el dolor (todos son culpables); la brutal desigualdad en el seno de los países, etcétera, son síntomas de retroceso en las democracias representativas de las que se habían dotado y que quisieron fortificar.

En este libro se muestra cómo los movimientos de sístole y diástole han funcionado casi mecánicamente en el último medio siglo y el corazón social no ha infartado. Casi se podría decir que se han alternado por décadas en sus factores progresistas y reaccionarios. El vector dominante de la actualidad es muy favorable a éstos últimos, porque la contienda ha sido muy desigual en la correlación de fuerzas. Está desequilibrando el sentido de la historia. Los llamados neoconservadores pretenden volver constantemente al *statu quo* anterior, a lo que estiman como un «estado natural» de las cosas, utilizando, a veces hasta los extremos, una combinación de coerción y persuasión, el poder duro y el poder blando.

La Revolución conservadora, en sus diferentes versiones, ha logrado subvertir la idea de ciudadanía que puso en circulación Thomas H. Marshall a mediados del siglo pasado y que, en teoría, sigue vigente: un ciudadano sólo lo es si es triplemente ciudadano: poseedor de los derechos civiles, políticos y sociales. Dadas las muy amplias excepciones que soportan esos derechos en el segundo decenio del siglo XXI se puede concluir que la idea de ciudadanía sigue siendo revolucionaria. Pertenece al territorio de las utopías factibles de la humanidad. Los *neocons* entendieron que el principio marshalliano de ciudadanía, arrancado mediante permanentes luchas y esfuerzos, era ingeniería social. Se han arrepentido de la herencia de las revoluciones americana y francesa, las dos grandes creadoras del concepto de ciudadanía y de la noción de Estado del Bienestar que fue pactada por los progresistas y los conservadores clásicos a partir de 1945; han ido tan atrás que algunos también han añadido el liberalismo a la lista de arrepentimientos.

Marshall, profesor de Sociología de la London School of Economics, dio una conferencia en el año 1949 sobre «Ciudadanía y clase social» en la Universidad de Cambridge, que luego convirtió en libro, que ha sido seminal en el desarrollo del concepto de ciudadanía:

> Comenzaré proponiendo una división de la ciudadanía en tres partes [...] Llamaré a cada una de estas tres partes o elementos, civil, política o social. El elemento civil se compone de los derechos para la libertad individual: libertad de la persona, de expresión, de pensamiento y religión, derecho a la propiedad y a establecer contratos válidos y derecho a la justicia. Éste último es de índole distinta de los restantes, porque se trata del derecho a defender y a hacer valer el conjunto de los derechos de una persona en igualdad con los demás, mediante los debidos procedimientos legales. Esto nos enseña que las instituciones directamente relacionadas con los derechos civiles son los tribunales de justicia. Por elemento político entiendo el derecho a participar en el ejercicio del poder político como miembro de un cuerpo investido de autoridad política o como elector de sus miembros. Las instituciones correspondientes son el Parlamento y las juntas del Gobierno local. El elemento social abarca todo el espectro, desde el derecho a la seguridad y a un mínimo de bienestar económico al de compartir plenamente la herencia social y vivir la vida de un ser civilizado conforme los estándares predominantes en la sociedad. Las instituciones directamente relacionadas son, en este caso, el sistema educativo y los servicios sociales.

El sociólogo atribuye a los siglos XVIII, XIX y XX cada una de las conquistas de las ciudadanías. En el siglo XVIII se logra la ciudadanía civil; es el tiempo de las revoluciones francesa y americana. Un siglo después, en el XIX, las contiendas se centran en los derechos políticos; poco a poco se van extendiendo los grupos que pueden elegir o ser elegidos representantes públicos. Por fin, en el siglo XX, se conquistan los derechos sociales y económicos; con el Estado del Bienestar se suman las libertades individuales y la participación democrática.

Otro profesor de la London School of Economics, el gran economista Albert O. Hirschman, ha complementado en su libro *Retóricas de la intransigencia* los elementos de ciudadanía de Marshall al demostrar que a cada acción progresista se opone una tesis reactiva-reaccionaria: la tesis de la perversidad, representada por el *Cándido* de Voltaire, que se sustenta en que éste es el mejor de los mundos posibles (toda acción deliberada para mejorar algo sólo sirve para exacerbar las condiciones que se desean remediar); la tesis de la futilidad, que se encuentra en *El Gatopardo* de Giuseppe Tomasi di Lampedusa, o en la Alicia de Lewis Carroll cuando dice: «Aquí hace falta correr cuanto una pueda para permanecer en el mismo sitio» (las tentativas de transformación social no sirven para nada, no hacen mella en el sistema); y la tesis del riesgo, alimentada por el *Camino de servidumbre* del ultraliberal Friedrich A. Hayek, en donde mantiene que toda interferencia del Estado en materia económica acabará matando a la democracia.

A pesar de estas perversiones, futilidades y riesgos que llevan irremediablemente a la conclusión de que es mejor no hacer reformas ni revoluciones y que la vida fluya naturalmente, el mundo de hoy, contemplado en su conjunto, es mucho mejor que el de finales de la década de los años sesenta del siglo pasado. Es mejor en términos de cantidad (más países) y calidad (más profunda) de la democracia y del bienestar ciudadano, aunque ello haya sido al precio de sobresaltos y bancarrotas, desilusiones, picos de sierra, marchas adelante y hacia atrás, gente que se ha quedado por el camino pese a los sistemas de protección, etcétera. Es necesario remachar que en ese precio no figuran las conflagraciones generalizadas y las matanzas de decenas de millones de ciudadanos como las que tuvieron lugar en las décadas que van desde 1914 a 1945 (ha habido algunas excepciones genocidas, sobre todo en el continente africano).

Esta visión de largo plazo es útil para evitar el adanismo y la impaciencia revolucionaria, características tan criticadas por los antiguos revolucionarios: esa reivindicación de empezar una y otra vez porque lo obtenido es limitado o falso (es una democracia mediocre o no es una verdadera democracia), y hay que dar prioridad a los atajos. A veces, ese adanismo o esa impaciencia devienen en cómplices necesarios de los enemigos de la democracia. Hirschman, que participó en la Guerra Civil española como miembro de las Brigadas Internacionales, cita entre los teóricos que abrieron paso a la involución y al fascismo a Gaetano Mosca y Vilfredo Pareto. Según ambos, cualquier sociedad, independientemente de su «organización política superficial» (democracia o aristocracia, monarquía o república), tiene su contradicción principal entre gobernantes y gobernados (Mosca) o entre las élites y las no élites (Pareto). Todas las sociedades están organizadas entre una vasta mayoría sin ningún poder político y una pequeña minoría de poderosos. Mosca alegaba que los principales filósofos políticos, desde Aristóteles hasta Maquiavelo o Montesquieu, se habían centrado en las características superficiales de los regímenes políticos al hacer las distinciones (que califica de «rancias») entre diferentes formas de gobierno, cuando la dicotomía fundamental es la de gobernantes y gobernados: para construir una ciencia de la política correcta hay que entender cómo la «clase política» se recluta a sí misma, se mantiene en el poder y se legitima mediante «fórmulas políticas» tales como «la voluntad divina», «el mandato del pueblo» y otras maniobras de este tipo. Las instituciones democráticas serían tan sólo un simulacro.

Mosca se acerca al «cretinismo parlamentario» de Lenin cuando explica que no son los electores los que eligen al diputado, sino que, en general, es el diputado el que se hace elegir por los electores. El sufragio no puede cambiar nada de la estructura de poder existente en la sociedad. «El que tenga ojos para ver» se dará cuenta de que «la base legal o racional de todo el sistema político, que admite la representación de las grandes masas populares determinada por las elecciones, es una mentira».

Hirschman dice que el lenguaje de Pareto suena al principio como el del *Manifiesto comunista* –«la lucha que emprenden ciertos individuos para apropiarse de la riqueza producida por otros es el gran hecho que domina toda la historia de la humanidad»–, pero que poco a poco se aleja del marxismo utilizando el término «expoliación» en vez de los de «explotación» o «plusvalía», explicando que la «expoliación» se debe a que las clases dominantes toman el control del Estado, al que llama máquina de expoliar: «Poco importa que la clase dominante sea una oligarquía, una plutocracia, una democracia. La cuestión es que una democracia puede ser tan "expoliadora" de la masa del pueblo como cualquier otro régimen».

En 1911, el sociólogo Robert Michels, siguiendo a Mosca y Pareto, teorizó la «Ley de hierro de la oligarquía»: los partidos, los sindicatos y otros organizadores de masas están gobernados invariablemente por las oligarquías, en gran parte al servicio de sí mismas y autoperpetuadoras, que desafían las tentativas de control o participación democráticas.

Esta versión de la democracia como una «máscara» que se contrasta con la realidad, llevada al extremo y a la ausencia de matices, conduce a la impotencia democrática (para qué participar), a la irrelevancia del sistema de que nos hemos dotado para convivir (la democracia) y a la violencia de las vanguardias. Hay que volver a reivindicar el valor del contrato social democrático (los derechos que proporcionan las libertades y el Estado del Bienestar), adaptado a unas sociedades que son menos homogéneas y mucho más complejas que las de los años sesenta del siglo pasado. Ello requiere también nuevos instrumentos conceptuales, algunos de los cuales se han pretendido aportar en estas páginas.

En uno de sus textos, el cantante jamaicano Bob Marley dice: «¡Emancipaos de la esclavitud mental!». Aunque estamos instalados en una coyuntura de retrocesos, nada muestra que sea indefinida ni lineal. En su interior se han multiplicado los «ciudadanos críticos» (Pippa Norris) y los «soberanos negativos» (Daniel Innerarity) que se indignan, protestan, auditan y participan. Son herencia directa de Mayo del 68. Como también lo es ese movimiento del que habla Noam Chomsky, denominado «Occupy the Dream» (ocupa el sueño), formado por los supervivientes de los adoquines y la playa, de otro mundo es posible y de la democracia real, ya. Que entienden que la única ideología divisiva de hoy es la que segmenta los derechos humanos (civiles, políticos y sociales) e ignora el cambio climático. Ése es el programa mínimo. Y que citan voluntariosamente al filósofo y político francés Benjamin Constant (1767-1830) en su texto *Des réactions politiques:* «Desde que el espíritu del hombre emprendió su marcha [...] no hay invasión de bárbaros, ni coalición de opresores, ni evocación de prejuicios que pueda hacerla retroceder».

Que así sea.

Bibliografía consultada

ACEMOGLU, Daron y ROBINSON, James A., *Por qué fracasan los países*, Barcelona, Deusto, 2012.

ALBERT, Michel, *Capitalismo contra capitalismo*, Barcelona, Paidós, 1992.

ARENDT, Hannah, *Pensamientos sobre política y revolución. Entrevista con Adelbert Reif*, Barcelona, Página Indómita, 2016.

ARON, Raymond, *Memorias*, Madrid, Alianza Editorial, 1985.

—, *La revolution introuvable*, París, Fayard, 1968.

ASTARIAN, Bruno, *Las huelgas en Francia durante mayo y junio de 1968*, Madrid, Traficantes de Sueños, 2008.

BALESTRINI, Nanni y MORONI, Primo, *La horda de oro (1968-1977)*, Madrid, Traficantes de Sueños, 2006.

BALESTRINI, Nanni, *La violencia ilustrada*, Logroño, Editorial Pepitas de Calabaza, 2017.

BARREIRO, Belén, *La sociedad que seremos*, Barcelona, Planeta, 2017.

BASSETS, Marc, *Otoño americano*, Barcelona, Elba, 2017.

BAYNAC, Jacques, *Mayo del 68. La revolución de la revolución*, Madrid, Ediciones Acuarela y Antonio Machado Libros, 2016.

BERLINGUER, Enrico, *Austeridad*, Barcelona, Editorial Materiales, 1978.

BIRNBAUM, Norman, *Después del progreso*, Barcelona, Tusquets, 2003.

BLANCHOT, Maurice, *Escritos políticos*, Madrid, Acuarela y Antonio Machado Libros, 2010.

BOADA, Lluís, *La senectud del capitalismo. Un reto a la juventud*, Barcelona, EDLibros, 2017.

BOLOGNA, Sergio (ed.), *La tribù delle talpe*, Milán, Editorial Feltrinelli, 1978.

BURNET, Andrew (ed.), *50 discursos que cambiaron el mundo*, Barcelona, Taurus, 2017.

BYRNE, Janet (dir.), *Occupy Wall Street. Manual de uso*, Barcelona, RBA, 2013.

CALLINICOS, Alex, *Los nuevos mandarines del poder americano*, Madrid, Alianza Ensayo, 2004.

CASTELLS, Manuel, *Redes de indignación y esperanza* (segunda edición actualizada y ampliada), Madrid, Alianza Editorial, 2015.

—, *Ruptura. La crisis de la democracia liberal*, Madrid, Alianza Editorial, 2017.

CHOMSKY, Noam y BARSAMIAN, David, *Las sublevaciones democráticas globales*, Barcelona, Pasado y Presente, 2013.

COHN-BENDIT, Dany, *La revolución y nosotros, que la quisimos tanto*, Barcelona, Anagrama, 1987.

DIDION, Joan, *Los que sueñan el sueño dorado*, Barcelona, Literatura Mondadori, 2012.

DISKI, Jenny, *Los sesenta*, Barcelona, Alpha Decay, 2017.

ENZENSBERGER, Hans Magnus, *Tumulto*, Barcelona, Malpaso, 2015.

—, *Ensayos sobre las discordias*, Barcelona, Anagrama, 2016.

ERREJÓN, Íñigo y MOUFFE, Chantal, *Construir pueblo. Hegemonía y radicalización de la democracia*, Barcelona, Icaria, 2015.

ESTEFANÍA, Joaquín, *La nueva economía. La globalización*, Madrid, Debate, 1996.

—, *Hij@: ¿Qué es la globalización?*, Madrid, Aguilar, 2002.

—, *Estos años bárbaros*, Barcelona, Galaxia Gutenberg, 2015.

—, *La economía del miedo*, Barcelona, Galaxia Gutenberg, 2011.

FAULKNER, Neil, *De los neardentales a los neoliberales*, Barcelona, Pasado y Presente, 2013.

FERNÁNDEZ-ALBERTOS, José, *Los votantes de Podemos. Del partido de los indignados al partido de los excluidos*, Madrid, Catarata y Fundación Alternativas, 2015.

FONTANA, Josep, *El siglo de la revolución*, Barcelona, Crítica, 2017.

FRANK, Thomas, *¿Qué pasa con Kansas? Cómo los conservadores conquistaron el corazón de Estados Unidos*, Madrid, Ediciones Acuarela y Antonio Machado Libros, 2008.

FUENTES, Carlos, *Los 68. París, Praga, México*, Barcelona, Debate, 2005.

GALLANT, Mavis, *Los sucesos de mayo. París, 1968*, Barcelona, Alba Editorial, 2008.
GEORGE, Susan y WOLF, Martin, *La globalización liberal*, Barcelona, Círculo de Lectores, 2003.
GILDER, George, *Riqueza y pobreza*, Madrid, Instituto de Estudios Económicos, 1984.
GLUCKSMANN, André y Raphaël, *Mayo del 68. Por la subversión permanente*, Madrid, Taurus, 2008.
GONZÁLEZ FÉRRIZ, Ramón, *La revolución divertida*, Barcelona, Debate, 2012.
GREENSPAN, Alan, *La era de las turbulencias. Aventuras en un nuevo mundo*, Barcelona, Ediciones B, 2008.
GUTIÉRREZ, Bernardo, *Pasado mañana*, Barcelona, Arpa editores, 2017.
HA-JOON CHANG, *Economía para el 99% de la población*, Barcelona, Debate, 2014.
HARDING, Luke, *Conspiración. Cómo Rusia ayudó a Trump a ganar las elecciones*, Barcelona, Debate, 2017.
HIRSCHMAN, Albert O., *Retóricas de la intransigencia*, México, Fondo de Cultura Económica, 1991.
HOBSBAWM, Eric, *Historia del siglo XX*, Barcelona, Crítica, 1995.
HUNTINGTON, Samuel, *La tercera ola. La democratización a finales del siglo XX*, Barcelona, Paidós, 1994.
IBAÑEZ, Tomás y ALBEROLA, Octavio, *Esplendor en la noche. Vivencias de Mayo 68*, Madrid, La Linterna Sorda, 2017.
IGLESIAS, Pablo, *Disputar la democracia. Política para tiempos de crisis*, Madrid, Akal, 2014.
JUDIS, John B., *La explosión populista*, Barcelona, Deusto, 2018.
JUDT, Tony, *Posguerra. Una historia de Europa desde 1945*, Madrid, Taurus, 2006.
—, *Algo va mal*, Madrid, Taurus, 2010.
KAGAN, Robert, *Poder y debilidad. Estados Unidos y Europa en el nuevo orden mundial*, Madrid, Taurus, 2003.
KEEN, Steve, *La economía desenmascarada*, Madrid, Capitán Swing, 2015.
KEYNES, John Maynard, *Las posibilidades económicas de nuestros nietos*, Barcelona, Taurus, 2015.
KLEIN, Naomi, *Decir no no basta*, Barcelona, Paidós, 2017.

KRISTIN, Ross, *Mayo del 68 y sus vidas posteriores*, Madrid, Ediciones Acuarela y Antonio Machado Libros, 2008.

KRISTOL, Irving, *Reflexiones de un neoconservador*, Buenos Aires, Grupo Editor Latinoamericano, 1986.

KUNDERA, Milan, *La insoportable levedad del ser*, Barcelona, Tusquets Editores, 1993.

LABRADOR, Germán, *Culpables por la literatura*, Madrid, Akal, 2017.

LACLAU, Ernesto y MOUFFE, Chantal, *Hegemonía y estrategia socialista. Hacia una radicalización de la democracia*, Madrid, Siglo XXI, 1987.

LEÓN, Carolina, *Trincheras permanentes*, Logroño, Pepitas de Calabaza Editorial, 2017.

LEYS, Simon, *Los trajes nuevos del presidente Mao. Crónica de la Revolución Cultural*, Barcelona, Tusquets, 1976.

LIZOAIN BENNETT, David, *El fin del Primer Mundo*, Madrid, Catarata, 2017.

LÓPEZ PINA, Antonio, *La inteligencia excéntrica*, Madrid, Marcial Pons, 2017.

MACMILLAN, Margaret, *Las personas de la historia*, México, Turner Noema, 2017.

MANDEL, Michael J., *La depresión de internet*, Madrid, Pearson Educación, 2001.

MARCUSE, Herbert, *El final de la utopía*, Barcelona, Ariel, 1968.

MARICHAL, Carlos, *Nueva historia de las grandes crisis financieras*, Barcelona, Debate, 2010.

MARSHALL, Tomas H. y BOTTOMORE, Tom, *Ciudadanía y clase social*, Madrid, Alianza Editorial, 1998.

MARX, Karl, *Las luchas de clases en Francia*, Madrid, Ciencia Nueva, 1968.

MICKLETHWAIT, John y WOOLDRIDGE, Adrian, *Una nación conservadora*, Barcelona, Debate, 2006.

MILIBAND, Ralph; PANITCH, Leo y SAVILLE, John (eds.), *El neoconservadurismo en Gran Bretaña y Estados Unidos*, Valencia, Edicions Alfons El Magnànim, Valencia, 1992.

MÖNCH, Max; LAHL, Alexander, y KAHANE, Kitty, *Arenas movedizas*, Madrid, Impedimenta, 2015.

MONGE, Cristina, *15M, un movimiento para democratizar la sociedad*, Zaragoza, Prensas de la Universidad de Zaragoza, 2017.

MONSIVÁIS, Carlos, *El 68. La tradición de la resistencia*, Editorial Era, 2008.

MÜLLER, John (coord.), *No, no te equivoques, Trump no es liberal*, Barcelona, Deusto, 2017.

—, *#Podemos. Deconstruyendo a Pablo Iglesias*, Barcelona, Deusto, 2014.

NACHTWEY, Oliver, *La sociedad del descenso*, Barcelona, Paidós, 2017.

NAPOLEONI, Loretta, *Yihad. Cómo se financia el terrorismo en la nueva economía*, Barcelona, Urano, 2004.

NEGRI, Toni, *El exilio*, Barcelona, El viejo topo, 1998.

OAKESHOTT, Michael, *Ser conservador y otros ensayos escépticos*, Madrid, Alianza Editorial, 2017.

O'CONNOR, James, *La crisis fiscal del Estado*, Barcelona, Ediciones Península, 1981.

PACKER, George, *El desmoronamiento*, Barcelona, Debate, 2014.

PARISER, Eli, *El filtro burbuja*, Barcelona, Taurus, 2017.

PELLEGRINI, Mario (comp.), *La imaginación al poder. París Mayo 1968*, Buenos Aires, Editorial Argonauta, 2008.

PONIATOWSKA, Elena, *La noche de Tlatelolco*, México, Editorial Era, 2001.

RENDUELES, César, *Sociofobia*, Madrid, Capitán Swing, 2013.

REVELLI, Marco, *Posizquierda*, Madrid, Trotta, 2015.

RÍO, Eugenio del, *De la indignación de ayer a la de hoy*, Madrid, Talasa, 2012.

ROCA, José Manuel, *La reacción conservadora*, Madrid, La Linterna Sorda, 2009.

RODRÍGUEZ LÓPEZ, Emmanuel, *La política en el ocaso de la clase media*, Madrid, Traficantes de Sueños, 2016.

ROMA, Pepa, *Jaque a la globalización*, Barcelona, Grijalbo Mondadori, 2001.

ROSS, Kristin, *Mayo del 68 y sus vidas posteriores*, Madrid, Ediciones Acuarela y Antonio Machado Libros, 2008.

ROTH, Philip, *La conjura contra América*, Madrid, Debolsillo, 2007.

SÁNCHEZ, Juan Luís, *Las 10 mareas del cambio*, Barcelona, Roca Editorial, 2013.

SARTRE, Jean Paul y otros, *Los intelectuales y la revolución después de mayo de 1968*, Buenos Aires, Rodolfo Alonso Editor, 1973.

SKIDELSKY, Robert, *El retorno de Keynes*, Barcelona, Crítica, 2010.
SOLIMANO, Andrés, *Élites económicas, crisis y el capitalismo del siglo XXI*, México, Fondo de Cultura Económica, 2015.
SORMAN, Guy, *La revolución conservadora americana*, Barcelona, Folio, 1985.
STOCKMAN, David, *El triunfo de la política. Por qué fracasó la revolución de Reagan*, Barcelona, Grijalbo, 1986.
STIGLITZ, Joseph E., *La gran brecha*, Madrid, Taurus, 2015.
STREECK, Wolfgang, *¿Cómo terminará el capitalismo?*, Madrid, Traficantes de Sueños, 2017.
TAIBO, Carlos, *El 15-M, una brevísima introducción*, Madrid, Trifolium Books, 2014.
TEODORI, Massimo, *Las nuevas izquierdas europeas (1956-1976)*, Barcelona, Editorial Blume, 1978.
TIROLE, Jean, *La economía del bien común*, Barcelona, Taurus, 2017.
THUROW, Lester, *El capitalismo del siglo XXI*, Buenos Aires, Javier Vergara Editor, 1992.
TORREBLANCA, José Ignacio, *Asaltar los cielos*, Barcelona, Debate, 2015.
TRUMP, Donald, *Nunca tires la toalla*, Barcelona, Gestión 2000, 2016.
VANCE, J.D., *Hillbilly, una elegía rural*, Barcelona, Deusto, 2017.
VAROUFAKIS, Yanis, *Comportarse como adultos*, Barcelona, Deusto, 2017.
VÁZQUEZ, Miguel Ángel, *Kosmótica*, Madrid, San Pablo, 2016.
VIDAL-BENEYTO, José, *Celebración de París. Lugares y gentes*, Universidad de Valencia, Valencia, 2017.
VIDAL VILLA, José María, *Mayo'68. La imaginación al poder*, Barcelona, Editorial Bruguera, 1978.
VILLACAÑAS, José Luis, *El lento aprendizaje de Podemos*, Madrid, Catarata, 2017.
VITALE, Ermanno, *Defenderse del poder. Por una resistencia constitucional*, Madrid, Trotta, 2012.
VOLPI, Jorge, *Contra Trump*, Barcelona, Debate, 2017.
VV.AA., *El gran retroceso*, Barcelona, Seix Barral, 2017.

VV.AA., *Anticapitalistas en Podemos*, Barcelona, Editorial Sylone, 2016.
ZINOVIEV, Aleksandr, *Radiante porvenir*, Barcelona, Editorial Ruedo Ibérico, 1980.

Índice